人民·联盟文库

纵论出版产业的科学发展

本书编写组 编

人民出版社

山西人民出版社

出版说明

人民出版社及全国各省市自治区人民出版社是我们党和国家创建的最重要的出版机构。几十年来，伴随着共和国的发展与脚步，他们在宣传马克思列宁主义、毛泽东思想、邓小平理论、"三个代表"重要思想，深入贯彻落实科学发展观，坚持走有中国特色社会主义道路方面，出版了大量的各种类型的优秀出版物，为丰富人民群众的学习、文化需求作出了不可磨灭的贡献，发挥了不可替代的作用。但由于环境、地域及发行渠道等诸多原因，许多精品图书并不为广大读者所知晓。为了有效地利用和二次开发全国人民出版社及其他成员社的优秀出版资源，向广大读者提供更多更好的精品佳作，也为了提升人民出版社市场联盟的整体形象，人民出版社市场联盟决定，在全国各成员社已出版的数十万个品种中，精心筛选出具有理论性、学术性、创新性、前沿性及可读性的优秀图书，辑编成《人民·联盟文库》，分批分次陆续出版，以飨读者。

《人民·联盟文库》的编选原则：1. 充分体现人民出版社的政治、学术水平和出版风格；2. 展示出各地人民出版社及其他成员社的特色；3. 图书主题应是民族的，而不是地区性的；4. 注重市场价值，要为读者所喜爱；5. 译著要具有经典性或重要影响；6. 内容不受时间变化之影响，可供读者长期阅读和收藏。基于上述原则，《人民·联盟文库》未收入以下图书：1. 套书、丛书类图书；2. 偏重于地方的政治类、经济类图书；3. 旅游、休闲、生活类图书；4. 个人的文集、年谱；5. 工具书、辞书。

《人民·联盟文库》分政治、哲学、历史、文化、人物、译著六大类。由于所选原书出版于不同的年代、不同的出版单位，在封面、开本、版式、材料、装帧设计等方面都不尽一致，我们此次编选，为便宜读者阅读，全部予以统一，并在封面上以颜色作不同类别的区分，以利读者的选购。

人民出版社市场联盟委托人民出版社具体操作《人民·联盟文库》的出版和发行工作，所选图书出版采用联合署名的方式，即人民出版社与原书所属出版社共同署名，版权仍归原出版单位。《人民·联盟文库》在编选过程中，得到了人民出版社市场联盟成员社的大力支持与帮助，部分专家学者及发行界行家们也提出了很多建设性的意见，在此一并表示诚挚的感谢！

《人民·联盟文库》编辑委员会

目录

第二编　出版产业论

第三编　出版创新论

第四编　地方出版论

序　言

柳斌杰

　　齐峰同志在他近几年发表的有关出版的论文基础上，重新加以梳理增补成《纵论出版产业的科学发展》（以下简称《纵论》）一书，并在该书付梓之前邀我为之作序。由于齐峰同志既是学者，也是出版集团公司的领军人物，一些创见我是了解的，所以欣然应允。在我熟识的众多出版集团的老总当中，可以说，齐峰同志是很独特的一位。他曾多年在高校任职并担任在国内享有盛誉的《语文报》的老总，现任山西出版集团董事长、党委书记，还兼任山西大学新闻传播学研究所所长、硕士生导师，主持着多项国家社科基金资助的科研项目，是一位典型的学者型老总。多年的出版工作实践，让他获得了最深刻的一线体验，为他的研究工作提供了坚实的基础；而长期的教学和科研工作，又为他的研究工作提供了必要的学术路径。《纵论》涉及了出版工作当前最为关注的主要内容，包括科学出版研究、出版产业化和集团化的建设探索，出版体制机制改革、版权贸易和"走出去"的战略思考，出版质量和品牌战略的对策研究，时代呼唤"大出版观"及倡导"绿色出版"，等等。从这一系列章节中可以看出，齐峰同志对于当前大变革中国出版业的认识和思考是较为系统而深刻的。正因为他能将自己涉足的实践工作与所承担的理论课题很好地结合起来，所以取得引人注目的成果自然也就不足为奇了。

在当今世界出版环境发生巨大变化、中国出版面临深刻转型的关键时期，如何实现科学发展是关系到出版产业建设的方向性和本质性问题，也是当前我国众多出版有识之士深入探究和出版企业亟待破解的难点问题。《纵论》以中国特色的社会主义理论体系和科学发展观为理论依据，以火热的出版改革，特别是党的十六大以来的改革成果为研究对象，以国际上先进的出版理念为研究参照，将出版产业的科学发展问题作为研究主题，这在目前该项学术成果暂不丰富而出版实践又迫切需要的情况下，显示出较为鲜明的时代特征和现实意义。

由于不是在书斋里坐而论道，而是以丰富的实践和巨大的勇气直面出版产业当下的现实，因此，在我看来，《纵论》一书有不少引人注目的亮点。第一，以较为开阔的政治视野，向理论界提出了探索中国特色科学出版发展之路的命题，并对中国出版20多年来的发展轨迹进行了全面梳理，总结了中国特色出版的根本性特征，同时立足于自身出版业的发展实际，指出了中国特色出版理论需要不断坚持和继续发展的方向性问题。第二，以创新的精神，提出了"经营出版"和"专业出版"的产业化建设之路，论证了在市场经济和产业发展背景下，经营与管理并举、研究与实践并重的现实性和合理性，在实现中国出版产业科学发展的思路和模型方面，鲜明地提出了自己的观点。尤其是对"经营出版"与"出版经营"的辨析，体现了一种观念的更新，反映出包括作者在内的新一代知识型出版人在新的形势下对中国出版产业发展的冷静思考。第三，以高度的职业敏锐，探索扫除实现出版科学发展障碍的途径。当前，我国出版业的改革进入了一个非常重要的时期，全国各地的出版企业纷纷出台了一系列的措施，并按照制定的目标不断地前进。但需要看到的是，由于缺乏成熟的理论指导和更多的成功范例，各出版企业的改革、发展基本上还在探索阶段。《纵论》将改革这一难点和产业发展瓶颈作为研究的重心，基于自我的认识，在体制变革、机制创新、资源配置、结构调整、文化建设等方面提出了诸多改进和发展的建议，提出了中国出版产业化建设需要大力实施的战略工程。无论建言还是献策，都不回避矛盾，不绕开难点，不因经验性妨碍实践性。第四，以强烈的责任意识，探究了经济欠发达地区出版产业化发展的战略问题，等等。这些较为积极的学术观点，因为富于创建性，发前人所未发，很早就赢得了关注，得到了出版界乃至文化领域越来越广泛的认同。

　　出版要发展，就必须改革；出版要改革，就必须探索，包括理论上的研究和实践上的开拓。当这些沉甸甸的文字摆在我面前的时候，我看到的不仅仅是我国出版工作者的探索精神，而且感受到了推动我国出版事业向前发展的力量。如果没有经营出版的实际工作经历，如果没有在工作中去用心研究、感悟，如果没有认真学习和思考，要撰写出这部书稿是很难的。齐峰同志所处的领导岗位任务繁重，责任重大，但是他能长期坚持从事学术研究，并积极倡导和身体力行地支持学习研究风气的培育，这种职业精神本身就是可贵的。这些年来，我们的出版工作者虽然在业务上积累了极为丰富的实践经验，但工作上的总结、经验上的提炼、理论上的升华都相对不足，管理上重常规轻创新、重事务轻理论的倾向也不同程度地存在。这是实际工作中的一个偏颇，既不利于管理上层次，也不利于理论上台阶，更不利于学术研究的深入，应下力气扭转。因为，思想的提高、工作的改进，特别是出版业的科学发展，尤其需要出版人静下来、坐下来思考一些问题，解决一些问题，整体提高中国出版理论现代化和科学化水平。当然，《纵论》只是作者的认识和思考，许多问题也还有待深入，但本书彰显的职业态度和研究创新精神本身，就是值得学习和推崇的。我希望业内更多的有识之士既能在改革发展中开拓创新，又能积极参与到学术理论的研究中来，为出版界学习风气的培育和理论研究的深入贡献力量。

2011 年 1 月

第一编

科学出版论

中国特色社会主义出版：
出版产业发展的根本方向

　　新中国出版经过几十年的发展，逐渐摸索出了一条适合国情的发展道路。特别是党的十一届三中全会以后的 30 年间，同我国经济社会其他领域一样，出版也取得了巨大的进步和丰硕的成果，一条中国特色的社会主义出版之路正逐渐形成。虽然对于中国特色社会主义出版还没有一个非常明确的界定，但它的主要特征却已经清晰地展现在我们的面前，这就是：出版是党领导的社会主义事业的重要组成部分，必须坚持服务人民的根本宗旨；必须坚持社会效益第一的原则，追求两个效益的全面统一；必须走产业化、市场化的发展道路，努力实现出版事业的高度繁荣和出版产业的快速发展。这是中国出版经过 30 年的发展取得的宝贵经验，也是面向未来的中国出版实现又好又快发展的有力保证。这条道路的形成并不是一帆风顺的，其间经历了许多曲折。回过头来审视中国特色社会主义出版之路的形成过程，将会在很多方面给我们以启迪，对于在出版实践中坚持中国特色社会主义理论，推动社会主义文化事业大发展大繁荣，有着积极的意义。

　　中国特色社会主义出版有着丰富的内涵，可以有多个角度、多个层面的解读和把握。本文拟从一个宗旨——服务人民，一条原则——社会效益优先，一个趋势——市场化，一条道路——可持续发展，一个保证——党的领导五个方面探讨中国特色社会主义出版的形成和发展。

一、坚持为人民服务的出版宗旨

出版的宗旨是为人民服务，这是自有新中国出版以来就已确立的原则，也是几十年来中国出版坚守的最高准则。这一原则的正确性毋庸置疑。出版是人民的事业，是社会主义事业的重要组成部分，那么为人民服务就是社会主义出版的题中应有之义。为谁服务、怎么服务的问题是一个根本性问题。出版存在的理由和意义首先就是要满足人民群众日益增长的精神文化需求。回首出版走过的历程，正是因为广大出版工作者坚持了为人民服务的出版宗旨，才使中国出版始终如一地沿着正确的道路前进，取得了今天的辉煌成就和崇高地位，赢得了广大人民群众的认同。

我们往往敬畏于一个宏大主题的庄严和正确，而习惯性地忽略了对其深层内涵的细微体察。一旦深究，我们就可以比较清晰地看出隐藏在表象后面的一些有意义的东西，那就是：虽然中国出版一度有被扭曲的历史现实，但是出版为人民服务的宗旨，渗透到出版从服务态度到服务内容的各个方面，成为出版自身的固有素养，这一宗旨一直在新中国成立以来中国出版的整个历史进程中穿行。考察中国出版的整个行为，无不充满着服务人民的精神，这种服务的传统，伴随着文化积累和文化普及的目的，在不同时期体现出不同的历史意蕴和时代精神。

（一）第一阶段（1949年～1966年）

新中国成立后，我党提出"为人民服务，为社会主义服务"的文艺方针，确立了出版作为党的文化事业的一部分，要求出版必须把为人民服务同社会主义革命与建设有机统一起来。在那个充满理想与激情的年代，出版在如火如荼的社会主义革命和建设事业的感召下，牢记人民是文化工作的服务主体，社会主义革命与建设的伟大实践成为出版最关注的对象。中国当代出版在其发展的最初阶段，积极表现广大人民群众在建设社会主义中的伟大实践，为社会主义建设中涌现的英雄人物和美好生活尽情讴歌。这一阶段，出版努力遵循着革命与建设的需求，完全纳入了新中国建设事业的博大胸怀之中，更加主动、自觉地承担起为人民服务、为社会主义革命与建设服务的文化重任，不仅出版了一大批鼓舞人民、教育人民、为人民群众所喜闻乐见的文化产品，而且在全社会倡导爱国主义、集体主义、社会主义理想，反对和抵制无政府主义、极端个人主义倾向，在增强人民群众的民族自尊心和自信心方面发挥了不可替代的作用。

这一阶段，《可爱的中国》、《红岩》、《钢铁是怎样炼成的》、《青春之歌》、《创业史》、《林海雪原》等一大批作品，不仅点燃了那个年代的革命和建设激情，而且影响了以后几代人的人生观和价值取向，成为时至今日仍令人难忘的永恒经典。这一阶段无疑是中国出版业的一个高峰。

然而，如果说出版为人民服务的理念不仅仅指的是一种广阔的、广义的、全方位的服务精神，是为着广大人民的，也是为着有着多元文化需求的人民个体的，那么，从这个意义上讲，"为人民服务"的思想，在当时还没有得到全面的贯彻。受当时生产能力等客观条件的制约，出版在满足人民群众个性化、多元化的精神文化需求方面，还存在着一定的差距。也就是说，这一时期的"人民"是作为一个集体的概念，出版不是针对一个个具有思想差异和不同文化取向的个体来提供服务的。由于时代的局限，出版存在着一定的"工具"特征。即便如此，这种工具特征也绝非概念化，而是表现出一种坚韧的理性发展态势。

（二）第二阶段（1967 年—1978 年）

众所周知，中国文化在这一阶段遭遇了前所未有的"寒流"，出版作为当代中国文化不可或缺的一部分，在这长达 10 年的时间里自然未能幸免，我们只要看看当时"一个鲁迅、一个浩然"的奇怪文化现象，对于这一段历史就能有一个客观的认识。事实上，这样的文化冷冻期不仅使中国几乎成了文化的荒漠，而且造成了出版"为人民服务"思想的长期断流。出版最重要的职能之一，就在于它使文化保持了延续性和传承性。十年的断流，十年的空白，带给中华文化的负面影响，将随着其后出版事业的日新月异而更显示出这一文化断层的陡峭、贫瘠与险峻。当时的出版仅限于《毛泽东选集》、《马克思恩格斯选集》、《列宁选集》等政治类出版物和零星的字典编撰，"为人民服务"之"人民"从主体地位转而成为从属、被动的角色，人民能够获得什么样的精神产品，绝不取决于自我的愿望和选择，而取决于出版机械地提供了怎样的产品。这一时期，出版的"为人民服务"已完全演变为唯工具论。

（三）第三阶段（1978 年～2003 年）

1978 年，党的十一届三中全会的召开成为中国历史上具有标志性意义的重大事件。全会讨论了党的思想路线问题，确定了解放思想、开动脑筋、实事求是、团结一致向前看的指导方针；高度评价了关于真理标准问题的讨论，坚决批判了"两个凡是"的错误方针，强调党中央在理论战线上的崇高任务，就是把马列主义，毛泽东思想的普遍原理同社会主义现代化建设的具体实践结合起来，并在新的历史条件下加以发展。全会的中心议题是讨论把全党的工作重点转移到社会主义现代化建设上来，全会通过的《中共中央关于经济体制改革的决定》，表明我们党对我国国情和社会主义经济建设规律的认识达到了新的高度。《决定》在许多问题上，特别是在商品经济、价值规律这些重大问题上，冲破"左"的思想束缚，澄清了许多人的模糊认识。这无疑是我国社会主义发展道路上又一个历史性的转变。

新时期的出版，首先意识到自己的崇高使命，积极地向被践踏的文化荒原播撒了绿色的希望种子。20 世纪 80 年代初期，一大批中外名著的纷纷出版所带来的文化营养，哺育了最渴求文化滋润的中国民众。出版"为人民服务"的主旨从此回归。

其后，随着"一个中心，两个基本点"的提出，出版业的发展历史也掀开了崭新的一页。从封闭到开放，从计划到逐步放开，出版业在阵痛中不断经受着思想观念变革的洗礼，在面向社会主义市场的出版方向上渐次迈开探索的脚步。1993年，以建立社会主义市场经济体制为主题的党的十四届三中全会召开。会议通过的《关于建立社会主义市场经济体制若干问题的决定》，是根据邓小平同志建设有中国特色社会主义理论和党的十四大精神所制定的我国社会主义市场经济体制的总体规划，对我国改革开放和社会主义现代化建设产生了重大而深远的影响。这次会议的召开，标志着我国社会主义市场经济建设步入了实质性阶段。从此，出版从计划到市场的转轨被提上了议事日程。如果我们将20世纪80年代比作中国出版业市场化的序幕，那么到了90年代中期，这个大幕已完全拉开。与我国各行各业一道，出版也以积极的姿态步入了社会主义市场经济体制的初创阶段。回顾我们走过的道路，出版业在思想观念的转变和市场行为的跟进上所做的努力是值得肯定的，经营方式由计划向市场转变的力度与速度，都表现出与时代发展要求的同步。毋庸置疑，改革开放给出版业带来的影响是积极而深刻的，如果说新中国成立初期的"为人民服务"还带有某种硬性、僵化的色彩，那么这一时期出版业的"为人民服务"则显示出一种主动、积极的姿态，出版业呈现出新的繁荣景象。但由于处在市场经济还很不完善的初级阶段，尤其是与市场经济相配套的行之有效的规范化、科学化出版管理手段还很稚嫩，面对蓬勃涌动的市场经济浪潮，特别是经营压力的逼近，一些出版单位的市场化经营手段曾一度走向极端，致使"为人民服务"的宗旨在一定程度上发生了偏离，"为人民服务"的主动性不断演变为盲目性，出版的文化属性一时淹没在商业的利益驱动之中。具体表现为：一是"跟风"现象普遍，专门针对畅销书的跟风策划成为20世纪末与21世纪初出版界的显著特征。继《老照片》派生出《旧照片》，《黑镜头》孳生出赤、橙、黄、绿、青、蓝、紫系列"镜头"后，一本《谁动了我的奶酪》被众多跟风者策划出一个数量惊人的"奶酪集团"；"哈佛学经"、"穷爸爸富爸爸"、"致加西亚的信"、"卡耐基"等更是让出版人趋之若鹜，成为纷纷仿效策划的对象。据 2002 年的统计数字，进入新世纪以来，我国每年出版新书十余万种，除去政府文件、小册子和重复出书，实际有效品种在 8 万种左右。也就是说，当时我国每年因跟风、模仿而生产制作的图书品种超过万种。二是伪书纷纷出笼。热销一时的《卡尔·威特的教育》不仅假冒译著，还胡乱篡改历史，更连出"续篇"和"增订本"来重复谎言。韩国著名畅销书作家金河仁的新作《玉兰花开》还在编辑过程中，伪书《木莲花开了》已经公然上市，并且与金河仁的《早安》、《菊花香》等作品摆在一起销售。克林顿《我的生活》中文版尚未公开发行，署名 Clinton·HR（克林顿夫人希拉里·罗德姆·克林顿的缩拼）的《我的生活》已经在京、沪两地现身。早在斯宾塞·约翰逊的独家中文版权《给自己一分钟》上市之前，伪斯宾塞之名出版的《一分钟的你自己》就已经与《谁动了我的奶酪》一起摆上了各大书店最显眼的货架，并在一年内发行近 40 万册等。这些现象使出版原有的传承文化的使命意识和普及文化、服务大众的职业崇高感被淡化了，满足人民群众健康精神文化需求的"为人民服务"主旨，逐渐呈现出为谋求商业利益而迎合某些读者的低级趣味和庸俗化倾向。这种现象导致的结果是，出版物品种、数量激增而库存激剧增加，效益走低，出版的滞胀特征显现，整个出版业面临着战略调整的重要任务。

（四）第四阶段（2003 年至今）

当思想的混乱达到一定程度后，客观上就产生了廓清迷雾、拨乱反正的需要。正当出版反思呼声渐高的时候，党的十六届三中全会提出了科学发展的新理念。科学发展观的提出，为出版检讨历年的作为提供了一个很好的契机。十七大进一步指出，科学发展观的核心是"以人为本"，要始终把实现好、维护好、发展好最广大人民的根本利益作为党和国家一切工作的出发点和落脚点，尊重人民的主体地位，保障人民各项权益，促进人的全面发展。"以人为本"的思想不仅极大地丰富了"为人民服务"的内涵，而且再一次为出版指明了方向。

我们可以从以下两个方面探讨"以人为本"对坚持"为人民服务"的出版宗旨的意义。

第一，"以人为本"将出版宗旨的意义提升到了一个新的高度和境界。马克思、恩格斯在《共产党宣言》中指出："每个人的发展是一切人的自由发展的条件。"在《资本论》中，马克思又提出了"以每个人的全面而自由的发展为基本原则的社会形式"。社会的进步并不能以牺牲个体为代价，恰恰相反，社会要高度关注个体的利益，人不是单纯的社会发展的工具（尽管离开人的努力社会就无从发展），人的"全面而自由的发展"本身就是目的。这一革命性的思想真正把人摆在了人类历史的中心位置。随着我国经济实力和综合国力的增强，人的发展引起了人们越来越多的重视。出版"以人为本"是时势使然，是历史发展的大势所趋。

第二，"以人为本"突出了人民的主体地位。人民有学习的权利，有受教育的权利，有享受一切人类优秀文化成果的权利，这些权利不仅是法律赋予的，而且具有普世的价值。在"以人为本"的理念中，出版不再享有以往高高在上的地位。现在的问题不是出版愿意不愿意提供好的服务，而是出版必须提供好的服务。服务从轻描淡写的义务转变成了不可推卸的责任，语词色彩有了极大的变化。出版必须清楚地认识到自己承载的现实责任，真切地了解广大人民群众的精神文化需求，努力出版更多更好的优秀出版物，更好地完成"服务人民"的使命。

胡锦涛同志在全国宣传思想工作会议上提出了"高举旗帜，围绕大局，服务人民，改革创新"的要求。"服务人民"，就是要坚持以人为本，贴近实际，贴近生活，贴近群众，充分发挥人民的主体作用，把人民是否满意作为根本标准，尊重差异，包容多样，努力满足人民多层次、多方面、多样化的精神文化需要，让人民共享文化发展成果，促进人的全面发展。可以说，"为人民服务"的出版宗旨到了"以人为本"的阶段，才真正地体现出了它最深刻的内涵，也只有到了这个阶段，出版才充分发挥出了它最根本的作用，中国特色社会主义出版的这一本质的方面才得到了确立。

二、坚持"两个效益"并重的发展原则

出版物具有两重属性。作为精神产品，它对人们的精神世界产生影响，具有精神属性；同时，它还具有物质产品的属性，要求在出版流通过程中实现其商品价值。出版物的普遍性和特殊性决定了它既要符合市场经济的要求，又要符合社会主义精神文明建设的要求。中国特色社会主义出版要求出版物社会效益和经济效益达到高度统一。但也应该看到，长期以来，社会效益和经济效益是作为一对矛盾出现在出版实际中的。这一对矛盾在出版市场化的过程中曾被放大，在业界引起了不小的混乱。

（一）单纯讲究社会效益的阶段

在改革开放以前，这一矛盾基本上是不存在的。20 世纪 80 年代中期前，短缺经济并没有使图书遭遇销售难题；另一方面，出版社作为国家统一划拨经费的事业单位，并不存在生存压力，只要编出好书就算圆满完成了任务，也就是说，社会效益几乎是当时出版社关注的唯一目标。社会对出版社的评价，并不以它创造了多少经济效益为依据，而是以出版了什么样的图书为标准。如《第二次握手》一类的畅销图书曾轰动全国，印数巨大，但人们在说到印数的时候，着眼点在于它产生了广泛的社会影响，根本不去考虑这么大的印数会给出版社带来多少经济收入。当时一本从国外翻译过来的学术著作印了 13500 册，很快销售一

空，出版社也不急于重印，读者四处求购不得，为此出版社受到了上级领导的严肃批评。

在文化饥渴、经济短缺的时代，人们的思想是单纯的，做法也是简单的。现在看起来，那真可算是出版社的伊甸园时代。与其后搏击市场的日子相比，当时的出版社基本上是在一种没有经济压力的祥和气氛中生活。然而，时代的发展日新月异，不以任何人的意志为转移。随着改革开放的来临，这样的"好日子"终于一去不复返了。

（二）"两个效益"的提出和二者的矛盾

在单纯重视社会效益的时代，"社会效益"与"经济效益"这两个概念还没有提出。这两个概念的提出最早要追溯到 1985 年文化部党组《关于全国出版局（社）长会议的报告》。当时与经济效益对称的是"社会效果"，后来才衍变为"社会效益"。

随着社会主义市场经济体系的逐步建立，出版单位由单纯生产型转为生产经营型，从事业单位向事业单位企业化管理转型，生存的压力逐渐迫近出版社。正是在这种情况下，由于个别出版社在经营过程中片面强调经济效益，一度造成社会效益和经济效益的矛盾出现并日益尖锐，致使社会效益第一、两个效益并重的出版原则在执行过程中出现了偏差。

一个最突出的表现就是，有的人认为社会效益是一种束缚和羁绊，影响了出版经济效益的实现。在这一错误认识的误导下，个别出版社不是从转变观念、深入市场入手提高图书的市场竞争力，赢得市场和读者的认同，而是对人性中低级的甚至是丑恶的一面不加鉴别或者说有意地一味迎合，似乎只要能把书卖给读者，其他的一切都可以不闻不问。如果说社会效益作为一条红线贯穿了新时期出版的始终，那么不问社会效益只顾经济效益的浊流在这个过程中也一直是暗流涌动，若隐若现。正是在红与黑的交锋、斗争中，新时期中国出版曲折地向前发展。

国家行政管理机关对出版的社会效益始终给予高度重视。早在

1985年中宣部转发的文化部党组《关于全国出版局（社）长会议的报告》中就提到："促进全国人民思想的健康成长和精神素质的不断提高，出版部门负有重大责任。这几年来，出版部门做了大量工作，出版了不少好书，成绩是主要的，但是，也有一些出版社和杂志社，片面追求经济效益，不顾社会效果，出了不少格调低下的东西。宣传淫秽的图书固属少数，但无用的东西却占有相当数量。用一堆无用的甚至是有害的垃圾，来充塞广大读者特别是青少年的头脑，这是关系到把青少年引导到什么地方的大问题，关系到促进还是妨碍社会主义精神文明建设的大问题。"在武侠小说之后，言情小说、黑幕小说、官场小说等，都曾甚嚣尘上、泛滥成灾，有不少出版社见有利可图，见猎心喜、跟风炒作、随波逐流，无视国家有关出版的法律、法规、政策，见利忘义的风气不断侵蚀着出版界。

其后，针对出版领域出现的不顾社会效益、片面追求经济效益的做法，以新闻出版署为主的管理部门给予了高度重视，并多次发专文予以匡正。1999年，新闻出版署出台了《关于加强和改进重大选题备案的通知》。以后几经完善，形成了专题申报、专题备案制度。从所列专项重大选题中，我们隐约能看到出版所走过的弯路、存在的认识问题和造成的负面影响，也就是说，出版在这些方面都曾栽过跟头，在一定时期内淡忘了自己的历史使命和社会责任，其中的教训是值得认真记取的。事实上，出版在处理社会效益和经济效益上所存在的问题、存在的隐患，依然主要集中在这些专题之内，所犯的错误依然是曾经犯过的错误，这一现象，值得我们深思。出版物问题多种多样，但许多问题都可以追溯到片面追求经济效益这一根源。

（三）把社会效益放在首位，"两个效益"并重的阶段

实践推动着出版的发展与进步，也正是大量的出版实践，为出版界纠正两个效益落实问题上的偏差提供了具有说服力的现实依据。在新时

期的出版实践中，出版工作者经过精心的劳动，编辑出版了不可胜数的优秀出版物，这些出版物都实现了两个效益的统一，既给出版社带来了丰厚的经济收益，又圆满地发挥了出版的宣传功能、教育功能、审美功能、文化积累传播功能。中国出版之所以能取得辉煌的成就，正是因为它是建立在这样一大批优秀出版物所构筑的基础上的。出版之所以能有今天的形象、今天的地位和今天的贡献，很大程度上就是因为始终坚持了社会效益第一、两个效益全面发展的原则，绝不为经济效益牺牲社会效益。这也为正确处理两个效益的关系提供了正面的具有示范作用的榜样。

关于"两个效益"的关系问题，党和政府一直都有明确的指导思想，坚持社会效益第一的原则始终没有动摇过。令人欣喜的是，出版界在实践领域对于"两个效益"的认识已经朝着正确的轨道上转变，即在不顾社会效益就是在损害出版的根基、就会动摇出版的基础方面形成了统一的认识。出版始终是人类文明进步的推动力量，先进文化始终是出版的核心价值。抛开出版所承担的任务，单单就出版社的利益来说，即使在短期内获得了一定的经济收益，但从长远看得不偿失。"文化为体，商业为用"应该是新形势下出版的基本思路、基本姿态和基本立场。为达成这一共识，出版可以说付出了沉重的代价。社会效益作为一条贯彻始终的红线，既是在出版改革发展的过程中形成的，也是在不断纠正谬误、不断校正偏差的过程中形成的。十七大报告指出，当今时代，文化越来越成为民族凝聚力和创造力的源泉，丰富的精神文化生活越来越成为我国人民的热切愿望，要坚持社会主义先进文化前进方向，兴起社会主义文化建设新高潮，建设社会主义核心价值体系，建设中华民族共有精神家园，建设和谐文化，培育文明风尚。面对这样庄严而崇高的文化使命，出版责无旁贷，可以说社会效益这一条红线，极大地发展了出版，丰富了出版，升华了出版。

三、坚持市场化的发展方向

（一）市场化改革的先声

在出版大步迈向产业化的今天，我们很难想象，当初对于图书是否是商品还存在过激烈的争论。在很长一段时期内，出版物只具有单纯的意识形态功能。后来，图书被定性为一种特殊的商品，它与一般商品有着本质的区别，亦即图书除了具有普通商品的属性外，还具有精神属性，而且人们在探讨这个问题的时候，更关注其特殊性的一面，而商品流通与交换的一般属性，倒是被有意无意地忽略了。

早在 1980 年国家出版局制定的《出版工作暂行条例》第八章"经济管理和后勤工作"中，就提到出版"要按照经济规律办事，要认真执行经济核算，编制财务计划，遵守财政纪律，节约使用资金，节约经费开支，减少事故损失，力求最有效地使用人力物力"；"出版社应该有适合于图书生产特点的成本核算制度，通过成本管理降低出版物的成本。要严格遵守国家规定的定价标准。应当全面地核算经济情况。个别出版社由于非经营上的原因造成亏损的，应作出亏损计划，报上级领导机关批准"。可以看出，当时的中国出版虽然已经开始注重经济因素，但总的说来还处在计划经济的思维模式中，还局限在出版单位内部管理的水平上。出版业真正意义上的改革是从发行领域开始的。1982 年，国家出版管理机关提出"一主三多一少"的改革目标，旨在形成以新华书店为主的多条流通渠道、多种经济成分、多种购销形式并存的格局，搞活流通。这可以视为出版改革的先声。出版社的改革则相对滞后。由于长期以来出版社没有自主权，不重视经营，平均主义、"大锅饭"现象严重，导致整个出版业缺乏活力、缺乏动力。1984 年全国地方出版工作会议提出改进国家对地方出版社的管理，要求适当扩大出版单位的自主权，以提高出版单位经营的主动性，使出版社由生产型逐步转向生产经营型，同时要求出版社编辑部建立联系奖励的考核制度，实行岗位责任制，要敢于给贡献大的知识分子较高的收入，把编辑人员的积极性引导到提高工作效率、提高书籍质量上来，在出版工作中应该而且必须实行严格的经济核算制度和严格的按劳分配制度。出版社内部改革的基本框架和主要内容在这次会议上有了一个比较明晰的构想，只是由于改革条件尚不成熟，其意义要在几年以后才逐渐显现出来。

（二）从生产型向生产经营型转变

在中国当代出版史上，1985 年是一个具有特殊意义的年份。正是在这一年，出版业遭遇了一次短暂的"寒流"。由于受到宏观经济形势的影响，书业出现了一个意想不到的"低谷"，图书库存膨胀，订数减少，销售下降，出版社第一次遇到了市场的挑战。虽然这次挑战延续的时间并不长，到 1987 年迅即恢复，但出版业的危机已经悄然而至，从此揭开了出版与市场接轨的序幕，对出版业前程与命运的担忧在出版人心中留下了挥之不去的阴影。这种担忧并非杞人忧天。随着短缺经济时代的结束、买方市场的来临，出版单位闭门造车的时代一去不复返了，传统的经营模式不得不为了适应形势的需要而作出改变。从这时候开始，出版市场化的大幕徐徐拉开。

从生产型向生产经营型的转变，极大地改变了出版的面貌，市场经济的观念全方位地渗入出版领域中。经济规律开始发挥越来越重要的作用，经营体制、经营机制改革由政府的推动变为出版单位的内在需求和自觉行动。在这个过程中，出版人观念的更新可能是最值得关注的。特别是出版社的编辑，从书斋中走出来，开始关注市场，关注读者，力图从市场和读者的需求出发开发选题、组织书稿。出版前所未有地把经济效益放到了重要的位置上，甚至于在讨论选题时，把能否持平、是否赢利作为和社会效益同等重要的条件。这一转变给出版带来了前所未有的生机和活力，出版品种大幅增加，精品意识明显增强，品牌图书大幅涌现，出版了许多两个效益俱佳的优秀读物。出版迎来了井喷式的发展时期，一派繁忙景象。但是在发展的同时，粗放经营的方式又带来了新的损害，比如重复出版、跟风炒作、粗制滥造、格调不高、效益低下、买卖书号、盗版盗印等问题日益严重。

这些无序甚至混乱都是出版市场化过程中的伴生物，该如何辩证地看待这样的现象呢？我们认为，所有这一切，都从一个独特的角度，以一种粗糙的甚至是原始的极端方式，为出版贯注了生气和活力，一扫出版多年来委靡不振、柔弱无力的形象，使出版具有了粗犷的、进取的、不自满自足的精神。新时期出版的功与过、是与非从某种意义上讲，都能够从这里找到一些原因。

（三）市场主体的重塑

在市场化已是大势所趋、市场化程度越来越高的形势下，体制的弊端也愈益显示出来。出版要进一步发展，就必须突破计划经济体制的瓶颈。关于这一问题的讨论历经多年，而真正打破坚冰却是在 2002 年党的十六大召开之时。

十六大报告首次把"文化建设和文化体制改革"单独列为一部分，将文化建设提升到战略的高度，并且提出了"文化产业"这一重要概念，要求大力加强国家文化产业的整体实力和竞争力。2006 年中共中央《关于全国文化体制改革的指导意见》，进一步明确了出版业改革和发展的方向。

相对于集团的组建来说，转制可能是更为人们所关注的事件。新闻出版总署《关于深化出版发行机制体制改革工作的实施方案》出台，明确了深化出版发行体制改革的总体思路和具体任务，标志着文化体制改革进入了落实阶段。根据"区别对待，分类指导，循序渐进"的原则，出版分成了公益出版和经营出版两个大的板块。实行事业体制的出版单位，要更多地为人民群众提供基本的公益性出版服务，传播先进文化，提供精神食粮，体现人文关怀，不断满足人民群众和国家经济社会发展最基本的出版需求，国家采用项目扶持、政府采购等方式给予支持。经营性出版单位要全面面向市场，按照现代企业制度的要求，通过转企改制，完善法人治理结构，增强活力，提高竞争力。《方案》对构建统一开放、竞争有序、健康繁荣的现代出版市场体系提出了措施，鼓励出版集团公司和发行集团公司相互持股，进行跨地区、跨部门、跨行业并购重组，建立必要的经营性分支机构，推动有条件的出版、发行公司上市，鼓励非公有资本以多种形式进入政策许可的领域。之后，出版逐渐完成了政事分开、政企分开、管办分离，重塑市场主体，出版的现代企业制度建设取得了宝贵的经验，出版企业真正成为了自主经营、自负盈亏、自我发展、自我约束的法人实体和市场竞争主体，极大地调动了企业参与市场竞争的主动性和积极性。同时政府职能发生了转变，全面履行宏观调控、依法行政、公共服务、市场监管等职责，推进管理创新，一个公平开放、规范高效、诚实守信的市场体系正在形成。

经过市场化的洗礼，中国出版发生了脱胎换骨的变化。正如有学者指出的那样，出版已不再是简单的社会支持系统，而正在成为一种新的经济形态，成为国民经济格局中独立的产业体系，担负着重要的社会功能。十七大报告提出了推动社会主义文化大发展大繁荣的宏伟目标，"大发展大繁荣"不言而喻包含了文化的社会影响力和对国民经济的贡献率等指标。柳斌杰署长指出，要以发展经济的方式发展文化产业。我们要深刻领会其中蕴涵的重大意义，市场化是中国出版做大做强的必由之路，是实现产业目标和落实"走下去"和"走出去"战略的唯一途径。

四、坚持可持续发展的道路

一项事业的成功与否，很大程度上取决于对发展道路和发展模式的选择。科学发展观的提出，使出版的发展选择具有了理性的深沉。特别是可持续发展理念的提出，对出版具有重大的指导意义。

（一）从规模数量型向质量效益型转变

1994年，全国新闻出版工作会议提出了新闻出版业"阶段性转移"的思路。会议认为，一方面，社会主义物质文明和精神文明建设对出版业要求越来越高，不提高质量和效益就难以完成任务；另一方面，新闻出版业面向市场后，不走内涵式发展的道路，便缺少竞争能力，难以生存。阶段性转移的目标符合国家经济建设的总体要求，符合中央战略部署。新闻出版业率先提出内涵发展的思路，对全国经济发展模式产生了积极的影响。此后，出版业采取了一系列措施推进阶段性转移，出版物质量明显提高，出版产业效益大增，产业结构得到合理调整，出版业的面貌为之一新。

如果说从生产型向生产经营型转变是出版的蜕变的话，那么从规模数量型向质量效益型转变则是出版的升华，出版从此进入了一个新的发展阶段。然而，问题伴随着改革接踵而至。由于市场竞争愈益激烈，不规范的市场行为还大量存在，甚至愈演愈烈，这个转型至今完成得也不彻底，现阶段的出版依然存在着规模数量型的许多特征。前几年对书业滞胀现象的揭露、分析和反思，切中肯綮，振聋发聩，惊醒了业界的盲目乐观情绪，呼唤书业理性一时成为业界的共识。这也从一个侧面表明了出版面临的挑战是多么巨大，转型是多么艰难。

（二）从分散经营向集约化经营转变

我国出版的组织框架是20世纪50年代学习苏联的模式构建起来的。在相当长的历史时期，中国出版业呈现出组织结构单一、经营方式趋同的显著特征。随着出版业逐步向市场经济体系转轨，这种高度同一的模式和结构弊端暴露无遗。1997年，党的第十五次代表大会，从建设有中国特色社会主义文化的高度明确提出了"深化文化体制改革"的任务，出版体制改革，尤其是出版集团的组建被提上议事日程。与此同时，伴随着出版国际化趋势的加强和中国"入世"进程的加快，许多大的国际出版集团把目光瞄准了中国这个巨大的市场，将中国作为未来攻略的一个重要组成部分。对此，作为应对"入世"挑战的关键性举措，旨在做大做强出版业，增强整体实力和抗风险能力的大型综合出版集团的组建工作步入快车道。

1999 年 2 月，中国第一家出版集团——上海世纪出版集团正式成立。以此为先声，一批出版、发行集团开始了试点探索。进入 21 世纪后，集团组建全面铺开。集团的组建和运营全面改变了中国出版的格局和面貌，在整合资源、集中力量、科学管理、提高效益等方面取得了明显成效，规模化、集约化程度明显提高。集团化建设，在一定程度上改变了中国出版业的市场格局，中国出版从此揭开了崭新的一页。

然而，不容回避的是，这一阶段的集团化建设是在"入世"这一特殊的历史背景下加速进行的，因此在很大程度上是行政推动的产物，呈现出明显的过渡时期的形态特征。2001 年前后，出版界就前期出现的种种形式的出版集团的组建，进行了理论上的反思，认为中国的出版集团大多数处于叠床架屋式的构建模式，而这种模式组建的集团，既未建立起现代企业制度和公司治理结构，又未实现真正意义上的跨地区、跨行业、跨媒体、跨所有制经营，与中国出版业的发展需求相去甚远。这次讨论，彰显了出版人在"入世"背景下对中国出版业发展的理性思考和对构建中国出版大市场格局的真切呼唤。现在看来，尽管此阶段的集团化建设值得反思，但它在中国出版历史进程中的积极意义是不容漠视的，因为它毕竟是出版业改革自身体制痼疾、面向市场经济迈出的最为真实的一步，其指导思想和动因具有革故鼎新的意义，其所采取的方式也是当时现实条件下的必然选择。

对于中国出版来说，2002 年党的十六大具有里程碑式的意义。经过 20 多年的改革开放，中国经济社会取得了良好的发展，积累了丰富的发展经验，如何在 21 世纪实现更大的发展，十六大为我们指明了前进的方向。十六届三中全会上，中央明确提出了科学发展的思想。科学发展观是立足于社会主义初级阶段基本国情，总结我国发展实践，适应新的发展要求提出来的，是我国经济社会发展的重要指导方针，是发展中国特色社会主义必须坚持和贯彻的重大战略思想。科学发展观理论提出后，出版业在探索自身科学发展的道路上迈出了坚实的步伐。

十六大以来，文化产业的发展呈现出令人振奋的局面。在十六大精神的指引下，出版业作为文化产业的重要力量，迅速找准了定位和发展的方向，并通过多项重大举措落实十六大精神。2006 年在文化体制改革试点经验的基础上，中央下发了《关于全国文化体制改革的指导意见》。《意见》进一步明确了出版的发展方向，即要进一步深化改革，解放和发展生产力，努力培育一批大型国有出版发行集团，通过建立现代企业制度创新经营方式，整合资源，不断做大做强，成为文化市场的主导力量，形成以公有制为主体、多种所有制成分共同发展的文化产业格局。在产业化方向的推动下，出版业旨在加强市场整合、改革僵化管理体制和运行机制的集团化建设进入实质性阶段。不久，以资产和业务为纽带的出版集团在各地相继成立，致力于资本运营、优化要素配置、盘活资产存量、提高运营质量的出版集团，在短期内迅速积聚实力，通过规范的整合兼并或强强联合，逐步向跨地区、跨行业、跨媒体、跨所有制经营迈进，中国出版业的大市场格局正在形成，出版业正在迎来发展的最好机遇。

（三）从传统出版向现代出版转变

进入 21 世纪，中国出版业进入加速转型的历史阶段。网络技术和数字技术飞速发展并在出版业的广泛应用，对传统出版方式带来很大的影响和冲击。内容的数字化、存储方式的数字化、产品传输的网络化不仅改变了人们的阅读习惯和获取知识的方式，也改变了传统的出版形态、出版流程和出版的经营模式，出版业面临着从传统的编辑出版业向文化创意产业或内容集成和提供商转变的时代发展趋势。

科学技术的发展，推动着出版业随历史的车轮滚滚向前。2006 年以来，新闻出版总署积极支持和推动数字化出版工作，在历次全国性的音像网络出版工作会议上都明确指出，要加快制定科学合理的政策措施，引导传统出版单位整体向数字出版转型，全面提升网络出版产品和服务供给能力。与此同时，更多的出版单位迅速完成观念的转变，积极投身于数字出版的洪流中，加快建立信息化数字管理平台，在内部信息管理和办公管理、编辑流程和生产管理方面主动实现信息化，广泛利用各种数字化、网络化内容制作、生产、传播手段和显示终端，在教学数字化产品、网络报纸、电子图书与杂志等方面迈出探索性脚步。一些信息化管理先进的发行集团开始关注并致力于发展电子商务，努力使新型渠道成为图书销售新的增长点。总之，面对网络技术带给全球出版业的震荡，中国出版业没有选择逃避与退让，而是以积极的姿态，探索适合我国出版业发展的数字化出版模式，并带动整个出版业向新的领域迈进。

党的十七大指出，科学发展观是发展中国特色社会主义必须选择和贯彻的重大战略思想。出版要从思想方法、组织形态、发展路径等各个方面全面深入地落实科学发展观，使出版实践更加符合科学发展观的要求，不断增强出版的可持续发展能力，促进出版业的又好又快发展。

五、坚持党对出版事业的领导

中国社会主义出版事业是在党的关心和领导下建立起来的。作为社会主义事业的重要组成部分，出版始终受到党和政府的高度重视。在新时期，特别是在出版产生认识上的迷茫的时候，党和政府总是及时地给予指导，使出版廓清迷雾，端正思想，从而坚定不移地走在正确的发展道路上。2002 年全国新闻出版工作会议指出："最重要的一条就是任何时候都不能放松对改革的领导,这不仅是政治责任,而且是十分光荣的历史责任。新闻出版是党的思想文化宣传阵地,不论采取什么样的改革政策和措施,任何时候,党管意识形态不能变,党的喉舌性质不能变,党管干部不能变,国有经济的主体地位不能变。改革的力度必须同宏观管理的图谋相适应。"事实证明,只有坚持党和政府对出版的正确领导,出版才能够不断地从一个胜利走向另一个胜利。

1983 年 6 月,中共中央和国务院作出《关于加强出版工作的决定》,规定了出版工作的性质、指导思想和任务,提出了发展出版事业的重要措施,成为指导出版的一个纲领性文件。直到今天,《决定》所确立的基本原则和工作方针仍对出版业的发展有着重要的指导作用。

在社会主义市场经济建立初期,特别是在 20 世纪 90 年代初,出版陷入了恐慌。由于不适应变化了的新的经济形势,在从计划经济向社会主义市场经济转轨的过程中,出版步履沉重。在这种情况下,党和政府出台了多项优惠政策扶持出版发展,使出版与时俱进,紧紧跟上时代发展的步伐。1995 年,中共中央办公厅、国务院办公厅转发了新闻出版署《关于进一步加强和改进出版工作的报告》,提出在新的形势下建设有中国特色社会主义出版事业的基本思路:通过建立适应社会主义市场经济体制和精神文明建设需要、符合出版规律的管理体制和运行机制,推动整个出版业的发展从规模数量增长为主要特征的阶段向以优质高效为主要特征的阶段转移。出版工作的方针是:一手抓繁荣,一手抓管理。《报告》对新形势下的出版工作具有重要的指导作用,引导出版在中国特色社会主义的道路上不断向前迈进。

在党和政府的领导下,出版业始终把改革作为推动发展的原动力,取得了长足的进步。为了不断提高图书供应率,缓和读者"买书难"的问题,放开发行渠道,实行国家、集体、个人一起上的方针,放手发展集体、个体书店、书摊,积极推行联合寄销、试销、特约经销等多种购销方式。中宣部、新闻出版署 1988 年联合出台了《关于当前图书发行体制改革的若干意见》。随后出版社改革也日益深入。出版社改变了"以阶级斗争为纲，围绕政治运动转"的状况，拓宽了出版领域。地方出版社的办社方针由地方化、群众化、通俗化改变为立足本地，面向全国，由综合出版社逐步转为专业出版社。出版社还逐步实施了职称改革，实行经营管理。随着图书产品两个属性的进一步明确，出版社的经营意识明显加强。为适应市场经济的变化，积极而又稳妥地对原来的体制，包括领导体制、经营体制、管理体制、人事体制、分配体制进行改革，以提高出版的应变能力、竞争能力和自我发展能力。在出版社实行了多种形式的责任制，开辟了多种渠道，扩大了出版能力，带动了整个出版业的繁荣和发展。十六大至十七大期间，我国出版业又进入了新一轮改革高峰，思想观念的现代化转变，产业结构的调整，职工身份的置换，现代企业制度的建立……凡此种种，都给出版的发展带来了新的动力和新的机遇。在改革精神的指引下，各地相继成立了出版集团公司，在领导体制上进行了大胆的创新，建立了党委领导下的法人治理结构，党的领导与法人治理相结合，加快产业结构调整，加速建立统一开放、竞争有序、健康繁荣的出版市场体系。同时实现了政企分开、政事分开、管办分离，转变政府职能，加强和改进管理，理顺了新闻出版的行政管理体系，形成了以高效、通畅、权威为特征的政府工作机制。党的先进性和市场经济的先进性高度统一，社会主义精神文明和市场经济规律相得益彰，为出版事业的繁荣和出版产业的发展提供了强大的动力。

中国特色社会主义出版具有开放的理论特性，它是历史地形成的，也是历史地发展的。经过几十年的探索，中国特色社会主义出版理论体系已基本形成，并且呈现出比较完整、系统的形态。毫无疑问，中国特色社会主义出版理论丰富的内涵必将对出版产生巨大的指导意义。我们要牢记宗旨，坚持原则，顺应形势，开拓道路，加强保证，坚定不移地走出一条中国特色社会主义出版道路，不断地推动出版事业的发展，为实现全面建设小康社会的伟大目标、实现中华民族的伟大复兴做出自己的努力和贡献。

科学出版：出版产业发展的必由之路

党中央提出的科学发展观是推动经济社会全面发展，加快推进社会主义现代化建设必须长期坚持的重要指导思想。出版工作作为社会主义文化建设的重要组成部分和我们党重要的思想舆论阵地，必须按照科学发展观的要求形成科学出版观念，以人为本，全面、协调、可持续地发展出版产业。在科学发展观的指导下提出科学出版观，不仅是一个极富创新意义的理论命题，更是一个具有现实价值的实践课题，需要我们全体出版人深入思考，努力实践。

一、科学出版观的五个内涵

科学出版观本质上是一种发展观，是科学发展观的重要组成部分和自然延伸。科学出版以不断满足人民群众日益增长的精神文化需求为目的，以经济效益和社会效益相统一、把社会效益放在首位为根本，以出版事业和出版产业协调发展为基础，以出版创新和出版产品的结构调整为核心，以党委领导和法人治理结构相结合的领导体制为保障，实现出版业可持续发展。目前，对科学出版观内涵的界定与认识还没有取得一致意见，在此提出自己的思考，以期抛砖引玉，不断引深研究。

（一）科学出版以不断满足人民群众日益增长的精神文化需求为目的

出版产品满足人民群众的精神文化需求，这是由社会主义出版事业的性质和出版自身的规律决定的。出版工作是党和国家全局工作中的一个组成部分，是我们党宣传思想战线的重要领域，承担着宣传科学理论，传播先进文化，满足人民群众精神文化需求的光荣而艰巨的任务。因此，我们必须坚持党对出版工作的领导，坚持马克思主义在出版领域中的指导地位，坚持社会主义先进文化的前进方向，坚持以满足广大人民群众日益增长的精神文化需要为首要目的，而不断满足人民群众日益增长的精神文化需求是社会主义出版产业发展壮大的能量支撑和动力源泉。出版工作是为广大人民群众服务的工作，出版产品和出版服务是人民群众精神文化消费的重要组成部分，出版工作只有适应经济社会全面进步和人的全面发展的需要，不断扩大优秀出版产品的数量，提高出版产品的质量，才能做到出版产业自身健康、和谐、有序发展，也才能使出版产业做大做强。出版工作者首先要努力做到出版产品的多样化，不断丰富出版内容，充分满足广大人民群众对出版产品的阅读需求，争取多出优秀读物；其次，要不断开拓新的出版领域，努力发掘新的选题空间和新的载体形式，尽量满足人民群众对出版产品多层次、多样化的需求；再次，出版产品要注意满足人民群众的阅读需求，还要满足大多数人民群众的阅读需求，更要满足体现人民群众根本利益的阅读需求。这是三种不同层面、不同意义的需求，我们必须对这三种需求高度重视，细加甄别，认真落实，才能够真正服务到位，从而完成培育民族精神、塑造民族灵魂、提高民族素质、彰显民族特色的光荣任务。

（二）科学出版以出版产品的社会效益与经济效益相统一，把社会效益放在首位为根本

出版产品首先具有思想、文化和意识形态属性，它能够对人们的观念、意识、思想、情感、理智、行为等方面产生一定的教化、引导、培育作用。同时，出版产品也具有市场属性和商品属性，追求一定的经济效益也是实现出版产品社会效益的必要手段和重要保障，没有一定的经济效益，出版产品的社会效益也难以完全实现。因此，在科学出版观的指导下，我们的出版产业首先一定要强调社会效益。在坚持社会效益第一的原则，争取把最优秀的精神产品奉献给广大读者的前提下，努力追求出版产品的社会效益与经济效益的有机统一。我们一定要坚持出版工作为人民服务、为社会主义服务、为党和国家的工作大局和中心服务的方针不能动摇。一方面要牢牢把握出版的政治导向，始终体现先进文化的前进方向，以弘扬中华优秀传统文化的历史使命感和为广大读者服务的现实责任感为己任，不断满足广大人民群众日益增长的精神文化需求；另一方面要重塑市场主体，走产业化发展之路，努力提高出版产品经济效益，实现社会效益与经济效益的完美统一。

（三）科学出版以出版事业和出版产业协调发展为基础

中共中央、国务院在《关于深化文化体制改革的若干意见》中对出版事业和出版产业进行了科学划分和界定，这一决定是党中央根据国际国内出版业的发展现实和未来趋势作出的重大决策，具有理论创新与实践创新的重大意义。出版事业与出版产业的科学划分和分类指导，不仅可以保证党对出版工作的领导，坚持出版产品的意识形态属性，又可以进一步强化出版业的产业特征，大力促进出版产业的协调发展，从而实现两个效益的最大化。出版事业与出版产业的协调发展，既是全面建设小康社会和促进人的全面发展的客观要求，更是出版业自身发展的必然选择。

要实现出版事业与出版产业的协调发展，一是要重点发挥事业与产业两个优势，充分调动系统与市场两个积极性，盘活存量、优化增量，逐渐形成特色鲜明、优势突出、差异化明显、充满生机与活力的繁荣局面，出版事业与出版产业互相促进，竞相发展；二是要注意统筹好城乡之间、地区之间出版事业和出版产业的协调发展，尤其要重视广大农村地区群众、边疆少数民族地区群众、城镇低收入家庭以及社会上一些困难群体对各类出版物的不同需求，使我国广大人民群众都尽可能地享受到出版事业繁荣的优秀成果和实际利益，从而推动出版业的健康、协调发展。

（四）科学出版以出版创新和出版产品的结构调整为核心

出版业发展到今天，我们必须关注出版创新和出版产品的结构调整，这是科学出版观的本质要求，更是落实出版产业健康和谐发展的重要抓手。出版创新强调的是出版产业的发展动力问题，是关乎出版产业能不能发展的问题；出版产品的结构调整关注的是出版产业发展方式问题，是关乎出版产业怎样发展和怎样实现健康和谐、又快又好发展的问题。出版业是内容为主的产业，出版创新、内容创新、原创创新在整个出版产业的发展中处在十分重要和关键的地位。出版创新包括出版观念创新、出版体制创新、出版管理创新、出版技术创新、出版内容创新、出版形式创新、出版市场创新、出版营销创新等方面。对于任何一个出版企业来说，要实现出版业的科学发展，观念创新、体制创新是保障，管理创新、技术创新是手段，内容创新、形式创新是载体，市场创新、营销创新是关键。只有首先在思想观念上充分认识出版创新的重要意义，在实际工作中统筹协调出版创新的不同要求，才有可能实现出版创新，为出版业的健康发展增添不竭的后续动力。

出版产品的结构调整包含三个方面：一是要大力调整图书产品单纯依赖教材、教辅的局面，全力培育大众读物市场，重点建设专业读物市场，稳定和规范教育读物市场；二是要由单纯注重图书产品调整到全面注重图书、期刊、音像、电子、网络等产品形态，并将研发、生产重点逐渐转移到电子、网络、信息等新兴高科技产品形态上来；三是要由单纯注重出版产业向其他文化产业和相关产业拓展和调整。

（五）科学出版以党委领导和法人治理结构相结合的领导体制为保障

坚持党管出版是社会主义出版发展的必然要求，建立法人治理结构是实现社会主义出版产业化发展的重要前提，实行以党委领导与法人治理结构相结合的现代出版领导体制，已被证明是我国出版业发展改革中领导体制的成功探索与创新。建立在党委、董事会领导下的企业经营管理体制，是文化产业做大做强的体制保障。

二、落实科学出版观的四个关键

出版业在新时期要实现健康有序、又快又好、可持续的发展，必须在科学发展观的指导下落实好科学出版观。

（一）以文化体制改革为动力，全力推进出版体制由事业单位企业化管理的二元体制结构向现代企业法人治理结构转型，使出版体制尽快适应市场经济的发展要求

出版业要走产业化道路，要在市场经济大潮中做大做强并承担传播主流文化、弘扬中华文明的重任，就必须建立现代企业制度。目前进行的文化体制改革，正是从体制和机制创新的层面全面推进出版产业建立现代企业制度的重要步骤和环节。就全国而言，不论是以体制改革、机

制创新为主，进行从事业体制向企业体制转变的出版集团、出版社，还是进行股份制改造，加快现代物流、连锁经营系统建设的发行集团，这样的探索和努力都显得十分珍贵和重要。如上海世纪出版集团进行股份制改造，辽宁出版集团整体上市，四川、浙江新华发行集团打破地域封锁，试水跨地区经营等，都是一种有益的尝试与探索。试点单位的实践证明，这样的改革方向正确，方法对路，效果良好。改革让我们的出版业解放了思想，理顺了体制，扔掉了包袱，找到了出路，增强了闯市场的信心。

（二）加强出版产业集约化经营和资源整合力度，改变过去的落后、分散、小而全的经营模式，逐渐完成从分散经营向集约化经营、从数量规模型向质量效益型的转变

资源整合是集约化经营的前提和基础。出版企业由于受计划经济影响，长期形成了规模不大、经营方式落后、单纯依靠行政资源等弊端，产品科技含量不高，原创性或核心竞争力不强，从而造成劳动力成本上涨和企业抗风险能力减弱。因此，面对国际出版产业发展方向、竞争态势和国内出版业实际情况，加强出版产业的集约化经营和资源整合，成为国内出版企业走出困境、谋划发展的一致选择，同时也成为出版业改变落后、分散的经营格局，提升经济运行质量和品位，由数量规模型向质量效益型转变的重要方式。目前成立的大型出版、传媒、发行集团，就是集约化经营、资源整合的有益尝试。资源整合包括以下内容：一是实体资源的整合，包括出版企业内部各单位固定资产、出版、发行、印刷物资资源的整合；二是经营资源即成员单位资金的整合；三是隐性资源的整合，主要是各出版社专有出版权、版权、地域文化背景、特殊的作者群和读者群、信息、专门生产技术、发行营销渠道、声誉与品牌的整合；四是选题资源的整合，各出版企业要坚持专业分工，有所为有所不为，在自己专业范围内寻求突破；五是人力资源的整合，特别是要建

立成员单位人力资源的流动机制。资源整合可以形成产品生产、物资、市场营销等方面的一体化管理，形成彼此协同作战的出版联合体，减少内耗，降低成本，提高效益。

（三）以市场为导向，健全现代出版市场体系，全力推动出版产业市场化进程

要发展出版产业，就是要按照产业化的思路，健全现代出版市场体系，按照市场经济的规律大力推进出版企业的市场化进程。一是要逐渐打破条块分割、地区封锁、城乡分离、垄断经营的计划经济分配资源和产品的市场体系，形成全国统一、开放、竞争、有序、健康、繁荣的市场体系，加快资本、产权、人才、信息、技术、专利等出版生产要素的市场建设；二是要积极运用先进科学技术和传播手段，推动出版产品的内容创新和形态创新，使原创性的文化产品在市场上占有十分重要的地位，进一步形成品牌优势和民族特色；三是要规范市场行为，净化出版环境，重塑出版业在社会经济生活中的良好形象；四是要通过市场机制，以资本为纽带，推动国有出版企业相互参股、兼并、联合、重组，重点培育发展一批实力雄厚、具有较强竞争力和影响力的大型出版文化企业和企业集团。

（四）坚持以人为本的理念，树立人才兴业的战略思想

在人力资源管理上，从注重定量型向注重绩效型转变，健全动态管理、激励创新的灵活用人机制。人才匮乏是制约出版产业发展的重要瓶颈。出版发展要人才，人才成长靠平台。作为传统的文化企业，出版界确实吸纳、积累、培养了一大批思想觉悟高、业务能力强、学养深厚、善于经营、长于管理、人品高洁的专家学者和经营人才，他们是出版界的宝贵财富，是出版事业发展的主要基础和中坚力量。但同时应该看到，由于社会的发展和时代的变化，仍有一大批从业人员观念相对陈

旧，知识结构老化，创新意识不强，适应能力偏弱；出版业人才断层现象十分严重，特别是缺乏一批懂出版、会经营的复合型人才，缺乏一批既熟悉国际出版趋势和市场规则，又能运用高科技手段为出版服务的高、新、专、精人才。

因此，要敢于打破论资排辈的用人制度，运用年薪制、谈判工资制、项目工资制等多种薪酬形式，建立一套能够鼓励优秀人才脱颖而出的用人制度和具体办法。要尽快培养、引进、选拔并使用一批政治过硬、思想敏锐、业务精湛的知名图书策划人，一批具有市场意识和开拓能力的营销人才和一批懂经营、会管理的职业经理人，做到干部能上能下，人员能进能出，待遇能增能减；要有意识地为所有在职人员特别是优秀人才和后备力量搭建施展才能的舞台，使人才在实践中不断成长，迅速成熟，达到人才培养"早见效益，见大效益"的目的。要从引进、培养、使用三个方面促进出版队伍素质的全面提高和结构的优化，使人才的成熟同出版事业的成长和谐一致，同步进行，在成就出版事业的同时，使优秀人才的才能得到展示，能力得到锻炼，水平得到提高，价值得到认可，理想得以实现，真正使事业与人才同起同飞、共兴共荣，既出书又出人，事业兴旺而人才苗壮。

三、落实科学出版观要处理好六个关系

实践与落实科学出版观涉及出版工作的方方面面，我们必须统筹兼顾，全面协调。就目前而言，首先必须处理好以下六个关系：

（一）发展速度与发展质量的关系

落实科学出版观必须认真思考并落实处理好发展速度与发展质量的关系。从宏观上讲，我国出版业的整体实力还不是很强，整个出版业在

国民经济 GDP 中所占 1.7％（2003 年）的比重还比较低，优秀出版产品的数量还不是很多，出版产品的影响力和辐射力还不是很到位，因此，出版业必须抓住机遇快速发展，把出版产业的规模和实力迅速做大做强。从产品的层面讲，我国年图书产品近几年已连续突破 20 万种大关，其中每年新书品种达到 12 万～14 万种之多，这样的一个品种规模已经占到全球年出版品种的 1/10～1/8。但是除了码洋在勉强维持或略有增长以外，其他几项出版指标如总印数、单册平均印数、人均购书册数、回款率、库存率等都呈非良性或恶化状态。联系到近几年出版业人所共知的重复出版、跟风操作、上架困难、退货率高、回款延期、盗版盗印、市场混乱、滞胀、泡沫等弊端，这其中体现出来的发展速度和发展质量之间的关系，的确应引起业界的关注和深思。单纯的速度并不代表质量，更不意味着核心竞争力的增强，那种不讲究质量的速度，那种不体现优势、特色、成长性和后发力量的数量，我们一定要警惕或避免。联系到业内已经存在的重经济、轻文化，重策划、轻加工，重数量、轻质量，重码洋、轻效益等现象，出版业一定要从为人民群众提供优质文化产品的高度来强化产品质量意识，树立质量就是市场的观念，彻底消灭劣质产品，坚决杜绝不好不坏、可有可无的一般产品，净化图书市场，使出版业尽快回归健康良性的发展轨道。

（二）长远发展和当前发展的关系

科学出版观讲求全面发展、协调发展和可持续发展，可持续发展提倡企业一定要有长期规划、长远眼光和长效机制，长远规划则要求出版企业要创造优质文化生态，构建良好出版环境，谋划长远发展战略，推动产品品牌建设，重视未来市场开发，关注具体战略实施。出版产业是一种文化产业，是一种心灵工程，是着眼于未来、立足于长远、见效于明天的工作，从根本上讲，传播真理、培育精神、抚慰心灵也必须是一种长期的、持续的、细柔的、"润物细无声"的工程，因此，关注长远利益，追求中期乃至长期效益是所有文化企业尤其是出版企业发展的题中之义。然而当前的现实是由于体制机制所限，由于领导干部考核指标、管理方式的简单化，出版企业中的政绩情结、码洋至上的现象横行于市，从而导致短期行为、短视行为的流行和膨胀。追求一时增长、强调片刻辉煌、看重当下业绩、推崇在位风光成为众多出版企业的趋势和主流，甚至个别出版企业时有杀鸡取卵、竭泽而渔、自毁长城、自掘坟墓的行为。不注重长期规划、长期投资、长期效益，不考虑蓄水养鱼、休山栽树、圈羊育草，就谈不上出版业的长期发展和可持续发展。相信随着出版体制、机制的进一步改革，随着出版企业引入现代企业管理模式和文化体制改革的推进和深入，出版业长期存在的这种长期与短期、当下与长远的矛盾能够得到有效缓解和一定程度的消除。

（三）专业化与多元化的关系

现代社会的发展方向是分工越来越细，现代企业的发展方向更多地呈现出专业化经营、特色化发展的趋势。许多跨国集团的整合与并购，都在朝着专业化经营和突出优势特色的方向迈进。对于出版业而言，在专业分工基础上的专业出版和特色化经营已是许多出版企业追求的目标和方向，不管是一家出版社抑或是一家出版集团，你不可能也不可奢望在所有的出版领域或选题范围内都做出品牌、形成优势或特色。最为简捷有效的办法是，根据你的专业分工和出版定位，梳理多年的图书积累和作者资源，发挥现有的编辑优势和人才长项，细化出版方向，选定一个或数个成长性好、竞争相对小的选题板块或内容领域精耕细作，灌水施肥，栽树养草，逐渐形成新、特、精、专的产品优势和特色优势，从而在强手如林的出版队伍中撑起一片自己的天空。那种东山望着西山高，三天打鱼，两天晒网，东一榔头西一棒槌，追星赶热，跟风模仿，寄希望于能够"撞"上畅销或"试"出特色的做法，已被成熟的出版企业所抛弃。与此相关联，多元化经营也已成为当前出版业快速发展的一种扩张模式，所谓优势互补和差异化经营是其最直接的理论依据。我们认为，专业化与多元化是一个事物的两个方面，它们是互为表里、和谐发展的关系。多元化发展应是在专业化发展的基础上，选择与原来专业方向相近、相邻或相关的方向，扩展主业、补充主业、延伸主业的一种发展思路，我们反对那种背离主业甚至损伤主业的所谓多元发展模式和做法。

（四）创新与承继的关系

创新是企业发展的灵魂，是一个民族进步的不竭动力。面对时代的发展与社会的进步，面对变化了的现实与需求，出版产品必须顺应时代发展，追求创新与变化，适应时尚，引导潮流，只有如此，你的图书才不至于落伍，你的产品才能受大众喜欢，你的企业才能求得生存与发展。因此说，变化是绝对的，创新是第一位的，不变化、不创新，你的企业就不能生存，不能发展。图书产品的创新可以从原创创新、再创创新、组合创新、引进创新的角度去审视把握，也可以从知识创新、理论创新、方法创新的角度提炼与设计，出版界完全可以从更多不同的侧面去研究尝试图书创新。然而，同时我们还应注意到，创新必须有所承继，必须有所坚守，否则创新便没有了根基，没有了依托，进而迷失自我，也就不能很好地实现创新的目的和价值。这里的继承不仅是坚持出版产品的文化理性和文化品格，不仅是强化出版产品禀赋的净化心灵、陶冶情操的功能，而且要坚守各个出版企业一贯坚守的长处、强项和势力范围，弘扬已经形成的品牌传统、特色优势。只有如此，才不至于像狗熊掰棒子，掰一路扔一路；只有如此，也才能真正做到于坚守中创新，于承继中发展，顺应形势而不迷失自我，创新发展而又彰显特色。

（五）竞争与竞合的关系

竞争与竞合是两种不同的竞争理念。过去我们只讲竞争，强调在竞争中战胜对手，发展自我，有我没他，你死我活，展示的是其残酷、无情的一面；而竞合的含义是既强调竞争，更强调合作，要把对手变成合作伙伴，在合作中实现双赢，从竞争走向竞合，从互相拼杀的血腥的"红海"走向合作共赢的、温馨的"蓝海"。市场经济呼唤竞合时代的到来，我们提倡竞争、保护竞争，全力以赴地参与竞争，这样才能使出版业繁荣发展，才能使出版产品丰富多彩；同时我们也认识到，科学出版观所倡导的竞合是一种优势互补、求同存异、互利双赢，而不是单一的鱼死网破、势不两立。我们要在竞争中获得多样化与差异化的发展机遇，在竞争中承认并肯定对手的优势，在竞争中相互交流、增进了解、加强合作，从而实现双赢或者共赢，进而走向健康、和谐、多元、可持续发展的"蓝海"，这才是科学的竞争之道。

（六）引进与输出的关系

当今世界全球一体化趋势明显，出版业务的国际交流与版贸合作越来越普遍，针对出版产业的这种发展势头，我们一方面要加大引进力度，争取以最快速度把介绍西方先进理念、科学技术、管理办法等最新成果的优秀图书引进到国内，加快促进国内相关产业的发展和科学研究的进步，以此来带动出版业的繁荣；另一方面，要重点落实"走出去"的战略，把图书产品的输出不仅作为一种经济行为，更要当作一项行业重任来完成。目前，我国图书产品引进与输出的现实十分严峻，引进多而输出少，其比率大体为10：1，引进的数量大、门类多、国家（地区）广，相比之下，我们出版产品的输出数量少、种类窄、输出的国家（或地区）单一。尽管我们可以把这种文化交流的不平衡归结于我国社会、经济、文化的整体实力相对不强，但仍可以从中找到出版业自身的差距。对于这种情况，出版界首先应该树立新的版贸理念，加大版贸输出力度。要充分利用最近几年我国综合国力大幅提升、世界开始关注中国的良机，加强出版贸易合作，对一些适合的重点出版项目进行国际组稿，实施共同出版。其次，应该树立新的输出理念。要把中国特色的出版产品与国际理念、国际设计、国际制作、国际市场、当地文化等结合起来，齐头并进，协调发展。再次，应该树立新的营销理念。要利用海外华人书店和成熟的销售网络，加大出版产品推广力度，提高海外市场占有率。

出版转型：出版产业发展
的时代特征及总体趋势

中国出版正处在一个全面的、重大的、关键的转型时期。这一转型由于背负着太多的历史包袱和现实责任而显现出更多的不确定性，以至于让人难以把握。因此，系统研究 21 世纪出版转型的客观原因和内在根据，全面梳理当下中国出版转型的轨迹，包括经验和教训，尽快熟悉中国出版转型的典型特征和变化趋势，从而适应转型、主动转型，力争在转型中有所作为，有大作为，就成为每一位有责任心和紧迫感的中国出版人的迫切需求，成为每一个中国出版企业必须面对并认真回答的时代课题。从目前中国出版业的发展轨迹看，以实现中国出版事业的整体繁荣和出版产业的全面发展为根本目的的出版转型鲜明地表现出六大时代特征：管理体制的改革与创新是中国出版转型的根本标志；经营机制的再造与经营理念的重塑是中国出版转型的主要内容；增长方式的调整与转变是中国出版业转型的最新表征；竞争方式的提升与竞争理念的改变是中国出版业转型的关键步骤；产品形态的多元与升级是中国出版业转型的基本要求；产品内容的独特与创新是中国出版业转型的核心指标。

一、出版转型的提出

（一）出版转型是科学发展观的根本要求

党的十六届三中全会提出要全面树立和落实科学发展观，即"坚持以人为本，树立全面、协调、可持续的发展观，促进经济社会和人的全面发展"。这是全面推进社会主义现代化建设必须长期坚持的重要指导思想。

出版作为社会主义建设的重要组成部分和我们党重要的思想舆论阵地，树立和落实科学发展观，就是要按照科学发展观的要求，努力形成科学出版观念，并结合行业实际与特点不断丰富和完善这一观念，使之成为符合科学发展要求的健全合理的理论体系，从而为出版业的可持续发展提供理论指导。

在科学发展观的指导下探寻科学出版的本质，科学出版观念实质是一种发展观，是科学发展观的重要组成部分和自然延伸。以科学发展观统领中国出版业的实践，就是坚持以人为本，统筹兼顾，使出版体制尽快适应市场经济的发展要求，繁荣出版事业，壮大出版产业，实现出版业又好又快发展。

当前，我国的出版业正在进入一个重要的战略发展时期，但同时也是一个各种矛盾凸显的时期，对于任何一个出版企业而言，这一时期都是一个极为重要的历史阶段。如果没有发展，不能从根本上提高出版业的整体实力，就没有事业的进步，各方面协调发展的产业化建设目标就很难实现。归根结底，发展是硬道理，中国出版解决当前所有问题的关键在于依靠自身的发展。发展好了，就可以顺利实现做大做强中国出版产业的目标；发展不好，就可能引起出版业的经济衰退，甚至陷入恶性循环的"贫困陷阱"。因此，发展应当作为中国出版业执企兴业的第一要务，各项工作的开展都要立足于发展的现实需求。实现出版业的转型，就是从根本上解决阻碍和束缚出版生产力发展的种种问题，从实际需要出发，处理好有悖于发展利益的各类矛盾，为发展扫清障碍，创造有利于中国出版业又好又快发展的内外环境。所以在转型中解决好发展的问题，在发展中转型，在转型中发展，这不仅是科学发展观的根本要求，也是中国出版业必须勇于承担的现实重任。

（二）出版转型是中国出版业自身变革的迫切要求

经过十几年的市场培育与快速发展，中国出版业初步建立起与社会主义市场经济体制相适应的运行机制，市场在资源配置中的杠杆作用正在得到充分发挥，资源配置的市场效率也在一定程度上得以实现。但是，应该看到，经过系列改革的中国出版业，许多遗留问题和矛盾还没有从根本上得到解决。如出版业的整体效益水平不容乐观，粗放型的经营管理模式仍未彻底扭转；产品结构不合理的现象长期存在，表现为一方面出版利润中教材、教辅的比重过大，另一方面出版业过于依赖纸质媒体，网络、数字化等新兴媒体产品十分薄弱；等等。可以说，中国出版业在充分满足人民群众不同层次、不同种类的文化需求方面，在构建导向正确、管理有序、结构合理、双效俱佳的现代出版产业体系方面任重而道远。

与此同时，随着出版物市场对外开放程度的逐步加大，特别是迅疾发展的新兴媒体对传统媒体冲击力的进一步加剧，出版物市场分割日益激烈的态势更加明显。在这个极为特殊而关键的时期，出版业如果应对得当，措施得力，较大幅度地提升自身实力，则能步入良性发展轨道，否则，就会遭受重创并有被边缘化的危险。因此，立足实际，切实解决当前发展中存在的不全面、不协调的问题，是中国出版业"十一五"期间面临的重要课题，也是中国出版业适应国际出版形势、主动参与国际竞争的需要。而能不能为改变当前出版结构不合理、布局不均衡、条块分割、小而全模式的状况创造必须的条件，能否为加快形成几个特色优势产业、做大做强几个产业集团提供适宜的环境，是中国出版业能否真正以解决深层矛盾为突破从而实现发展的前提。据此，加快出版业的转型，使出版业的状况更符合出版发展的特点和规律，更适应社会主义市场经济发展的要求，是当前中国出版业面临的重要任务。

（三）出版转型是经济、社会、文化转型的必然结果

一是经济转型的基础作用。十一届三中全会以来，中国经济经历了巨大而深刻的整体转型过程。从近30年来中国经济情况看，转型前后的经济运行状况发生了巨大的变化，表现为：经济运行从原行政命令式转为以自身利益驱动为主；产权制度由单一转为多元；经济活动由缺乏法律规定过渡为基本有法可依；宏观经济由短缺型转变为以过剩型为主；要素流动由严格管制逐步扭转为基本放开；市场体系由不健全变为正在健全；价格机制由管制过渡为绝大多数已经放开；收入分配由平均变为出现两极分化；对外经贸由封闭式转为开放型。总之，中国经济已基本完成由社会主义计划经济向社会主义市场经济的转型，中国正在成为世界经济大家庭中的重要成员，并且已经成为一个懂得并遵守国际规则、严格按国际惯例办事的重要贸易伙伴和积极参与者；中国已经由原来自给自足的封闭经济模式转变为国内需求增长强劲，同时也越来越倚重全球贸易和世界经济发展的积极稳健的外向型经济发展模式；中国完全参与到世界经济一体化的过程中，并成为全球经济一体化的合格成员。中国对市场经济的适应能力和驾驭能力已经成熟，这一切构成了中国出版企业转型的经济基础。

二是社会转型的规范作用。当前，我国经济社会发展的根本方向是以科学发展观统领经济社会发展全局，强调发展必须是科学发展，坚持以人为本，转变发展观念，创新发展模式，提高发展质量，落实"五个统筹"，把经济社会发展切实转入全面、协调、可持续发展的轨道。这充分表明我国社会发展已经进入科学发展的总体转型时期。彰显着划时

代意义的中国社会转型具有鲜明的方向，一是向资源节约型社会转变，二是向环境友好型社会转变，三是向创新型国家转变，四是向社会主义和谐社会转变，五是向社会主义新农村转变，六是向公共服务型政府转变。中国社会的全方位转型，带来了更为民主的政治气氛，整个社会的经济和文化呈现出更具开放性和包容性的和谐社会特征。中国社会政治结构、党政关系、政企定位、运作管理等逐步向更加科学、民主、文明、进步的方向迈进。中国出版业作为中国文化事业和文化产业的重要组成部分，其繁荣和发展与国家的社会、经济、文化状况密切相关。中国社会的全面转型喻示着文化必须与社会转型相适应，反之，社会的转型也必然蕴藏着文化的内容。中国出版业向又好又快、全面、可持续的科学发展轨道转型的时期已经到来。

三是文化转型的辐射效应。党的十六届六中全会第一次明确提出"社会主义核心价值体系"的科学命题，指出"马克思主义指导思想，中国特色社会主义的共同理想，以爱国主义为核心的民族精神和以改革创新为核心的时代精神、社会主义荣辱观，构成社会主义核心价值体系的基本内容"。这标志着我们党对中国特色社会主义的认识已经从制度层面深入到价值层面，标志着以构建社会主义核心价值体系为主要内容的中国文化正在朝着和谐发展方向转型，以社会核心价值观为思想指导的文化转型，使社会主义文化既突出了我们党和国家的指导思想，又强调社会主义理想信念的重要作用；既继承发扬中国文化的优秀传统，又结合当今社会精神文明的本质特征，借鉴吸收一切先进的外来文化。整个文化呈现出以创造与建设富强、民主、文明的社会主义国家相适应的民主文明的文化环境为奋斗目标，以促进人的自由全面发展为根本指向的全新特征。中国文化正逐步发展成为以传统文化为主体，同时融合各种现代文化、异域文化、市场文化、法制文化等元素，兼收并蓄而杂然相陈，多元并存且和谐发展的局面，文化产品也体现出更为丰富和多元的特色。在出版领域，出版产品的部分功能与特质得到进一步强化，如交流信息、传播新知的功能进一步强化；实用主义、市场引导的特色进一步强化；

世俗情怀、精致时尚的特色进一步强化；图书市场进一步细分，购买行为更趋理性等。文化生产与文化市场的开放与多元，必然要求出版与其相适应，中国出版的转型从而被赋予了更为广泛而积极的意义与价值。

二、出版转型的六大时代特征

（一）管理体制的改革与创新是中国出版转型的根本标志

新中国成立后的近 60 年来，出版单位作为意识形态领域重要的思想文化阵地，实行事业体制，党、政、企、事混在一起，党政不分、政企不分、管理不顺、职责不清、发展不快。建立社会主义市场经济体制以后，经过十几年的探索实践，党中央已经逐渐确立了出版业改革发展的基本思路，尤其是从领导体制、管理体制上明确了今后一段时期内出版业的改革方向和总体框架，这就是建立党委领导、政府管理、行业自律、企事业单位依法运营的文化管理体制。除少数公益性出版社保留事业单位外，大部分经营性出版社全部转为企业。这就需要我们在中央文化体制改革精神的指导下，积极探索与社会主义市场经济体制相适应的新的出版体制与运行机制。经过多年的探索实践，我们已经积极探索出一条基本适应中国出版实际的改革发展的新路子，这就是，在领导体制上，建立党委领导与法人治理结构相结合的富有中国特色的领导体制。在建立现代企业制度上，完善法人治理结构，由事业单位企业化管理向真正的现代企业转变。由"老三会"向"新三会"转变，职工由单位人、事业人向社会人、企业人转变。在政府与企业的关系上，建立新的出资人与经营者合作新模式。政府授权出版集团（公司）对所属企业国有资产进行经营管理，集团（公司）二次授权给下属企业对本企业的国有资产进行经营与管理，集团与下属企业不只是一种领导与被领导的关系，而是一种出资人与经营者的关系，是授权经营与监督协作的关系。现在中国已在政府推动下成立出版集团 28 家，有的正在转企改制，有的已经改制完成，有的已经先行一步经国务院批准整体上市，许多出版集团已完全按市场化进行运作，实现了跨区域、跨行业、跨媒体、跨所有制的"四跨"新战略。在管理体制层面所体现的这种新的模式与思路，是以往中国出版企业所未曾经历和体验的，并因此构成了中国出版企业转型的重要标志。

（二）经营机制的再造与经营理念的重塑是中国出版转型的主要内容

随着改革的深入和社会主义市场经济的发展，出版行业的经营机制也发生着深刻的变革。就目前的基本状况看，出版行业在经营机制方面所做的改革尝试是顺应经济、社会和文化发展形势，适应市场需要的必然结果，更是实现出版体制改革目标的现实要求。因为出版经营机制的转型是与确立出版企业的市场主体地位紧密结合的，其根本目的在于彻底消除企业经营的计划性色彩，切实增强出版企业的活力和市场竞争力。当前，出版企业内部都在推行劳动用工、干部人事、分配制度改革，很多地方在竞争上岗、全员聘用、目标管理、绩效挂钩等方面取得了新的突破，这些都是为探索建立高效的经营机制所做的积极努力。

应当看到，出版经营机制再造的关键点在于经营模式的转变。出版产业化的发展，对经营模式的创新活动不断提出越来越高的要求。国内不少出版企业内部已经或正在推行的项目负责制或策划负责制，等等，都是致力于转换经营模式而进行的大胆实践。一些出版企业还探索将项目管理的理念和机制引入编辑部管理工作中，一本书、一套书、一系列书，都在选题策划论证时作为一个项目立项，遴选合适的编辑担任项目负责人或项目主管，充分授权。项目负责人在纵向上按专业分工细化管理，从高端的学术权威到最终端的读者需求全程掌控，横向上掌握每个层面的读者需求，纵横交会点构成项目主管的制高点，并以其为核心建立一支高效务实的团队，由相应的责任编辑、加工编辑、责任设计、封面设计、销售主管等人员参与，将营销理念和机制贯穿全程全员，进行项目运作。项目从立项到完成，经济上相对于出版社独立核算，自负盈亏，出版社作为出资者行使考核奖惩职能。这种企业之中公司化运作的经营方式，是实现出版经营机制再造中一个颇值得期待的亮点。

出版产业与经济领域的任何产业一样，其发展除科学合理的经营机制外，还有赖于科学的经营理念。随着出版体制改革的逐步深入，出版作为文化产业的属性已日益成为共识。但应该看到，当前出版产业的许多改革还是停留在"管理"的层面。但管理水平的提高，并不意味着经营能力的增强。因而，用一种科学合理的、符合我国出版实际的全新理念，引领我国出版产业的经营实践，综合提高出版业的"经营力"，进而从根本上提升我国出版的产业化、市场化水准，从整体上实现出版体制改革的终极目标，是实现出版机制创新的当务之急。

我国出版业随着体制机制改革的深入，一些走在改革前列的出版企业，其资本运作和资源经营已经在一定程度上见到实效，如上海世纪出版集团、辽宁出版集团、安徽出版集团、四川新华发行集团等，均通过对自身和相关资本以及资源的有效整合，深入开掘和合理利用，实现了自身资本或资源价值的增值，企业的整体实力得以迅速增强和显著提高。这种在经营出版理念下创造的新业绩，值得出版界关注。

（三）增长方式的调整与转变是中国出版业转型的最新表征

最新的研究表明，与 30 年来国民经济巨大的增长幅度相比，与不断增高的城镇居民可支配收入和国民用于文化、教育、旅游、医疗等几项支出的总量相比，全国人均用在图书（出版）消费上的支出一直徘徊不前，除去物价上涨因素，其增长率接近于零，国民图书阅读率一直走低。更有学者研究指出，近 10 年以来，中国出版界孜孜以求的图书出版增长速度或增长率是依靠不断加大的投入来获取的，而不是依靠市场需求或阅读消费来拉动的。换言之，出版界的增长是依靠越来越庞大的品种规模和不断走高的印张定价来维持的，是依靠不断增加的原始利润的再投入来实现的。面对稳中有降的总印数，面对下滑幅度较大的平均印数，面对扑面而来的上架困难、销售不畅、回款延期、退货率高、资金周转率下降等顽疾，面对日益趋高的人力成本、管理成本、经营风险等，出版界以每年20万种的出书规模，加上越来越高的印张定价来维持这种表面的"繁荣"，维持这种投入产出的平衡，并取得相关的"利润"。中国的出版好像走入了一个怪圈，走入了一个死胡同，甚至可能走入了一个恶性循环的"魔咒"之中，一切的"因"都转成了"果"，一切的"果"又可追寻到"因"上来。所幸的是，中国出版界一直不乏冷静的旁观者和清醒者，比照国际出版的先进做法和经验，比照东邻出版强国从巅峰到低谷瞬时"崩溃"的现实教训，这些有责任感、危机感和风险担当意识的业内人士一直在呼吁强化管理，适当"消肿"，提高质量，降低风险，而这样的呼吁和做法对陷入迷茫的中国出版无疑是一剂良药，一声猛喝。更有部分高明的出版企业已经开始扭转这种增长方式，顺应我国转型时期经济增长由投入型向消费拉动型转变的市场形势，严格投入机制，限制重复性、低层次的盲目跟进，杜绝跟风、克隆、"炒冷饭"现象；下大力气研究市场，培育市场，让市场休养生息，让市场恢复自信，进而刺激需求，发现空白，寻找商机；出版一批市场真正需要的、代表最新科研成果和学术水平的标志性产品，出版一批品牌书、畅销书、长销书，变投资拉动为消费拉动，从而有效地提高出版企业的经济运行质量，提升企业预防风险的能力。

（四）竞争方式的提升与竞争理念的改变是中国出版业转型的关键步骤

市场经济本质上是一种自由经济，更是一种竞争经济。出版产业化意味着出版企业面对的将是更加激烈的市场竞争，其竞争的方式、范围和程度将会进一步提升和深化。就行业内的竞争来讲，既有微观操作层面的选题竞争、价格竞争、渠道竞争和经营管理水平的竞争，更有宏观战略层面的出版资源的竞争、出版特色与品牌的竞争、市场占有率的竞争以及人才资源甚至社长、总编资源的竞争，同时还存在行业间的竞争、国际出版巨头与国内出版企业的竞争等。这种竞争的趋势表现在，行业内的竞争重点正从操作层面转向战略层面，行业间的竞争日益常态化、激烈化，国际竞争正表面化、规范化。另一方面，对竞争的观念、理解也逐渐发生了变化。现代企业的竞争理念已由竞争发展到竞合，即既讲究竞争，更重视合作，在竞争中使双方成为伙伴，在合作中实现双赢、多赢和共赢。

（五）产品形态的多元与升级是中国出版业转型的基本要求

多元经营已被确认为是一种普遍存在的企业发展模式，与经营领域的拓展相对应，产品多元化与升级换代便成为出版企业转型产品层面的必由之路。原来只重视图书，视图书为正宗、嫡系，现在则必须同时重视图书、期刊、报纸、音像、电子、网络等产品形态，必须一视同仁、协调发展。现代社会的高速发展和现代科技的日新月异为现代出版提供了更加广阔的发展空间与延伸渠道，同时也对传统出版提出了挑战和挤压。音像、电子、网络等新兴媒体的渐次兴起，既是现代科技依靠其强大的渗透力量不断蚕食、掠夺传统出版领域与阵地的过程，也为传统出版向现代出版转型提供了良好机遇和重要平台。一方面，传统出版产品形态有不断向更高级别拓展的趋势。我们仅以纸质图书为例，就有纸张质地的提升、印刷工艺的考究、装帧水平的精进，以及开本的多样化、设计的人性化等层面可供设计制作人员驰骋想象，选择定位，从而显示出产品形态的发展历程和设计水平的日益进步。另一方面，传统出版也利用高科技的力量不断拓展自己的生存空间，出版业正在向以创意和服务为特征的现代出版业转型。当前，无论是教育出版还是专业出版，均依托网络，从内容的角度走产业链和价值链延长之路。例如，开设网上教育课程，提供网上培训及教育服务，为机构和个人提供各种收费的专业资讯和信息服务。出版物产品也以图书为先导，向电视片、电影、音像制品、电子出版物延伸，并正在获得不菲的业绩。据统计，目前我国市场上有 30 万种中文图书以电子书的形式存在，通过互联网传输的中外报刊有几万种，还有大量的手机报纸、手机游戏、手机音乐等。全球排名前 20 位的出版巨头中，业绩最好的大都是最早采用数字化技术的公司。可以说，中国出版业的产品内容正日趋多元化，表现手段日益数字化和多媒体化，服务更加市场化，业务领域也正以内容产业为核心不断向外拓展，最终必将实现传统出版与现代出版的共生共赢。

（六）产品内容的独特与创新是中国出版业转型的核心指标

中国的出版发展到今天，取得了不小的成绩，但也有许多必须面对的问题：品种过滥、质量下滑、销售不畅、上架困难、退货率高、回款延期，包括国民阅读率下降等，我们都可以在图书产品内容的独特与创新上找到问题的症结，提出解决的办法。

当前为出版界人士普遍推行的内容创新活动主要表现在两个方面：一是不断加大品牌创新的力度。众多的出版集团正在通过认真深入的市场调研，努力找准市场定位，基于各自在某些出版物上的质量优势、规模优势和特色优势，通过挖潜和发挥现有的人才、资本和文化资源潜力，打造具有独特个性的地方文化品牌，推出雅俗共赏的大众文化品牌，开发具有国际市场潜力的世界文化品牌，不断提高品牌的影响力和公信力，从而以品牌立社，以品牌立市，以品牌立书，以品牌立人，通过稳步扩大品牌出版物的数量，进而扩大企业的市场占有份额。二是打造富有特色的出版物产品。多数出版企业在内容创新上走的是追求独特与唯一的道路，力求选题内容的"人无我有，人有我新，人新我特"。即立足专业分工，拓展优势资源领域的产品内容，做到人无我有；横向比较与纵向挖掘相结合，实现对信息的重新组合，做到人有我新；找准市场契入点，寻觅独家视角，发出独家声音，做到人新我特，依靠不断提升策划意识和策划水平，逐步巩固和扩大市场份额，从而形成竞争实力。

出版内容的创新可以从原创创新、再创创新、组合创新、引进创新的角度去认识与把握，也可以从理论创新、知识创新、方法创新的角度去设计与评价，还可以从内容创新、形式创新、营销创新的层面去审视与实施。同时，我们不可能求全责备，只要产品具备某一方面的创新元素即可进行大胆尝试。我们要树立这样的出版观念：创新是出版转型的时代呼唤，创新是出版发展的本质要求，创新是打开图书市场的一柄利剑，创新是提升企业核心竞争力的制胜武器。同时我们也认为，只有创新，才是解决出版业当前面临困境与问题的有效方法。

三、推进出版转型要注重决策的
科学性与措施的协调性

（一）发展速度与发展质量的关系

推进出版业转型，实现又好又快发展，既是出版业现实发展的需要，也是科学发展观的本质要求。"好"是对发展质量的要求，"快"是对发展速度的要求，"又好又快"是既追求质量，又追求速度，并将质量放在发展的首位。也就是说，要在好中求快。出版转型必须牢牢把握"又好又快"这一科学发展的本质，正确处理质量、速度与效益的关系。

1. 坚持速度服从于质量

从宏观上讲，我国出版业的整体实力还不是很强，整个出版业在国民经济中所占的比重还比较低，优秀出版产品的数量还不是很丰富，出版产品的影响力和辐射力还不是很到位，因此，出版业必须抓住机遇快速发展，把出版产业的规模和实力迅速做大做强。从产品层面上讲，我国的图书产品近几年已连续突破 20 万种大关，其中每年新书品种达到12 万～14 万种，品种规模已经占到全球年出版品种的 1/10—1/8。但是，应该看到，中国图书出版持续几年来除了码洋在勉强维持或略有增长外，其他几项出版指标如总印数、人均购书册数、回款率、库存率等都处于恶性或非良性状态。联系到近几年出版业人所共知的重复出版、跟风操作、退货率高、盗版盗印、回款延期、滞胀、泡沫等弊病，这其中所体现出来的发展速度与发展质量之间的关系，不能不引起业界的关注和深思。必须认识到，单纯的速度并不代表质量，更不意味着出版核心竞争力的增强，那种不讲求质量的速度，那种不体现优势、特色、成长性和后发力量的数量，在转型过程中一定要警惕并努力避免。

2. 坚持以质量促效益

发展是一项全方位的系统工程。一个国家发展的标志是其综合国力的显著增强，因而，企业与事业发展的指标就绝不能仅仅局限在效益的范围之内。效益增长与企业发展既有区别又有联系。效益增长多数情况下是一个数量的概念，主要表现为企业利润的增加，而发展则既是一个数量的概念，又是一个多维度的质量概念，它不仅包括效益的增长，而且包括产品结构的改善、企业形象的提升、生产效率的提高以及体制机制改革的科学与完善，等等。出版业的发展，效益增长固然是发展的必要条件，但不是充分条件。发展首先表现为效益增长，并以效益增长为前提，但效益增长并不能等同于整体发展。因为，如果在效益增长的同时，企业环境没有改善，技术水平没有提高，产业结构与产品结构也没有改进，就是所谓的有增长而无发展，也就是说发展没有质量，而发展没有质量，就不是全面、可持续的发展。因此，出版业实现转型的进程中，必须牢固树立科学发展观，立足发展质量，制订发展规划，真正做到把发展引向又好又快的轨道上来。

（二）长远发展与当前发展的关系

科学发展观要求全面发展、协调发展和可持续发展。这就要求出版企业一定要有长期规划、长远眼光和长效机制。长远规划的顺利实施则要求出版企业要创造优质文化生态，构建良好出版环境，谋划长远发展战略，推动产品品牌建设，重视未来市场开发，关注具体战略实施。出版产业是一种文化产业，是一种心灵工程，是着眼于未来、立足于长远、见效于明天的工作，从根本上讲，传播精神、抚慰心灵也必须是一种长期的、持续的、细柔的、"润物细无声"的工程。因此，在出版转型过程中关注长远利益，追求中期乃至长期效益是出版企业发展的题中应有之义。然而，当前的现实是由于体制机制所限，由于管理方式的粗放，出版短期行为、短视行为流行、膨胀，追求一时效益增长、强调片刻辉煌、看重当下业绩、推崇在位风光成为众多出版企业的趋势与主流，甚至个别出版企业时有杀鸡取卵、竭泽而渔的行为。出版转型的根本目的，就是要实现出版业的可持续发展，就是要解决不注重长期规划、长期投资、长期效益的短视经营问题。因此，在转型过程中，一定要注重缓解当下与长远的矛盾，避免再次出现只重当前进步而忽视长远发展的现象，切实引入现代企业管理模式，实现出版业的健康、快速、可持续发展。

（三）决策的科学性与措施的协调性的关系

随着出版转型的不断推进，改革涉及的面越来越宽，不少问题既涉及经济体制改革，也涉及政治体制改革，有的甚至涉及国际经济关系，牵涉到的利益和矛盾越来越复杂，对各项改革措施协调配套的要求也越来越高。这就要求改革的决策者具有战略眼光，善于系统分析，做出符合实际的决策。同时认真总结经验，使未来的改革决策更具有科学性。

决策的科学性和措施的协调性是紧密相连的，可以说，协调性就是科学性的组成部分，因为市场经济是一个复杂的系统，其中各个方面的相互协调是保证市场经济健康运行的基础。我们的各项改革决策，无论涉及国企改革、市场体系建设，还是管理体制、经营机制改革，都须臾不可离开市场化的改革方向，否则，就会背离市场经济的基本逻辑。因此，在出版转型中，我们应紧紧抓住体制转型这个中心环节，进行统筹规划。在做出一个方面的改革决策时，必须同时考虑到其他相关环节改革措施的协调配套；在解决一个突出矛盾和问题时，必须同时考虑到其他深层次的矛盾和问题，如果顾此失彼，或者对各项改革措施的方向、力度、出台时间的协调配合考虑不周，就可能造成决策失误。提高改革决策的科学性和配套性，需要建立科学化和民主化的决策机制，了解行业局势，深入调查研究，加强总体指导，明确决策责任。更为重要的是，还要加强对出版科学的研究，使决策的科学性得到强有力的理论支撑。

出版创新：出版产业发展的必然选择

在我国社会主义现代化事业全面推向前进的关键时期，胡锦涛总书记提出建设"创新型国家"的奋斗目标，这是事关我国经济社会发展全局的又一个重大战略决策和部署，是顺应时代潮流、应对全球挑战、面对我国经济社会当前和长远发展需求做出的战略选择，是在总结历史经验的基础上，从创新的角度，按照社会发展规律得出的结论。作为社会主义文化建设的重要力量，出版承担着振奋民族精神、实现民族文化振兴和中国文化崛起的重任。以务实的态度落实出版创新，不仅仅是社会主义出版规律的要求，更是坚持先进文化发展方向、深入落实科学发展观的要求。出版从业人员一定要有高度的历史责任感、强烈的忧患意识和宽广的世界眼光，紧紧抓住机遇，应对各种挑战，切实转变创新观念，开拓创新思路，丰富创新内涵，增添创新动力，拓展创新空间，提升创新水平，努力开创我国出版业科学发展的新局面。

一、出版创新的内涵及特征

作为科学概念的"创新"（Innovation）最早源于经济学。创新理论的创立者——美籍奥地利经济学家熊彼特最早使用"创新"一词。他在其德文著作《经济发展理论》中将"创新"界定为"一种新的生产函数"，认为"创新"是企业把一种从来没有的生产要素和生产条件的新组合引入生产体系，以获得"企业家的利润"。他进而把"创新"的内容归纳为引进开发新产品（产品创新）、采用新技术（工艺创新）、开辟新市场、获得原材料新供应源（利用开发新资源）和实现企业的新组织形式（组织创新和管理创新）五个方面。

出版创新是对出版业现状实施变革的过程。这一过程包括革除与发展现状不相适应甚至发生抵触的旧有出版观念、出版体制、出版模式和运行机制，提出并构建与出版规律和发展方向相吻合的新的出版理念、出版体制、经营方式和与之相配套的、相对健全完善的运行机制，从而获得出版业的新发展，实现出版业的新突破。

出版创新是一个系统进程，它不是游离于国家创新体系之外的散兵游勇式的独立行为。一方面，它作为国家创新体系的有机组成部分，其创新行为与社会、政治、经济、文化等领域均发生联系与作用；另一方面，它又是出版业整体结构及功能改善的过程，而不仅仅指局部的改变或细节的修缮。

出版创新是一个复杂的过程。一方面，新思想的推行、新体制的创设、新制度的建立要经过长期的锻造和实践的检验，甚至还会遭到传统体制的排斥或因不完善而导致失败；另一方面，出版创新又是在不断继承和吸纳中完成的，它不仅要弘扬原有体系中的精粹，而且要有针对性地借鉴国内相关行业的成功经验，有选择性地吸收国际出版业的先进理念和管理方法。

由是观之，出版创新具有如下特征：

1. 出版创新具有战略性

出版创新是一种全方位的战略性变革，它是对与出版业发展产生掣肘的各个领域、各个层面进行的深层次的、整体性的、可持续的改革和调整，由此逐步建立起与新世纪出版业发展相适应的新思维、新战略及新的管理体制和运行机制。

2. 出版创新具有突破性

出版创新是指出版者能见人之未见，思人之未思，行人之未行，是一种使传统出版业实现突破性发展的复杂的创造性活动。这种突破既体现在出版思想、出版理念的与时俱进上，同时也体现在出版实践的创新活动中。

3. 出版创新具有协同性

由于出版生产过程是一个各个环节相互依存、紧密联系的有机整体，因而，出版创新是一个系统内各要素共同参与并发生作用的整体行为，只有各生产要素之间协同作战，出版创新才能有效进行。将系统内的任何一个环节在创新体系中的作用孤立起来，或者忽视、削弱某个阶段的创新力量，都会导致出版创新的失败。

4. 出版创新具有市场性

出版创新是以出版物市场为基础、以市场化运作为主的行为，应遵循出版市场规律。出版创新不是对出版市场规律的变革，而是通过把握市场规律，适应市场变化，不断开辟新的出版市场。

5. 出版创新具有人文性

出版业固有的文化特征，使创新活动体现出鲜明的人文属性，表现出文化的自省与自觉。即通过系列创新活动，有效强化出版者在不同时期文化转型过程中的自主能力，始终把握文化发展的主流趋向和价值取向，从而保持本国文化在世界文化中应有的地位，并与世界各国文化一道形成联手发展的共进态势。

6. 出版创新具有价值性

出版是文化产业，出版产品是特殊商品，出版创新以文化繁荣为根本目的，以两个效益并重为价值实现原则。出版创新的意义在于，一方面，达到文化与政治、经济、社会的和谐共进；另一方面，有效发挥文化之于政治、经济、社会发展的促进作用。

总之，出版创新以出版观念创新为先导，以体制机制创新为根本，以内容创新为核心，以技术创新为保障，以实现两个效益为目的。出版创新是实现科学出版的灵魂，是出版企业提高核心竞争力的重要手段，是出版业实现可持续发展的动力和源泉。

二、出版创新的现实紧迫性

新中国成立以来，特别是改革开放以来，随着我国经济和社会的快速发展，我国的出版业有了长足进步。目前，我国有出版社 572 家，年出书近 22 万种。新书 13 万种，市场可供图书达 40 多万种，2004 年我国图书出版业总资产达到 446.39 亿元，出版社平均资产规模 8297 万元；年销售收入全行业达到 279.31 亿元，全行业实现利润 49.38 亿元。发行网络遍布城乡，印刷装备技术先进，经营手段日趋成熟，出版载体丰富多样，从发展态势上讲，我国已经步入出版大国的行列。然而，我国出版业虽然已有一定的规模，但整体实力不强，与出版业发达国家相比，在出版水平上还有较大差距，尚存在着一些带有普遍性的问题。

（一）理论层面

1. 理论欠缺

在我国，编辑学、出版学的基础理论研究较之于图书制作与传播的发展历史明显滞后。编辑学、出版学作为一门学科得到社会承认不过是 20 世纪 80 年代的事情。从出版理论研究的现状看，编辑学、出版学的研究较偏重于编辑学、编辑史的探讨，出版学的整体理论研究明显不足。在数量不多的出版理论著作中，以编辑为对象的较多，以出版整体为对象的较少，研究内容分散性较强，系统性较弱，理论创建不够，学术观点滞后，能切实指导实践的学术成果为数寥寥。从一定程度上讲，我国的出版理论研究还没有做到从大处着眼、从现实需要出发去观照新时期出版产业的发展和变革，系统成熟的学科知识体系的构建尚待时日。在出版业向成熟产业过渡、向商品经济转型以及与世界经济接轨的关键时期，现有的理论研究成果已远远落后于出版工作实践和出版业发展的需求，无论是立足于出版学科的自身建设，还是侧重于出版业的未来发展，出版理论研究均面临进一步加强、深化和创新的问题。

2. 研究匮乏

与国际出版理论研究的丰富性、深刻性和实用性相比，我国的理论研究无论在水平上还是分量上均明显不足，表现为：一是重视程度不够。虽然众多的出版媒体成为理论阵地且呈现日益扩大的态势，但没有从根本上扭转从业人员自身对理论建设的忽视。在出版界，分析出版形势、钻研出版理论、探究出版规律的风气还没有形成。出版工作虽然在业务上积累了极为丰富的经验，但工作上的总结、经验上的提炼、理论上的升华都相对不足，重常规轻研讨、重事务轻学术的倾向在出版界较为普遍。二是研究力量不足。尽管我国有专门的出版科研机构（目前也仅仅有中国出版科学研究所一家），一些院校也设立了编辑出版学科，但由于从业主体的工作重心在生产而忽视研究，其企业运行机制的建立也紧紧围绕着效益原则，致使理论研究难以形成气候，企业也经常忽视甚至放弃了对专业研究人士的培养，更没有为研究建立有利的环境和条件，出版专业的研究生从业后也大都直接进入出版实务，鲜有成为从事专门理论研究的专业人员。偌大的中国出版业，仅仅靠一两家研究所的研究力量进行理论构建，无异于杯水车薪。三是研究水平滞后。目前，我国出版领域有分量的著作为数不多，高水平的传播学理论和出版学理论存在着严重断层，代表性的学术著作和科研成果明显缺位，较之于国外的理论研究程度差距较大。在西方，多数出版发达国家已经形成相对成熟和完备的科研体系与研究方法，既有专为行业政策、法律法规的制定提供理论依据的基础研究，又有为出版产业发展开启思路的实证分析；既注重宏观把握，又强调微观深入，概念研究和专题探讨平行发展，互为补充。而我国当下出版学术研究却深入性不足，分量明显不够。在实际研究中，研究课题的涉及面虽宽，但对出版业发展过程中的重点、难点缺乏关注，即使涉及，其指导意义和实用价值也实难尽如人意，多数论著流于经验总结和成绩汇报，浮饰旧文，游戏概念，浅尝辄止，方法单一，理论研究的分析预测性和实践前瞻性较之于出版业的实际发展速度明显滞后。

（二）现实层面

1. 竞争实力明显偏弱

我国的出版业经过新时期 30 年的发展，虽然形成了相当大的规模，取得了显著进步，但整体实力与国际出版大国难以相比。2005 年我国的 GDP 占世界 GDP 的 7%，成为全球第六大经济实体，但整个文化产业占国民经济的比重仅为 3%。当年，美国的文化产业在国民经济中的比例占到 30%，日本为 18%。美国、德国、英国的出版产业已经成为文化产业体系中的支柱产业。美国从 1996 年始，图书营业总额突破 200 亿美元大关，2002 年达 268 亿美元，有 6 家出版公司的年营业额超过 40 亿美元；2001 年德国仅贝塔斯曼一家出版公司的图书年营业额就达 87 亿美元；日本从 2000 年开始就未低于 80 亿美元的水平。近半个世纪以来，美国、英国、法国、德国、日本、荷兰等出版强国的大型出版集团几乎垄断了国际图书市场的某些图书品种的生产和销售，它们的出版活动影响着整个国际出版物市场。而我国年图书营业总额近年来仅在 500 亿人民币左右，只相当于发达国家一个出版集团的营业水平。诸如美国的麦格劳·希尔出版集团、时代华纳公司、读者文摘公司，德国的贝塔斯曼出版集团，法国的阿歇特出版集团、熙德出版集团，英国的里德·埃尔赛维尔公司、皮尔逊公司，日本的讲谈社、岩波书店等在世界文化产业中占有一席之地的出版企业，我国出版业中迄今还没有一个能与之相提并论。我国的出版业参与国际竞争的能力明显偏弱。

2. 文化输出缺乏活力

近年来，我国出版业在版权贸易方面取得了突破性进展，自 20 世纪 90 年代开始，从欧美等发达国家引进版权的数量逐年呈几何数字增长。2004 年，版权引进已达 11746 项。应当承认，从引进、模仿到自主创新是后发国家追赶先进国家的一条捷径。然而，虽然大量引进国外知识产权，有力地促进了国内文化的繁荣，但由于缺乏在内容上自主创新的能力，中国出版业仍然主要靠人口数量促成的市场潜力获得竞争优势，在国际出版业中仍处于低端位置。版权贸易兴旺的十几年间，贸易逆差的比例逐年加大，最高的一年引进与输出的比例达到 16∶1，而且长期依靠版权引进推动内容创新，中国出版业在承受大量引进带来的巨额成本的同时，自主创新能力也面临着逐渐弱化的危机。许多出版社面临着"空壳化"风险。与此同时，发达国家基于连续几十年的投入和调整，已经构筑起知识经济的高门槛，逐步形成了在国际出版物市场环境下成熟的创新体系，从而在文化贸易中长期占据着稳固的优势地位。以出版强国英国为例，从 20 世纪 30 年代初期始，英国加大版权输出力度，到 1977 年，英国图书年营业总额为 4.67 亿英镑，其中，出口额为 1.82 亿英镑，占年度图书营业总额的 38.97％；1980 年，营业总额为 6.44 亿英镑，其中出口额为 2.13 亿英镑，占总额的 33％；进入 90 年代以来，英国面向亚欧市场大量出口版权，年输出总额平均占营业总额的 36％以上。而中国版权输出量 2005 年输出意向也不过 1096 个，在整个图书营业总额中所占的比重微乎其微。2006 年是丰收的一年，有了一个良好的开端，但中国出版业要在短期内突破强势文化的重围，以成功输出本土文化，实现民族文化的崛起，并在世界文化产业中占有一席之地，面临着巨大的机遇与挑战。

3. 出版经济增长缓慢

经过 30 年的改革开放，我国出版业取得了巨大发展和辉煌业绩。但从 20 世纪 90 年代后期起，在我国国民经济高速发展的同时，我国出版业经济增长滞缓，总量物价高、质量效益低的特征日益凸显，在依靠各种要素投入即主要通过品种数量的增加带动效益增长的同时，多数出版企业的各项效益指标在不断下滑，库存积压和退货现象日趋严重。"十五"期间，我国图书生产 2001 年比 2000 年增加 1.12 万种，2002 年比 2001 年增加 1.64 万种，2003 年比 2002 年增加 1.94 万种，而图书销售收入 2001 年却比 1999 年下降 5.51%，2003 年比上年下降 3.29%。个别专业性较强的出版社由于多年来效益持续负增长，有的不得不放弃自身的专业优势，纷纷转向效益型品种的生产，有的出版企业生产和经营甚至出现难以为继的局面。而在出版物品种总量激增的背后，是大量的重复出版行为，加之缺乏市场规范，出版市场上追风逐热的现象普遍，出版物的散、滥、差特征明显。我国出版企业为追求利润，生产方式由精耕细作转向广种薄收的同时，出版物整体质量明显滑坡，加之电子、网络等新兴传媒产业的竞争，我国人均购书量自 20 世纪 90 年代以来持续走低，1998 年、1999 年为 5.8册，2001 年为 5.4 册，2003 年仅为 5.23 册。我国的出版市场呈现出市场投资而非消费拉动型的非正常发展态势，整个出版业面临着战略调整的重任。

三、五大创新打造出版产业核心竞争力

世界各国出版业发展的经验一再表明，在开放的国际市场条件下，一个国家如果原始创新能力不足，就难以积极主动地进行自身结构的战

略性调整，就难以优化经济增长方式，就难以越过发达国家的强势文化壁垒，就必然会在由发达国家主导的出版产业分工中陷入被动，使自己在出版市场上的发展空间越来越小，与发达国家之间的差距进一步拉大。长此以往，出版业的市场地位就会受到威胁甚至丧失，本国文化就会有被逐步边缘化的风险。要想避免这一现象的发生，唯一的出路就是加强出版自主创新能力的建设。

（一）以体制创新增强出版产业可持续发展的动力

1. 推进出版集团化经营

出版集团化就是出版规模经济基本精神的体现。出版规模的经济性是指由出版规模的变动而引起的收益的变动，反映的是因出版能力的提高而使生产成本下降、效益增加的趋势。衡量产业规模经济的一个重要指标是产业集中度，从出版业的产业集中度来看，随着近年来全球化步伐的加快，企业竞争能力的增强，国际出版业的集中化程度日益加剧，美国前 20 家大型出版公司的收入现已占美国全部出版收入的 85％以上。当前，我国出版产业的集团化建设还主要依靠行政手段来协调、引导和推动，但应该看到，这种"借力"是必须的，这是我国出版业实现改革目标的现实需要，关键点在于集团组建之后的建设问题。基于我国出版业的实际，在集团化建设过程中应把着眼点放在以下几个方面：一是整合优势资源，对各类资源进行优化重组，以大大强化竞争实力和抗风险能力为目的，最大限度地发掘出版资源的内在价值，实现出版业的可持续发展；二是要以资产为纽带，通过联合、兼并和股份制形式，逐步实现跨地区、跨媒体、跨行业、跨所有制经营，促进地区间的优势互补和互利互惠，实现多层次和多形式的联合，做大做强出版业；三是要按产业化原则对出版物市场进行更深层次的开发、培育，打破市场分割和行业壁垒，加快建立各种出版生产的要素市场，逐步形成统一、开放、竞争、有序的出版市场体系，逐步改变现有的小规模状态、布局不平衡、功能不健全的出版物市场局面。通过实施集团化战略，要从根本上改变我国出版业产业结构和组织结构不合理的状况，改变"大而全，小而全"的生产格局，实现出版要素的优化组合和出版资源的合理配置，有效促进出版经营体制的转换，从总体上提高我国出版业的整体实力和发展水平。

2. 创新体制机制

体制机制创新是观念、体制、结构的再造，主要包括政府与企业的关系，企业与市场的关系，计划观念的转变，劳动就业观念的转变，出版企业组织结构、权力结构的改变，等等。这是一个系统工程，必须坚持以科学发展观为指导，认真处理好改革、发展和稳定的关系，要实事求是，积极、稳妥、有序地向前推进，形成科学有效的宏观管理体制和富有效率的微观运行机制。

根据中共中央关于文化体制改革的精神，出版将分为公益型出版和经营型出版，分别承担不同的任务。公益型出版要以政府为主导，贯彻"增加投入，转换机制，增强活力，改善服务"的要求，为广大人民群众提供公共文化服务，满足人民群众最基本的文化需求。经营型出版要贯彻"创新体制，转换机制，面向市场，壮大实力"的要求，充分发挥市场配置资源的基础性作用，大力推进经营性文化单位转企改制，在市场竞争中发展壮大。

毫无疑问，新成立的出版集团体制改革的首要任务就是积极探索建立党委领导和法人治理结构相结合的领导体制，集团党委和集团公司董事会为一套班子、两块牌子，成员双向进入，交叉任职，董事长兼任党委书记。党委要做到管好法人、管好班子、管好导向、管好资产、管好经营，确保党委的领导核心地位，确保党对出版工作的领导权和对出版企业的控制权。其次，要尽快建立现代企业制度，完善法人治理结构，形成良好的决策机制、监督机制和执行机制，要严格按照公司法形成相互制约的权力结构。从目前出版集团运作的现状来看，许多出版企业的老总们还不适应这一权力结构，结果导致公司治理结构弊端丛生，董事会要么不清楚该干什么，要么权力膨胀，监事会形同虚设。要按照母子公司的体制，进一步规范集团的母子公司治理结构。根据政府授权，以二次授权的方式，授予集团各子公司对各自占用的经营性国有资产和国有股份依法经营、管理的权力，把所有权与经营权分开，形成以国有资产为纽带的母子公司关系，使集团运转协调、规范高效。集团总部和各个成员企业都应当有明确的定位，要统出合力，分出活力。要积极探讨国有股份的相互参股，条件成熟的可以运作上市。

体制是宏观的，而机制则是微观的。体制改革与机制改革必须相互支撑，互相促进，配套进行，才能取得良好的效果。出版创新要在体制改革完成的同时，积极推进机制创新，建立一套与原来事业单位企业化管理不同的劳动机制，包括选拔机制、竞争机制、激励机制等，这已成为许多转制企业的当务之急。

在讨论出版体制创新这个问题的时候，我们必须要认识到，体制是表，人是本，认为体制一改革立刻就可以带来效益的增长和出版竞争力的提升，不是科学的实事求是的态度。产权关系的转变是外部的，劳动关系的转变是内部的。在很多时候，人都起着决定性的作用，在体制、机制等要素中，人是最为活跃的因素，也是最难控制的因素。只有做好人的工作，其他工作中的问题才能迎刃而解。我们一定要借助体制改革的力量，不断提高出版工作者的政治水平和业务能力，保持锐意进取的活力，才有可能在这个风起云涌的大时代，做出一番不平凡的业绩来。

（二）以内容创新提高出版产业发展的竞争力

按照出版市场规律，以经济学分析出版产品从计划经济到市场经济的变革过程，应在产品概念、市场概念、竞争概念三个方面体现转变，即由计划生产、不管销售、不计效益的单纯生产概念转向按需生产、负责销售和讲求效益的理性生产概念；产品的市场基础由数量转为效益；产品的市场竞争由价格或技术因素为主的简单竞争过渡为以质量和服务为主的复杂竞争。然而，从我国出版业的产品现状看，市场概念和竞争概念的转变还没有完成，特别是以效益为基础的市场份额分配和以质量为关键的市场竞争手段还没有从根本上得以体现，出版业的产品走势显示出我国出版业市场化水平的相对滞后。当前，我国的出版物市场已经由卖方市场转为买方市场。从经济学的角度看，当产品供求关系由供不应求转为供过于求之后，质量竞争就成为产品竞争的焦点，与价格战相比，质量战对企业的影响更为深刻。出版业是内容产业，出版物的质量通过出版物的内容反映出来，提高出版物的质量，内容创新是关键。

在内容创新中，应突出把握三点：一是不断加大品牌创新的力度。综观国际出版集团近年来的出版实践，众多的出版集团正是基于各自在某些出版物上的质量优势、规模优势和特色优势，在国际市场上占据着霸主地位。因而，从增加核心竞争力的目标出发，我国出版企业应倾力进行出版物的品牌创新，靠品牌赢得读者，赢得市场，赢得竞争，赢得人才。要鼓励出版企业细分图书市场，明确产品定位，推出雅俗共赏的大众文化品牌；要放眼全球市场，树立骨干工程，开发出具有国际市场潜力的世界文化品牌，不断提高品牌广泛的影响力和良好的公信力，从而以品牌立社，以品牌立市，以品牌立书，以品牌立人，通过稳步扩大品牌出版物的数量，进而扩大企业的市场占有份额。二是走特色化发展之路。通过认真深入的市场调研，找准市场定位，通过挖潜现有的人才、资本和文化资源潜力，创造出富有独特个性的出版原创产品，并通过产品的积累，不断强化特色，通过特色发挥影响力，通过特色形成竞争力。三是将拥有自主知识产权作为品牌创新的核心内容。拥有自主知识产权既是我国出版业实现文化崛起的基础条件，也是出版业实施内容创新的根本目标。综观20世纪90年代以来的世界出版业，出版企业的实力大都通过自主知识产权的数量显示出来，英国的牛津大学出版社、德国的施普林格出版社、意大利的蒙达多利出版集团分别通过向世界各国输出辞典类图书、科技类著作和"大众市场平装图书"的版权，确立了各自在出版市场上的地位。据此，我国出版企业要苦练内功，明确市场定位，努力追求产品内容的独特与唯一，追求选题内容的"人无我有，人有我新，人新我特"，即立足专业分工，拓展优势资源领域的产品内容，做到人无我有；以横向比较与纵向挖掘相结合的思路，实现对信息的重新组合，做到人有我新；找准市场切入点，寻觅独家视角，发出独家声音，做到人新我特，不断提升策划意识和策划水平，逐步扩大、提高我国自主知识产权的数量和质量，从而巩固国际地位，提高竞争能力。

（三）以管理创新激发出版产业发展的活力

改制后的出版业，如果管理没有创新，没有建立起适应新体制、新机制的出版模式，企业的效率和效益就不可能提高，体制创新就不会产生明显效果，甚至可能遭到失败。而实现管理创新，当务之急就是要建立起以市场经济为指向的管理理念。随着出版业企业性质的逐步凸显，出版管理工作也逐渐突破了单纯行政管理的职能，管理的内涵在转型与变革中得到了充实和扩展。在出版集团相继成立之后，出版行政管理职能大部分由出版局承继下来，出版集团的管理则更多地带有企业的特征。所谓企业特征，是指在保证社会效益的基本原则下，将工作的重心放在以市场为主导的生产经营活动中。正是在这个意义上，我们提出经营型管理的概念。

经营型管理是一种完全不同于行政型管理的管理模式。如果说行政型管理更注重"规范"的话，那么经营型管理则更注重"激活"，它通过多种手段、多种措施调动员工的生产积极性，以期在市场行为中保持竞争优势，获得更大的市场份额和经济利益。不难想见，经营型出版管理将在很大程度上消除阻滞、妨碍出版产业发展的因素，极大地解放出版生产力。

相对于传统的管理方法，经营型管理有许多创新性特征。这种创新在管理体系、管理结构和管理手段方面表现得尤为明显：

1. 以绩效为核心的管理体系

如果经营型管理非常注重管理过程的话，那么，它同样注重管理的结果。绩效考评作为企业经营行为的方法选择，正在成为促进出版完全市场化的一种特效手段。在激烈的市场竞争中，一个出版单位的竞争力和生存发展能力，完全取决于其经营业绩，所以经营型管理必须建立起一套以绩效管理为核心的考评体系，通过市场份额、利润总额、竞争力指数、市场化程度等指标对企业行为进行监测、评估，并建立起相应的激励措施和奖惩办法，从而激发各级领导和职工的积极性。

2. 以扁平化为特征的管理结构

为了快速应对复杂的出版形势，从传统的层级结构组织形式向扁平化组织形式发展已经成为必然的趋势。特别是在出版集团成立后，管理的范围有了新的变化，如果仍然沿用层级式管理，就可能因反应迟钝而贻误商机。市场形势瞬息万变，要求出版适时应对，养成雷厉风行的工作作风。扁平化管理顺应出版市场的要求，减少了管理的层次，增大了管理的幅度，将中枢的指令迅速传达给一线的经营人员，避免了管理过程中的信息和时间的损耗，从而为及时跟进出版市场、策划销售优秀图书创造有利条件。

3. 以信息化为基础的管理手段

虽然现在我们已经进入以电子信息传输为特征的网络时代，但是必须注意到，我们在管理工作中的许多做法还停留在原始的手工操作阶段，从最基本的图书档案资料建立，到准确的数据统计、科学的经营分析，都还是粗略的、模糊的。出版要实现科学经营，就必须强化以信息化为基础的管理手段。应该认识到，出版企业信息化不仅仅是信息技术的延伸，更重要的是企业管理与组织管理的延伸，即以企业绩效的优化为目标，在网络、多媒体、数据库技术的支撑下，使管理决策者能充分利用信息资源，及时把握市场机遇，科学地组织人力、物力、财力资源进行出版物的生产经营活动，从而有效提升出版企业的核心竞争力。

（四）以产业创新提升出版产业发展的实力

出版产业创新是一个复杂的系统工程，其创新内容涉及经营机制、出版结构、经济政策、法制建设、渠道开发、对外合作、技术革新等多方面的内容。改革开放以来，我国的出版业取得了长足发展，基本实现了与国际出版产业的大融合。但较之于具有现代意义的国际出版产业化水准，我国出版业尚存在许多复杂的矛盾和问题，而这些矛盾及其症结较为集中地反映在产业结构问题上。因而，出版产业的创新应将其结构创新放在首位。

1. 优化产品结构

（1）要大力推动产品结构调整，努力形成比例合理的新的产品格局。目前，与发达国家相对合理的出版产品结构相比，我国出版业的产品结构比例还很不协调，地方出版集团大都仍以教材、教辅为主，相对于大众出版和专业出版，教育出版的比重高达 70％以上。这不仅加大了出版经营的风险，而且越来越成为制约出版业提高经营水平的根本性障碍。随着我国经济社会的发展和教材招标改革的推进，我国出版业这种以教材、教辅为核心的出版运行体系必须得以改变。因此，应把加大产品结构的优化力度、实现出版业合理的产品格局作为我国出版产业创新的首要内容。要根据市场需求，加强一般图书的选题开发和出版发行工作；要深入到科研、教学和生产第一线，及时总结、发现和反映涌现出的创新成果，渐次增加专业出版的比重。通过发展和调整，逐步形成大众出版、教育出版、专业出版比例合理的全面发展的新的产品格局。

（2）要大力推进出版集团报刊业的产业化发展，不断增加报刊经营在出版业中的经济比重。报刊业在出版产业发展中具有十分重要的战略地位。在出版业发达的国家，如美国、法国、德国、日本等，一些著名出版社报刊产业的效益相当于甚至高于图书的销售收入。德国的斯普林格出版社年出期刊 500 余种，销售收入均占出版社总收入的 50％以上。目前，我国也有一大批出版社将报刊经营作为出版社的骨干业务或品牌业务，不断扩大报刊的出版规模和出版效益，为数不少的社办报刊如《新华文摘》、《读者》等已经成为出版社的经济支柱。此外，随着我国经济结构战略性调整的进一步推进，我国人民的文化消费需求将进一步扩大，报刊产业的发展空间将日益广阔。据国际期刊业专家预测，"十一五"期间，我国期刊市场将有30%～50%的增长空间。为此，出版业一定要紧紧抓住机遇，积极推行多元化经营模式，进一步凝聚发展力量，做大做强报刊产业，实现出版产业结构的合理布局和创新发展。

2. 开辟新的经济增长点

（1）要充分挖掘农村市场潜力。当前，我国出版业的发展存在着城乡比重严重失调的状况。由于政治、经济、文化等诸多因素的影响，我国出版工作的重心长期向城市偏移。据新闻出版总署提供的最新统计数据，近5年来，我国每年出书品种一直在17万～19万种，其中"三农"图书平均不到4000种。统计数字还显示，发行网点自改革开放初期至今，城市增加了3倍多，从3万增至十几万，而农村却减少了近40%。这种现象的长期存在，一方面，滞缓了农村的现代化转型；另一方面，也使我国出版业丢掉了2/3的出版物市场。应该看到，随着国家中西部开发战略的稳步实施，一系列减轻农民负担政策的相继出台，特别是农村人口文化素质的不断提高，我国农民用于文化消费的支出将逐年增加，一个潜在的出版物农村消费市场已经形成。注重"三农"出版，当前已不仅仅是服从、服务于国家工作大局的需要，更是出版业拓展市场、实现经济增长的有效途径。为此，出版从业人员一定要有敏锐的市场意识，在创新中捕捉商机，不断加大农村文化产品的出版比重，努力提升出版业的经营水平。

（2）要进一步加大版权贸易力度。我国的版权贸易历经十余年的发展，呈现出一个显著的变化，即由早期的文化价值取向发展到今天的以文化和市场双重价值标准为取向；从单纯的文化交流发展成我国出版经济的增长点。版权贸易发展历程的这种转变为我国出版业发展带来了勃勃生机。利用版权引进提高效益的成功案例——世界图书出版公司，10

年引进版权 3000 多种，图书销售额从 1990 年的 3000 万元增加到 2001 年的 3 亿元。尽管我国版权贸易中还存在着诸如逆差严重、竞争无序等诸多问题，但是应该认识到，在经济全球化背景下大力开展版权贸易，无疑是促进我国出版产业向纵深发展的重要举措之一。在第 58 届法兰克福国际书展上，中国共输出版权 1364 项，是 2006 年的两倍多，显示出我国在版权输出工作中蕴藏着的巨大潜力。为此，我们不仅要加大版贸力度，而且要针对贸易中存在的问题采取相应的对策，进一步增强版权贸易的活力，推动我国版权贸易向更高的层次迈进。为此，要深入了解国外市场需求，加强国际型选题的策划，增强版权输出的能力；要积极调整引进品种结构，有效杜绝重复引进和低水平引进；要加强贸易人才的培养，为开展版权贸易创造良好条件；要充分应用电子商务等信息化交易手段，切实降低贸易成本，提高贸易效率。要在版权贸易工作中真正实现不仅充分利用国外版权资源，而且充分利用国外出版市场的目标，从而不断提高我国出版业的国际地位和竞争实力。

（3）要积极拓展高科技出版产品的市场空间。出版业的每一次飞跃都与科学技术的发展密不可分。随着科技的不断进步，电子、网络等媒体渐次兴起，为现代出版提供了更加广阔的空间与延伸渠道。在 2005 年 5 月召开的第三届中国电子图书产业年会上，美国、德国、澳大利亚专家根据调查预测，未来 10 年，中国的电子和网络出版市场将处于不断上升的阶段，蕴藏着巨大的商机。至 2015 年，如果中国出版业能抓住机遇，电子图书销售将达到 100 个亿，出版社电子图书的利润贡献将超过 50%。遍览世界各国的出版业发展现状，电子出版作为出版产业一个新的增长点，已为众多国家的出版集团共同关注并普遍认同。2004 年日本电子图书的种类由 2002 年的 8000 种激增为 4 万余种，销售额达 45 亿日元，是上年的 2.5 倍；美国现有 80% 的出版社进入电子图书领域，里德集团和汤姆森集团的法律类商业图书的网上销售速度已远远高于纸质图书。据此，面对日益严峻的发展局势，我国出版业应认清形势，趁势而上，充分利用电子、网络等高科技的力量，拓展自己的生存空间，加大对音像、电子等新兴出版产品的研发力度，努力实现传统出版向现代出版的转型，促使产品形态的多元化和高级别化，紧跟国际出版潮流，稳步实现效益增长。

（五）以文化创新增进出版产业可持续发展的潜力

我国要建设创新型国家，要实现在科技和经济等方面的跨越式发展，必须有文化创新的积极参与和助动。作为一个在世界上有影响的大国，中国文化的崛起与复兴是国家崛起的一个重要标志。出版业是文化建设的生力军，在文化创新中占据着举足轻重的战略地位。因而，必须以求真务实的精神积极推进出版业的文化创新。

1. 加强出版企业文化建设

出版企业文化是指出版企业在发展过程中形成并共同遵守的最高目标、价值标准、基本信念和行为规范。作为企业发展的内驱力，先进的企业文化通过对企业组织、管理、运营的潜在影响，与硬性手段一起发生作用，共同实现企业的经营目标。企业文化建设作为一种新的有效的科学管理方式，已经得到众多企业界人士的普遍认同。在国际上，代表世界企业管理先进水平的美国，早在 20 世纪初就致力于企业文化的研究和实践；日本通过企业文化的推动，实现了 20 世纪 60 年代的经济腾飞，从而形成取代欧美在世界资本主义经济中的领先地位的势头。先进的出版企业文化是一种无形资产，但同时又是一种无价资产，能够为企业提供持续的发展动力。出版企业文化建设是一项创新的复杂的系统工程，同时又是一种能动行为，它的构建需要积极地努力和主动地推进。在创建过程中，要确立企业的核心价值观，确保出版工作始终坚持先进文化的前进方向；要树立以人为本的发展理念，充分重视效益实现诸因素中人的重要作用，尊重人，培养人，成就人，努力增强职工的归属感、领导的向心力和企业的凝聚力；要建立长效机制，不断根据发展需要调整和改进文化内容，确保企业文化的持久生命力。由于处于不同生产环节的出版企业有各自不同的特点，因而不可能有可以涵盖所有企业的文化创建模式，但在创建过程中却存在着应当共同遵循的原则，如目标原则、卓越原则、参与原则、成效原则、亲密原则、环境原则，等等。出版企业应在这些原则的指导下，与时俱进，更新观念，努力培育出适合自身发展实际的企业文化，不断提高企业的竞争能力和竞争水平。

2. 创建研究型出版企业

出版要发展，就必须改革；出版要改革，就必须研究。当前，我国出版产业的市场培育、技术更新、产品研发之所以落后于国际出版产业的步伐，我国出版企业之所以不能有效地引导市场、创造市场，而是停留在迎合市场的水平，与长期忽视学习研究有关。这种忽视现象及其结果，与我国出版业改革进程及预期发展方向极不协调。出版业的繁荣，不单单是产品数量极大丰富的表面性的繁荣，而是出版业能够始终在合规律性和合目的性的理性轨道上保持持续健康的发展态势。这种理性的形成，恰恰有赖于出版研究的广泛性和深刻性。纵观国际出版业的发展，多数先进出版企业均有注重研究的历史与传统。美国、英国、日本、德国等出版业发达国家的企业，均设有独立的专业研究机构，并在专业研究人士的引进和培养上给予大量投入。而我国企业研究开发经费人均支出仅为美国的 1.2％、日本的 1.1％，多数出版企业用于研究开发的费用低，用于市场运作的费用高，研发经费占销售收入的比例在1％以下的占 85％以上，远远落后于国际 5％～10％的水平。我国出版业在战略调整的关键时期，要有效规避改革带来的各种风险，实现经济效益的稳步增长，必须加强出版实践分析和理论研究。为此，出版企业首先要切实转变思想观念，鼓励具有一定经济力量和发展潜力的企业尽快建立起研究机构，从组织和制度上保障研究工作的顺利进行。其次，要确立现实和长远的研究目标和方向，一方面要立足自身建设，着重研究解决当前存在的难点问题，科学预测可能出现的热点问题，为企业管理的科学性、合理性提供预警保障；另一方面要面向未来发展，分析市场形势，研究市场动态，发现市场需求，为优化产品结构、提高市场占有率提供重要参考。要积极营造研究氛围，在编辑中研究，在研究中编辑，在出版中研究，在研究中出版，努力形成研究风气，真正创建起研究型出版企业，不断提高企业的抗风险能力和发展后劲。

四、建立实现出版创新可持续发展的保障机制

出版自主创新能力的强弱，不仅决定着出版企业的兴衰存亡，而且关系到整个出版业的兴旺发达。没有出版创新，企业发展就会失去活力，只能处于世界出版产业链的末端，被市场无情地淘汰；没有出版创新，出版业的发展就难以突破知识产权壁垒的限制，难以从根本上解决自身发展所面临的重大战略问题。因而，我们不仅要把增强创新能力作为出版发展的重要战略手段，而且要有效实现出版创新的可持续发展。

（一）大力倡导观念创新

人类社会的每一次重大变革，总是以思想的进步和观念的更新为先导。在我国出版业现代化建设中，首先蕴涵的是深刻的思想革命。应该看到，与出版改革相关的一系列创新，如技术创新、内容创新、组织创新、制度创新、市场创新、文化创新等，都必然以观念创新为先导。否则，观念落后、思想僵化、抱残守缺，其他任何创新都无从谈起。只有不断实现观念的创新，实现思想的与时俱进，才能在不断发展的创新实践中形成正确的世界观和方法论，才能使各项出版创新活动产生良好的社会效益和经济效益，也才能使出版创新活动保持持续不断的动力。因此，树立创新观念是出版业推进创新建设的首要环节和重要前提。

进行观念创新首先要培养创新品格。应当看到，观念的创新是一个痛苦和艰难的过程。这意味着否定旧我，面向未来，重新定位。能否摒

弃惯有的思维定式，建立一种全新的思想观念，取决于出版主体思想更新的程度和不懈追求的创新品格。为此，要培养创新主体具有居安思危的强烈忧患意识，敢于并善于寻求各种新机会，赢得更好的发展；要鼓励创新主体具有突破利益格局的风险精神，敢于把矛头直接指向现有的利益格局，勇于突破，建立更高层次的新平衡。

进行观念创新要彻底破除陈腐观念。应当看到，观念的创新又是一个具有自省性的自我超越的过程，是对传统思维方式和模式的扬弃。为此，要紧跟时代步伐，解放思想束缚，树立适应市场经济的价值观念、市场观念、竞争观念、效益观念、质量观念、服务观念、尊重知识人才观念，以这些新思想作为企业发展的时代基础；要从实际出发，吸收各方精华，融合优秀成果，建立起既符合自身实际又具有生机活力的新的发展理念，并在出版业的发展实践中不断完善和丰富这些理念。

应当认识到，作为出版创新的首要环节，观念创新是一项长期而艰巨的任务，只有坚持不懈地进行观念的创新，才能推动出版业系列创新活动的有效实施。

（二）不断推进制度创新

制度作为人们必须遵守的行为规范，是开展一切工作的基本保障。实践在不断发展，人们所探索和涉猎的领域在不断扩大，原有的一些制度不可避免地会出现过时或不适应的现象。事实上，当前我国出版业正在进行的体制改革运动，就是一场规模空前的制度创新运动。如果说出版创新的目标主要是使被旧体制束缚的出版生产力得以释放，那么致力于完善能够使出版资源有效配置、经济有效运行的市场机制，创造能够最大限度地发挥人的积极性和创造性进而提高出版整体创新能力的制度建设，是使各项创新活动取得成效的根本保证。制度创新既是出版创新活动的重要内容，也是出版创新成功的主要标志。如果没有制度创新，制约出版创新活动的根本性障碍就不可能被清除，出版创新的目的也就不可能实现。

当前，我国出版行业制度创新的基本方向从宏观上讲，就是使出版业的经营管理都有相对稳定完善的法律法规作为基本规则，出版业的所有合理生产活动都能够得到法律的保障。从微观上讲，就是使出版主体建立起与现代企业制度相适应的内部运行机制，使各项工作制度、岗位责任制度、劳动人事制度、学习培训制度、奖励约束制度等不断趋于科学、健全和完善，使企业内部要求与外部环境达到协调统一，创建有利于激发创新思维、促进创新活动、催生创新成效的良好条件，从制度层面上保障创新活动的进行。

（三）持续进行人才创新

培养大批具有创新精神的优秀人才，造就有利于人才辈出的良好环境，充分发挥人才的积极性、主动性、创造性，是出版创新的基本性战略保障。出版创新的成效取决于人才的素质，出版创新的活动需要雄厚的人才基础和坚实的智力支持。

出版进行人才创新，首先，要更新人才工作的思想观念：要牢固树立"人才资源是第一资源"、"人才资本是第一资本"的思想，充分认识到人才培养的投入是最大收益的投入，对人才资源的浪费是最大的浪费，克服重使用轻培养、求全责备、论资排辈等狭隘观念的束缚，树立全面科学的人才观。

其次，要培养造就高层次创新型人才，带动整个人才队伍的建设。要站在出版战略的高度，制定符合我国出版实际的高层次创新型人才培养规划。当前，需重点培养两支队伍：一是对出版改革具有良好的适应性、具有战略眼光和超前思维的高层次创新人才；二是专业领域的高技能人才和实用型人才。对这两类人才的培养，要注意把握两个原则：一是研究人才与应用人才并重。基础科学是应用科学的理论基础，没有基础研究的发展，应用就会成为无源之水、无本之木，理论研究和实际运用之于出版发展同等重要，同理，研究型专家和应用型人才均是出版发展必不可少的因素。二是新老衔接，梯次合理。要建立以开放、流动、竞争、协作为主要特征的人才培养机制，一方面，要注意发挥老专家的作用，进一步形成培养和选拔高层权威专家的制度体系；另一方面，要增强中青年专家的创新意识，通过培养学科带头人、组建创新团队等手段，促使他们早日发挥作用。

再次，要加大引进人才、引进智力工作的力度。在出版人才发展战略上，应把眼光放得长远一些，在利用国际人才资源上做一些大胆的尝试，一方面强化、优化吸引国际人才的优势条件，另一方面鼓励有条件的企业积极引进外国高层次人才的智力，积极通过中介组织开展引智项目执行中的咨询、服务及信息交流活动，利用国外智力资源为我国出版业服务。

（四）努力实现技术创新

出版企业的技术创新能力，既是企业自身发展壮大的根本动力，也是提升出版业竞争力的重要因素。当今科学技术的重大突破和飞速发展，使现代出版业日益演变为一个科技含量较高的知识密集型、技术密集型产业。无论是立足于企业的生存竞争，还是致力于出版业的长远发展，推广、掌握现代化出版技术和手段，进行技术创新，都必然成为现代出版业的重要课题。

出版进行技术创新，必须让企业成为创新的决策主体、投入主体和利益主体。一是要通过改造和利用相结合的手段，进一步提高对先进生产技术的掌控能力，努力提高生产效率；二是要有计划、有步骤地进行新技术的研发，加大对数字化、网络化技术和产品的攻关力度，尽快缩短我国在自主知识产权数量和质量上与发达国家的差距；三是要拓展经营空间，促进产业升级，除有效推进传统内容供应外，积极面向电子书、网络杂志、电子辞典、电子学习机、手机短信、MP3、MP4 等现代化信息领域进行内容供应，不断开辟出版赢利的巨大空间。要通过技术创新，努力实现我国出版业的科学技术跨越，不断提高科技进步在出版经济增长中的作用，为出版业的发展提供更为扎实的基本动力和更为丰富的智力资源。

研究型出版：出版产业可持续发展的重要途径

　　中国出版业的体制改革，经过 10 年的实践探索，取得了长足发展，总结了丰富经验，但同时也暴露出不少深层次的矛盾和问题，一些制约改革发展的根本性障碍日益凸显，深刻地揭示出改革任务的艰巨性和复杂性。在我国出版体制改革向纵深推进的关键时期，中国出版业的发展如何既能顺利突破体制障碍，又能有效规避各类风险；既符合中国出版业的实际需要，又顺应国际出版业的变化潮流，从而在科学发展观的指导下，走出一条具有中国特色的新型产业化道路，实现以改革促发展的根本目的，是目前乃至今后一段时期中国出版业面临的重大现实课题，也是一直以来困扰中国出版人的难点问题。当前，立足出版业的现实状况特别是其所面临的国内外环境，中国出版业要实现突破式发展，就要尽可能站在新的历史起点，以新的视野思考新的发展问题；尽可能站在新的战略高度，谋划出新的发展战略；尽可能以新的发展环境视角，提出新的发展对策；尽可能以新的发展理念，制订新的发展规划，也就是说，中国出版业亟须理性的实践总结和科学的理论指导。本文以此为前提，提出研究型出版的概念，并试图通过对研究型出版的创建意义及其途径的探讨，为中国出版业的发展问题提供一条可资借鉴的思路。

一、研究型出版的内涵及特征

（一）研究与出版的内在联系

研究：钻研、探求之意。《现代汉语词典》解释为："用科学的方法探求事物的真相、性质和规律等。"研究作为一个行为动词，与三个关键词紧密相连，这三个关键词是"搜集数据"（Collection of data）、"分析数据"（Analysis of data）、"诠释数据"（Interpretation of data）。数据的搜集与分析方法的总和我们称之为研究方法，其分为三种类型：定量方法（Quantitative）、定性方法（Qualitative）和混合方法（Mixed），这是研究的主体；研究的目的主要有两个方面：发现新知和解决问题，这是研究的核心。据此，可以简单地说，研究的过程就是发现问题和解决问题的过程。

研究，其根本是一种理论探究和创建活动，重在学理；出版，其本质是与出版各环节紧密联系的一系列实务，重在实践。一方面，出版是一项具有较强实践性的创新活动。据此，研究活动必须体现高度的现实责任感，要求恰当地把握研究的现实空间，充分发挥研究结果的引领功能和开拓作用，用发展的马克思主义指导出版实践在更大范围内、更深层次上推进。另一方面，出版活动又是一个不断随时代发展和环境变化而日益更新实践主题的过程，需要研究活动及时跟进并不断为实践深入、为扫除障碍理清思路。因此，出版实践主题的不断变化又进一步为研究活动的创新提供了更为广阔的发展空间和延伸领域。

由此，出版作为一项创新性实践活动，无论是创新所应具有的水平还是创新所需要的空间，都要求具有高度敏锐和理性的研究活动作为先导或及时跟进，形成实践层与研究层之间的良性互动，否则，创新就失去了根基和引擎。从出版业科学发展的态势上讲，研究与出版合规律性的发展趋势应该是在出版中研究，在研究中出版；在创新中研究，在研究中创新；

在发展中研究，在研究中发展；在变革中研究，在研究中变革。

（二）研究型出版的内涵及特征

研究型出版，核心是研究，以调查、归纳、比较、综合、分析、推演等具体手段为研究方法，也就是说，研究工作杜绝主观随意猜测，根除自以为是，不固执己见而始终秉持客观的态度。研究的对象是出版，也就是说，研究工作以出版为主题，将与出版密切相关的各环节、各领域均纳入研究的视野与范围，并对之做出既深细又广博、既分化又综合、既有深度又有广度的分析研究。研究的目的是为出版的科学发展理清思路。据此，所谓研究型出版，就是以科学发展观为指导，以"两个效益"和精神文明为双驱动力，以提高企业的创造力和竞争力为着眼点，以保持企业可持续发展为根本目的，对出版现状、特点及今后发展趋势做出深入的分析、理性的判断，不断总结实践经验，及时发现现实问题，有效扭转错误倾向，进而探寻并逐步形成符合出版实际的科学发展规律的系列理论创建活动。

作为适应中国特色社会主义市场经济规律的、科学合理的经营管理模式下的一种新型出版业态，研究型出版具有如下主要特征：

一是正确理论的指导性。由于注重理论与实践的互动，研究型出版总是表现出不断分析、总结、研究、论证的特征，因而在出版业发展的不同时期和不同阶段，能够立足于产业的现实条件，通过认真细致的调查研究，事先做出适应新环境、新形势要求的发展规划，对中长期战略目标、目标实现的条件、可能发生的情况及解决问题的方案等均能够做出符合实际的科学预见和分析论证。因为研究是基于实践的，所以研究成果的转化更为直接，更具有针对性，也更容易见到成效；又因为研究活动本身带有学习探析的个性，所以其成果也更便于积累并逐步扩充为完整的理论体系。由于出版行为均有科学的预见和理论的指导，研究型出版的发展始终呈现出科学、理性的特征。

二是实践行为的科学性。由于研究型出版的任何创新活动均建立在科学研究的基础之上，特别是研究工作又在具体的创新实践过程中能够及时跟进，并不断探索出解决实际问题的方案，因而出版业的实践项目必然是反复论证而非盲目冒进的，实践行为必然是主动出击而非被动进行的，实践过程也必然是井然有序而非杂乱无章的。这种在科学出版前提下的实践活动，目标实现的可能性就必然加大，而实践付出的成本也就因此而相应减低。

三是出版业发展的可持续性。研究型出版不仅仅具有良好的市场适应性，同时更具备引领市场和创造新市场的能力。它不仅具有参与"红海"竞争的实力，而且能不断开拓出新的领域，吸引其他企业进入"蓝海"，实现竞争者的共赢。研究型出版靠研究力的不断提升来增强出版企业的凝聚力、创造力和竞争力，因而其经营管理方式时刻体现出人文性、科学性和合规律性的特征，出版业也由此始终保持着可持续的良性发展态势。

"型"者，形状、形态、框架、格局之谓也，表示基本、总体之意。将研究的概念引入企业经营管理，并将之确立为一种企业形态，其根本目的是将本属于学术领域的研究工作的科学态度和理性精神纳入出版企业的经营管理，使经营管理更符合出版业发展的客观规律，从而实现出版业的科学发展。科学发展是未来出版发展形态的综合性、整体性特征，而研究作为使出版呈现出科学发展态势的一种手段，则是出版形态的文化特征。正是从这个意义上说，研究型出版的提出和实践，不仅具有鲜明的时代精神，而且必将成为构建和谐出版的一个重要组成部分，为和谐社会的建设做出积极的贡献。

二、研究型出版的提出

研究型出版的创建与其他事物的产生与存在一样，具有深刻的历史背景，其作为一个实践概念的提出，是出版企业内部和外部双重因素共同作用的结果。

（一）科学发展观的根本要求决定了创建研究型出版的必然性

胡锦涛总书记 2007 年 6 月 25 日在中央党校省部级干部进修班发表的讲话中鲜明地提出了四个"坚定不移"，四个"坚定不移"的核心在于贯彻落实科学发展观，而且明确提出科学发展观第一要义是发展，核心是以人为本，基本要求是全面、协调、可持续，根本方法是统筹兼顾。这是对科学发展观极为成熟完善的理论总结。科学发展观，不是凭空提出来的，是在长期发展实践和理论积累的基础上形成的，具有很强的现实针对性。

总结我国出版业发展的实践经验，可以得出这样的结论："不同的发展理念决定不同的发展思路，不同的发展思路决定不同的发展模式，而不同的发展模式又会产生不同的发展结果。"从中国出版业发展的轨迹看，有些问题不断反复出现，而且还成为越来越严重的新问题，例如：产品结构不合理和比例失调的问题一直存在，"两个效益"不能很好地协调兼顾的问题反复出现，人才匮乏及国际竞争力差距的态势日趋扩大等。这些情况告诉我们，仅仅制定一个个相对独立的战略方针是远远不够的，这些战略方针必须具有总体上的系统性和内在的关联性，必须立足我国出版业的现实需要，必须以科学的发展理论作指导。改革开放以来，我国出版业经历了从计划经济向市场经济、由孤立封闭向相对开放的几大转变，在这些艰难的转变过程中，对于每一个相继出现的个别问题，解决问题的方式也由于带有一定的局限性和片面性，而往往不能从总体上实现整体发展的根本要求。当前，出版业的形势发生了较前更为巨大的变化，出版的产业化发展战略和体制改革的现实需要，要求我们必须首先从理论上明确关于"发展"的正确概念，彻底纠正单纯将经济效益增长等同于发展的认识，形成引导中国出版业实现又好又快发展的健全、合理的理论指导体系，从而为破解发展中遇到的各种问题提供理论钥匙。

（二）出版自身的学术性决定了创建研究型出版的必要性

出版是通过一定的物质载体，用印刷或其他复制方法，将著作、图画、声频、视频、符号等制成各种形式的出版物，以传播科学、文化信息和进行思想交流、发表见解的一种社会活动。协调构成出版行为的编辑、印刷、发行三个环节，均具有各自的性质、特点及内部活动的普遍规律，编辑领域内的选题策划、编辑加工、装帧校对、信息反馈、修订再版等，印刷行业内的设备生产、机械运用、工艺改造、技术革新等，发行范围内的营销策划、网点建设、物流储备、信息建设等，都是可以自成体系的专门的学问，它们互相依存、互相制约、互相促进，共同架构起出版学的学术体系。

出版作为一门专门、系统的学问，是由出版行为自身的特点决定的。在学术领域，一门学术是否成熟，应视其是否有相对系统完备的理论体系及其对实践的指导价值。各行业理论与实践的发展证明，在能够作为一门系统学术的专业领域内，其基本理论体系的确立，对与专业紧密相关的行业实践具有非常重要的意义，出版亦如此。无数历史与现实的事实表明，一个出版企业能否形成自己的特色，能否在特色中获得发展，取决于是否对相关出版理论研究的重视程度，取决于理论体系的成熟程度，特别是其研究成果的转化水平。久负盛名的商务印书馆，秉承王云五先生"输入新知，发扬国故，普及文化"的教育理论，基此探究自己的出版理论，"在他的主持下，出版适应时代的教科书、工具书，翻译出版世界名著，整理出版有价值的古籍。《万有文库》、《大学丛书》和《丛书集成》问世，使商务印书馆成为对当代中国文化有贡献的出版社"。时至今日，商务印书馆仍然以独具特色的出版理念，彪炳中国出版的史册。人民出版社基于自身专业优势，研究总结出以"主要出版发行马克思主义的理论著作和翻译著作"为核心理念的出版理论，以此在实践中形成对所出图书的价值判断方法。在这一理论的指导下，人民出版社以出版马克思主义经典著作为特色而在国内出版界始终保持着举足轻重的地位。

在当今日趋激烈的市场竞争环境中，以品牌立社成为众多出版企业的经营方略，但在实践中，能真正脱颖而出的出版单位并不多，究其原因，对于出版理论缺乏必要探究、系统总结和实际应用无疑是最为重要的原因之一。因为在对图书价值没有形成自己独到的判断标准的前提下，出版社对选题的捕捉必然是盲目的；出版实践在没有一以贯之的理论指导的前提下，出版社所出的图书也必然是杂乱无章、无系统性及特色可言的。然而，在迅速发展的出版实践急需相对成熟的出版理论指导的形势下，我国的出版理论研究无论在水平上还是分量上均明显不足。一是重视程度不够。在出版界，分析出版形势、钻研出版理论、探究出版规律的风气还没有形成。出版工作虽然在业务上积累了极为丰富的经验，但工作上的总结、经验上的提炼、理论上的升华都相对不足，重常规轻研讨、重事务轻学术的倾向在出版界较为普遍。二是研究水平滞后。我国出版领域有分量的著作目前还为数不多，高水平的编辑学和出版学理论存在着严重断层，有代表性的学术著作和科研成果明显缺位。在西方，目前多数发达国家的出版业均已形成相对成熟和完备的科研体系与研究方法，基础研究和实证分析、宏观把握和微观深入、概念研究和专题探讨平行发展，互为补充。相形之下，我国的出版研究存在着明显缺陷。课题涉及的面虽宽，但对产业发展过程中的重点、难点问题缺乏关注，即使涉及，其指导意义和实用价值也实难如人意，理论研究的分析预测性和实践前瞻性较之于出版业的实际发展速度明显滞后。因此，只有对出版实务关涉的各个方面和出版产业的长远发展做出独特的思考，做出横向和纵向的广泛探讨和深入研究，进而依此确立起科学的出版理念并在实践中贯彻始终，才是出版业切实提高竞争力从而实现可持续发展的必由之路。

（三）出版的创新要求决定了创建研究型出版的重要性

文化产业被称为"创意产业"，定义为"起源于个人的创造力、技能和才能，通过生产与开发为智慧财产权后，具有开创财富和就业机会的潜力"，在经济领域中又称之为未来性产业，在科技领域称为内容产业。

作为文化产业的出版业，如果说产品的文化意义是产业的生命，那么创意能力和创新精神，就是出版产业发展的动力和核心竞争力。创新之于出版，是由出版业的本质特性和发展需求决定的。没有文化意义的出版产品是没有灵魂的，而缺少创意和创新精神的出版业也就不可能有任何生机和活力。出版创新是一个复杂的系统工程，其创新内容涉及经营机制、产品结构、渠道开发、对外合作、技术革新等多方面的内容。改革开放以来，我国的出版业取得了长足发展，基本实现了与国际出版产业的大融合，但较之于具有现代意义的国际产业化水准，尚存在许多复杂的矛盾和突出的问题，究其原因，创新能力的不足是一个根本因素。单从产品创新上讲，我国出版业的自主知识产权无论在数量还是质量上均明显滞后于发达国家。版权贸易兴旺的十几年间，我国出版业虽然依靠大量引进国外知识产权，有力促进了国内文化的繁荣，但由于缺乏在内容上自主创新的能力，中国出版业仍然主要靠人口数量促成的市场潜力获得竞争优势，在国际出版业中仍处于低端位置，而且长期依靠版权引进推动内容创新，中国出版业在承受大量引进带来的巨额成本的同时，自主创新能力也面临着逐渐弱化的危机。与此同时，发达国家基于连续几十年的投入和调整，已经构筑起知识经济的高门槛，逐步形成了在国际出版物市场环境下成熟的创新体系，从而在文化贸易中长期占据着稳固地位。20 世纪 90 年代以来，国际大牌出版企业的实力大都通过自主知识产权的拥有量显示出来，英国的牛津大学出版社、德国的施普林格出版社、意大利的蒙达多利出版集团分别通过向世界各国输出辞典类图书、科技类著作和"大众市场平装图书"的版权，把持着各自在出版物市场上的主流地位。中国出版业要在短期内突破强势文化的重围，以成功输出本土文化，实现民族文化的崛起，并在世界文化产业中占有一席之地，出版创新的任务紧迫而艰巨。

出版要发展必须创新，出版要创新就必须研究，研究是创新活动的基础，创新是出版发展的引擎。出版创新是对出版现状实施变革的过程，创新活动具有战略性、整体性和复杂性的特征，因而，任何创新实践如果没有对出版及相关领域专业知识的融会贯通，没有对现实状况的理性认识，没有对产业内外环境的透彻解构，没有对产业趋势和发展格局的深入把握，任何创新的规划都将是没有根基的。无论是革除与发展现状不相适应甚至发生抵触的旧有出版观念、出版体制、出版模式和运行机制，提出并构建与出版规律和发展方向相吻合的新的出版理念、出版体制、经营方式和与之相配套的运行机制等宏观创新实践，还是凸显产品特色、优化选题结构、提升装帧质量、完善营销策略等微观创新活动，其成功的可能均有赖于大量的、细致深入的研究工作，否则，创新必将失之肤浅，流于形式。

（四）出版的时代环境决定了创建研究型出版的现实性

进入 21 世纪，我国的出版业正面临着日益复杂的内外环境。一方面，正在迈向现代出版产业的中国出版，必须走与国际接轨的市场化道路，积极参与国际出版业的市场竞争，而我国出版业的国际市场地位和竞争水平却不容乐观。与发达国家的出版集团相比，我国出版企业规模和实力都整体偏弱。近半个世纪以来，美国、英国、法国、德国、日本、荷兰等出版强国的大型出版集团几乎垄断了国际图书市场的某些图书品种的生产和销售，他们的出版活动，影响着整个国际出版物市场，而近年来我国年图书营业总额也只相当于发达国家一个出版集团的营业水平。诸如美国的麦格劳·希尔出版集团、读者文摘公司，德国的贝塔斯曼出版集团，日本的讲谈社等在世界文化产业中占有一席之地的出版企业，我国迄今还没有一个能与之相提并论。与此同时，国外出版业凭借其雄厚的实力和资本优势，逐步向我国出版市场扩张，随着我国出版物分销和零售市场的进一步开放，国外出版集团对我国出版业的挤压态势日趋明显，中国出版企业面临着与国外强势企业争夺本土市场的巨大压力。

另一方面，中国社会、经济、文化的变革，对中国出版业提出了适时应对和快速反应的新要求。国内经济、文化日益强劲的发展势头，使中国出版产业不得不积极适应不断变化着的自身环境：一是体制环境，多数出版单位将由事业单位转制为企业；二是市场环境，绝大多数一般图书于世纪之交先后进入买方市场以来，近两年中小学教材、教辅也终于进入买方市场，这将迫使一批出版社改变经营战略；三是流通环境，计划流通格局已经被打破，但统一规范、竞争有序的流通格局的形成尚待时日；四是信息环境，网络和电子的迅猛发展，日益挑战着传统出版的市场地位，新型产业链、新型发展业态开始在出版的商业运作中有所表现；五是人才环境，随着出版体制改革向纵深推进，出版业人力资源的市场化趋势日益明显，人才流动对于智力产业效益流动的决定性作用，使及时调整和完善内部机制成为出版企业必须认真面对的重大课题。

国内外出版环境的巨大变化，正在对中国出版业提出新的发展要求。中国出版业只有不断随环境变化做出相应的转型，才能完成时代赋予的发展使命。但同时必须认识到，这种转型的过程是艰难而复杂的，它不仅涉及改革开放政策、法律法规制定等宏观政策层面，而且更要求在管理模式、资本运作等微观经营层面以及出版资源配置、出版物生产、出版物营销、出版物流通、出版人才培育等具体实务领域做出与形势发展相吻合的必要转变。从科学发展的规律上看，任何复杂的实践革新活动不依靠深入细致的研究工作是无法正常进行的，对于新时期的中国出版而言，也唯有通过扎实的立足于目前发展现状和未来发展需求的系统研究，确立起符合我国出版发展规律的科学理论，以此指导当前出版改革和发展的实践，才能有效地规避各种风险，少走或不走弯路，才能在新的时代环境下实现中国出版业的科学发展。

（五）出版的现实状况决定了创建研究型出版的紧迫性

20 世纪 90 年代以后，我国出版业滞胀现象开始出现，这种现象的产生，暴露出我国出版产业当前存在的显著弊端：一是产品结构失衡。地方出版集团的图书产品大都仍以教材、教辅为主，相对于大众出版和专业出版，教育出版的比重高达 70％以上。这不仅加大了出版经营的风险，而且越来越成为制约出版企业提高经营水平的根本性障碍。二是出版市场失范。由于规范、有序的产品流通格局还没有形成，出版市场上追风逐热的现象普遍，出版物的散、滥、差特征明显，在出版物品种数量激增的背后，是大量的重复出版行为，与此同时，出版企业为追求利润，生产方式由精耕细作转向广种薄收，出版物整体质量明显滑坡等。我国出版业作为社会主义文化事业和文化产业的重要组成部分，既肩负完成传播社会主义先进文化的使命和任务，又须遵循自身产业发展的特性、职能和活动规律，因此，需要且必须有借以指导自己实践的理论。在当今出版面临矛盾激荡和开创全新局面的战略调整时期，迅速探索和制定出有中国特色的符合时代要求的出版研究规划，应当是促使当前中国出版业步入良性发展轨道的突破口。因为在发展的方向确立之后，在研究的目标和任务随之明确的前提下，研究的作用是显而易见的，诸如涉禁示趋的"导航"作用，释疑解惑的"点津"作用，把握发展规律的"引领"作用，总结实践成果的"提纯"作用，洞悉事态局势的"开启"作用，提供决策依据的"参谋"作用等，都是现实条件下每一个中国出版企业定位立身的使命需要和寻求发展突破的必然选择。

三、研究型出版的创建途径

随着出版业的发展和繁荣，我国对出版研究的重视程度也日益加大。从目前情况看，我国已成立了专门的研究机构，并在相当数量的院校设立了编辑出版专业，出版学的学科地位也从实质上得以确立。同时，随着文化体制改革的逐步深入，各出版企业也纷纷将出版研究作为增强经营能力特别是破解发展障碍的直接手段，在人、财、物的投入上加大了力度。目前多数出版集团均设立了专门的研究部，并配备了具有较高学历和专业特长的专门人才。以研究促发展的管理理念和创建研究型出版的具体实践似乎已经在不少出版企业推行。

然而，必须看到，创建研究型出版的活动迄今还没有在业界见到明显的成效，究其根源，研究工作与实践活动不协调是一个重要原因。当前，无论是独立的研究机构还是出版企业的内部组织，其研究工作均没有与企业发展的诉求很好地结合起来，以研究促经营，在经营中贯彻研究成果这一研究型出版的本质特征还没有得到根本体现。这不仅成为制约研究工作进一步发展的重要因素，也是研究型出版首先要突破的创建瓶颈。

（一）推行研究共同体

出版是一门实践性很强的应用性学科，出版研究兼具理论和实践两种品格，因而，研究型出版的创建，就是要从根本上克服长期以来理论与实践脱节的弊端，在研究者和实践者之间建立起一种互相作用、互为依赖的新的共存关系。

"共同体"（Community）的思想发端于德国社会学家藤尼斯，其核心理念就是"分享"，而研究共同体就是旨在树立起"学会分享"的新的研究精神，即理论界和实践界以对问题的关注为核心，相互分享彼此的经历和困惑、彼此的挑战与智慧，以实现二者在对话的前提下共同面向实践解决问题的目标。

研究共同体作为一种制度形式，其创建有赖于与之相适应的机制：一是确立起共同的研究愿景，这个共同的愿景将出版业各个层面和领域的理论者和实践者凝聚在一起，形成一个充满"研究精神"的行动团队。二是消除共同体成员之间的组织制障，实践者不再只是理论者的研究对象，而是作为研究者的合作伙伴，共同参与研究过程。三是建立良好的分工与合作关系，共同体成员既有分工又相互协作，每一个成员均在分工的基础上合作，又在合作的前提下分工，从而使每一个专业领域和每一个具体问题上体现的研究成果都是群体智慧。

研究共同体遵循计划—分析—考察—反思的研究过程。计划、分析和考察，都是面对具体的实践问题，立足于找准问题的症结，建立具有针对性的研究课题，由理论工作者和实践工作者共同开展项目研究。同时强调研究过程中与研究结束时的反思行为，从而实现研究活动"在反思中成长"。

研究共同体讲求研究与实践合一的研究方法。一方面，研究活动并不是脱离出版实践的案头工作，也不是单纯的资料收集、阅读和整理，而是研究者发现和破解实践问题的行为。研究过程以实践开始，在实践中进行，并以实践质量的提高与否作为检验其效果的标准，可以说，是实践行为推动着研究的进展。另一方面，研究活动不单纯是经验的"活动"，除却立足于出版现实发展要求的系统的理论探索外，还要把诸多实践的假设付诸检验与实证。为此，研究的过程就是直接改进运作或改善实践的过程。

现实环境下的中国出版，其科学发展诉求的顺利实现，需要解决许多困扰出版人的重大问题，比如如何构建本土化而又具开放性的中国出版产业体系；如何实现中国出版物市场与国际的接轨；如何在满足人们日益增长的科学文化需求的同时，有效完成先进文化传播和建设的使命；如何提高出版企业经营者的决策与管理水平；如何切实提升出版物的质量等。这些问题都不是理论界和实践界能够各自承担并独立解决的问题，而需要理论和实践两个方面的共同探索，因此，"面向'问题'而不是局限'主义'"，是中国出版现实对所有出版从业者——理论工作者和实践工作者的期待。基于此，以"对话"为特征、以"问题"为中心的研究共同体，应当是当下探索构建研究型出版的一条可行之路。

（二）组建课题研究团队

按照学界较为公认的观点，研究型组织的确立必须具备的条件有二：合理的人才梯队和完备的制度保障。从这一条件出发，我们不难发现我国研究型出版（组织）的创建工作之所以较国外同行业及国内其他行业进展缓慢，除却制度的考量外，人的问题是一个根本的制约因素。

目前我国出版研究的主要力量是院校师生，设立研究机构的多数出版企业其研究人士大多兼职从事企业的其他工作。当然，从理论服务于实践的角度讲，有较强业务工作体验的研究人士，其研究方法更易具有应用性，其研究结果也往往更有针对性。但是，由于基于效益的考虑，出版企业目前大都推行量化指标的评价考核方法，因而绝大多数研究人员在实务与研究发生冲突时，做出退让的往往是研究。又由于研究人员大多不是企业管理者，不直接参与决策，因而研究工作常常等同于任务安排，被动性特征明显，凡此种种使出版研究难以深入，其作用也难以得到切实体现。

研究共同体解决了出版理论与实践的矛盾问题，但它也仅仅是一种制度形式，研究型出版的创建必须依托一个能够直接发生作用力的组织，也就是必须要体现出人的执行力，在此基础上辅之以协调的机制，构建研究型出版才有了必要的条件。基于我国目前出版企业研究工作的现实状况，研究型出版的组织架构必须首先解决人的问题。因此，着力造就一批结构合理、效率优良的课题研究团队，应该是当下具有一定可操作性和价值预见性的实践探索。

课题研究团队是按照企业事先确定的研究方向、时间要求、成本指标、交付成果、效益回报等要求，实现企业课题目标的组织。团队人员多数为专、兼职相结合，根据研究课题的难易程度、成果效益以及成本投入，设置其团队研究的时间。研究团队认同和利用每个团员的专长，依靠集体的力量和智慧制订研究计划、优化研究决策、平衡研究冲突、解决研究问题，是以更低的成本、更少的投入，产出高质量、高标准研究成果的高效组织机构。

课题研究团队遵循指导、监督相结合的组织构建原则。构成团队的主要组织形式，一是作为课题研究最高决策机构的课题指导委员会。委员会确定研究课题的总体目标，对研究实施过程中有可能发生的矛盾做出最终调解和裁定，对诸如课题计划的变更、研究资金的落实、课题责任人的任命等重大问题进行决策。二是作为课题研究计划执行主管的团队负责人。负责人在课题时限内合理调配相关研究活动人力、财力、物力的投入，对阶段性成果进行评估，并依据评估结果对研究计划做出相应的调整。三是对课题研究进行考察的课题监督委员会。委员会对研究团队的研究活动进行必要的考察和监督，并对指导委员会做出的必要修改意见提供直接依据。

课题研究团队讲求灵活机动的选人、用人方法。研究团队的工作成效既有赖于团队的士气和合作共事关系，更依赖于成员的专业知识和掌握的技术，依赖于团队的工作效率和交付成果，依赖于团队解决研究问题和修正研究方向的及时性与反应度。据此，研究团队对成员的选拔必须立足于研究工作对人才的要求，以研究课题为中心，以实现成果为目的，在人员选择上主要考量研究方向所需人员的专业深度、技能专长以及相关领域的知识水平，同时兼顾个人的团体意识及与他人的合作能力。因而，从研究工作的特征出发，团队的组建必须打通地域、部门甚至学科的界限，也就是说，团队成员的选拔首先着眼于企业内部，但当企业人才资源不能很好地满足研究工作的需要，特别是由于企业确立的研究课题关涉到出版以外的专业领域时，研究人员的选拔就必须要打破部门的壁垒，向企业外部甚至行业外部延伸。在研究团队，岗位是属于部门的，而研究工作的开展则是其成员根据个人专长所进行的分工与协作，这种工作状态是通过角色而不是岗位形成的。因此，团队的组建要求企业必须建立起与之相适应的组织管理制度与评价考核机制。

（三）设立专项研究资金

创建研究型出版，努力提高实践和理论研究的综合实力，必须为研究工作的正常开展创造必要的条件，因而，设立专项研究资金是创建研究型出版的基础工程和重要手段。

我国曾将研发投入占企业销售收入的比重作为判定其是否为"研究型企业"的重要标准之一。据调查表明，按照9％的投入比例，我国出版业中可冠名为"研究型企业"的为数寥寥。这一方面由于我国大多数出版企业对研究工作的作用还缺乏足够的认识，往往急功近利，热衷于短期见效的项目，对企业研究工作的缺位没有切肤之痛；另一方面，目前国内出版企业之间的竞争主要表现为市场的竞争，因而企业的资金投入也主要集中于市场运作的费用支出方面。从出版研究的现实状况看，我国出版业并不缺乏研究院校，最缺乏的是企业资助、共建、独资创立的研究基地，无论是政府还是企业，在这方面投入的资源都远远不够，这不仅是造成我国与国际出版业在研究工作上差距显著的重要原因，也是我国出版研究工作长期难以取得重大成果和实现突破性发展的制约因素之一。

专项资金作为对研究工作的支持重点，要求其纳入研究工作专项资金管理，全部专项用于出版课题的科研工作，在保证重点科研项目研究需要的基础上，主要用于人才和与研究工作密切相关的基础设施建设上。资金的管理执行统一规划、单独核算、专款专用、结余留用的办法。资金的使用遵循量入为出、择优支持、保证重点的原则。资金的筹措可通过企业投入、申请补助、贴息贷款等方式多渠道筹集。资金的设立方式，可直接在企业内部随自身研究机构的设置，由企业自己投资为主而长期创设，也可在企业外部根据课题研究性质、研究团队存在的时间，由提出课题计划的各企业视完成课题的需要筹资设立。专项资金设立后，要制定出规范细致的资金管理办法，同时组建监督检查机构，对资金使用的合法性、合理性和有效性实施全面监督。

专项资金有责任、有义务发挥对研究资源的战略导向作用。一是通过科学的方式引导研究人士围绕出版前沿和战略需求开展长期的自由探索和科学研究，不断攻克业界难题，在若干战略性领域实现突破。二是通过资金的平衡与协调功能，促进项目、人才、基地的有机结合，实现研究资源的高效利用。三是通过资金的黏合与辐射作用，有效促进院校、科研机构和企业在研究领域的合作。

（四）建立人才储备库

较之于一般经营性企业，研究型出版对人才的需求无论在质量上还是数量上均具有更高的要求。从研究的性质和特征出发，研究工作不仅要求企业具有一定的人才规模、相对全面的知识结构，而且特别要求企业形成合理的人才梯队，不能出现人才使用上的断层。因此，迅速建立起与研究工作相适应的人才储备库应该是创建研究型出版的基础工程和长效保障机制。

人才储备库与传统的接替规划有很大的不同，它绝不仅仅是为每一位高管职位确定一两个精选的目标候选人，而是以服务研究工作为立足点，遵循市场经济和企业发展的规律，从总体上为企业发展需要培养一批具有较高潜质的专业技术人才。由于企业的研究工作是加速前进的，因而人才储备库的建立也应具有较之于研究工作更为超前的战略眼光和更为切实的实施计划。

人才储备库的建立是一项分步实施、逐层递进的系统工程，其主要内容有：一是吸纳选拔。在合理的遴选标准及"人才管理委员会"研究确立和组建完成的前提下，出版企业一方面要眼睛向外，加大引进和引智工作的力度；另一方面企业的每一个部门组织要承担起基于工作效绩举荐人才的责任，及时向"人才管理委员会"提交本部门的储备库人选。二是分析评估。由"人才管理委员会"对储备库候选人进行立足自身优势和发展需求的深度评估，重点考量候选对象的知识结构、业务水平、实务技能及发展潜力等，要确保评估项目与研究工作、企业战略的发展方向相吻合。经分析评估确定的储备库正式成员，进入专门的储备库档案施以专业管理。三是开发培育。人才储备库的成员接受培养的时间取决于其所需开发能力的成熟程度。这种培育与那些职业起步阶段的"应用性"培养计划不同，人才储备库系统必须基于个人对研究工作和企业发展变化的适应性来规划培育方向，因而培养计划的制订必然显示出相应的灵活性和针对性，确保研究工作在任何阶段、企业发展在不同时期均有足够的人才资源保证。四是成熟完善。对进入储备库并施以培养的人才给予与其专业技能优势对接的实际研究工作，在具体的研究工作中检验培育成果，同时通过对人才个体发展轨迹的记录分析，为完善并修正储备计划提供现实依据。

人才储备库作为确保研究工作得以长期进行特别是企业实现可持续发展的重要管理手段之一，其创建是一个具有战略性、系统性、细致性的长期而艰巨的任务，它要求创建工作时刻处于不断更新和永恒动态的运行状态中。因为，只有源源不断的新成员的加入，储备库才能保持持久旺盛的生命力，也才能使其更加符合规模化、衔接性和科学性的创建要求，从而为研究工作与企业发展提供最为重要的智力条件和人才支持。

无论是一项事业还是一个企业，创新的理念、创新的精神以及为创新所付出的努力，永远是其向前的动力和发展的引擎，而一个旨在推动进步的创新活动应该就是企业实践努力的里程碑。中国出版企业要想不断发展，就必须审时度势，经常重新评价自己，使自己处于不断总结、不断思考、不断改进、不断进步的良性循环状态，只有逐步形成这样一种机制，才能时刻以理性的姿态保持稳步发展的态势，也才能在激烈的竞争中始终立于不败之地。作为一项具有挑战意义的实践活动，研究型出版从构建到成熟在我国应该说任重而道远，困难也是显而易见的，但从实现中国出版业科学发展的目的和愿望出发，我们必须做出可贵的探索与实践，因为，这是时代赋予我们的使命。

大出版观：出版产业发展的时代趋势

　　科技的进步，出版载体和传播途径的巨大变化，使图书、报纸、期刊等纸质媒体，电影、电视等形象媒体，广播、数码音乐等音频媒体，在一个虚拟的空间获得统一，使传统的厚重和现代的快捷在新型出版方式中得到综合发挥，信息网络技术正在以强大的力量消解着传统媒体包括电视、广播、报纸、通信之间的边界，消解着国家之间、社群之间、产业之间的边界，同时也消解着信息发送者和接受者的边界，传统出版业正在发生着从平面出版向立体出版的蜕变，"大出版"时代已经到来。这种时代变革不仅直接导致出版业态的转型、出版理念的更新，而且直接影响到出版企业微观机制的转变，而这一转变无疑是一项系统复杂的工程，它包括产业链的重组、经营模式的创新、结构组织的再造、业务功能的调整等。因此，正确认识"大出版"的时代特征及由此带来的机遇和挑战，树立正确的"大出版观"，是每一个出版工作者和出版企业能够在新的发展条件下趋利避害、扬长避短的头等重要问题。

一、"大出版观"的内涵

　　"大出版观"非具体出版实务，是指出版业务运作的整体模式与策略。较之于传统出版的单形态、单平台特征,"大出版"是运用所有传播手段和媒介平台构建的复合型出版体系。具体地说,就是综合运用文字、声像、网络、通讯等传播手段,打造全媒体出版产业链,通过多种方式和多层次形态,满足受众(读者)对传播内容多样化的要求,使受众获得更加及时、更多角度、更加真实、更有深度、更多听觉和视觉满足的阅读体验。较之传统出版,"大出版"已完全超越了编、印、发、供等传统出版的一般流程,无论是出版的内涵还是外延,都发生了根本性的变化。"大出版观"的提出,是中央文化体制改革的推进、出版发展方式的转变以及出版环境急剧变化的必然要求,是出版技术的日益进步、出版开放程度的日渐强化和出版大国向出版强国迈进的必然结果,是出版产业化进程中出版业发展的新理解和新视角。其主要特征表现为:

1. 传播手段多样

随着技术的发展和新媒体的出现,出版作为传统意义上的读者、作者之间的桥梁地位被日益撼动,文化产品的传播手段越来越多样化。基于计算机、通信、数字广播等技术,通过互联网、无线通信网、数字广播电视网和卫星等传播手段,以电脑、电视、手机、PDA 等设备为终端的新兴媒体风起云涌,网络媒体、电子报纸、数字电视、移动电视、手机媒体、IPTV 等新名词不断出现。在多种媒体产业交叉、融合的发展格局中,出版如果仍然固守原有的信息传播手段,必然被市场无情淘汰。出版适应新技术的发展及读者阅读习惯的变化,打造从内容资源收集、整理、加工到内容资源跨媒体多次使用的立体化产业链,构建"一种内容,多种载体,复合出版"的经营模式,不断转变更新利润增长方式,是出版业应对发展局势必须做出的战略调整,也是产业发展的必然结果。这种发展战略,表现为跨平面(书报刊)、磁光介质、网络,甚至移动(手机)的多介质、多媒体出版经营模式。比如 2009 年电影《贫民窟的百万富翁》在国内上映,大苹果版权代理公司成功运作了其中文版,同时采用传统图书、互联网、手持阅读器、手机阅读平台等方式的多渠道全媒体同步出版。

2. 读者需求多样

随着社会开放程度和文化交流的增强，社会阶层继续分化细化，读者的需求也日益显示出个性化、多元化的特点。数字出版时代各类型出版物极大丰富，但具体出版物的读者面都相对较小。从本质上来说，这是读者阅读趣味分散的影响，是读者群更为细致划分的结果。加上手机、互联网、数字图书馆、手持阅读器等多种阅读方式的出现，读者的阅读更加方便快捷，对阅读内容的要求也越来越高。同时随着国际社会文化交流的不断增强，中国出版业一直努力实施"走出去"战略，如何满足国外读者的需求、适应国外读者的阅读习惯是较大的难题。这些无疑对出版的内容创新提出了新的要求，表现为出版单位除对读者加以细分，进行较之以往更为精准的市场需求把握外，以多样化、个性化的内容产品满足不同阶层、不同年龄、不同爱好、不同专业的受众需求便显得越来越重要，创意、原创正在成为出版业当前及未来发展的主题词，深入挖掘并抢占文化资源，开发具有自主知识产权的出版创意产品，成为每一个出版企业做强主业的战略选择。

3. 服务理念凸显

传播渠道的增加以及更为便捷、快速、直观的传播方式，在使读者不断获得更为丰富和愉悦的阅读体验的同时，在迅疾变革着人类的阅读方式的同时，也在潜移默化中改变着人类的思维表达形式。比如网络语言作为一种与传统表达大相径庭的表达方式，被视为一种新兴语言——"网络流行语"，又由于其流布甚广、使用频率甚高，正在被选进通用语典或修订《辞海》之中，其所产生的冲击力势必影响到未来中国的内容表达方式。总之，内容产业已经步入满足个性化需求的新时代，这使传统出版物的相对程式化的内容和相对固定化的形式，必然遭遇冷市，既有市场日益面临挤压、缩水的冲击。为适应市场环境，出版业的出版理念必须迅速跟进，由原来的"引导阅读"转型为引导与服务并重。基于读者的不同文化背景、社会群体归属、身份角色、性格兴趣、职业爱好、收入水平、阅读动机和要求，出版物产品的内容、销售和服务必然呈现出鲜明的多样化，这就自然形成了一种与立体需求层次和结构相吻合的出版物异质性、层次性和无限多样性特征，出现了厚重性、学理性与浅表化、娱乐化并行，纸质书、电子书、网络书籍并列，以及实体书店和网上书店共融的局面。

4. 编辑素质升级

出版业传统流程上的编辑主要是进行图书的选题、组稿、审稿、加工和整理等工作，语言文字能力是编辑最基本的能力。随着社会的发展和科技的进步，尤其是计算机网络技术的飞速发展，再加上出版业竞争激烈程度的进一步加剧，出版业重组产业链势在必行，从作者选择、读者定位、策划手段到物流渠道、销售形式、资金回笼、客户服务等，均将有不同于传统出版的经营管理模式，这就意味着对出版编辑人才的要求会越来越高。现代编辑不仅要有牢固的专业知识、良好的专业功底，而且更要有对新理念、新技术的快速跟进，特别是环境的迅疾适应能力直接影响下的战略前瞻力、出版创新力、市场预测力以及沟通协调力。"大出版"时代，现代编辑被冠以"孙悟空"、"哪吒"等绰号，就是因为他们要担当多重角色，除了固有的某一领域的"专家"、知识"杂家"、社会活动者、文化评论者等传统"身份"，编辑还须首先在出版源头即在出版之初就对出版物产品的最终表现形态、传播方式作出界定、选择和针对性营销，并能够灵活运用各种媒介手段，对产品的后续开发和价值链的延伸进行战略规划和前期准备。因此，编辑又是某种意义上的"设计者"、"技术师"、"网络通"。作为知识密集型产业，"大出版"背景下，对编辑素质的要求越来越高，出版业的发展越来越需要新型的复合型人才的强大支撑，人才战略必将成为产业发展的重中之重，出版教育的优化升级迫在眉睫。

二、重新认识出版的定位和功能

（一）出版不再是出版社的特权

关于"出版特权"问题，2010 年初肖东发先生曾基于出版基本要素分析得出结论："出版的基本要素是选编作品、加工复制和广泛传播，至于是否需要印刷和纸张，并不是出版的关键。因此，许多媒体形式本身就是出版。这就是一种'大出版'视角。"作为对网络出版这一新兴出版形态的积极应对，2002 年 6 月，新闻出版总署与国家信息产业部联合发布《互联网出版管理暂行规定》，规定中对互联网出版下了明确定义，即"互联网信息服务提供者将自己创作或他人创作的作品经过选择和编辑加工，登载在互联网上或者通过互联网发送到用户端，供公众浏览、阅读、使用或者下载的在线传播行为"。这不仅完全打破了传统意义上"编辑"、"出版"和"发行"的概念，"复制"和"发行"已经为"在线传播"所代替，而且意味着新媒体内容传播已经顺理成章地被归入出版范畴，人们不再需要传统复杂的出版流程，只要有一台计算机、一根网线即可实现"出版"。可以说，日常网络生活中常见的论坛、BIBS、博客等，正在不断拓宽着"出版"的范畴。据悉，近年来人们已不满足于渠道、形式各异的博客，"志客"这一新的出版形态正在快速兴起。志客借助网络杂志模式，将文字、图片、视频巧妙地结合起来，就能出版一本能说会动的杂志。有人说，过不了多久，拥有博客的人都会拥有自己的杂志。"大出版"时代，读者不再仅仅是信息的接受者，而是从出版的终端走向环节的起点，成为信息的自我编辑者、传播者，人人都可做出版家的梦想正在成为现实。这种多元化的出版力量，完全打破了出版单位对出版权的垄断格局，由谁出版、怎么出版正在被赋予日益个性化和多样化的意义。

（二）"内容为王"产业特性凸显

技术进步所产生的巨大力量，使纸媒作为人们获取信息主要通道的局面不复存在。然而，正如没有哪种内容不依赖于渠道传送一样，也没有哪个读者只重视渠道而不在乎内容。在快速发展的互联网产业链条中，有两种角色变得日益突出，一是渠道运营商，他们负责把内容送达用户；一是内容供应商，他们负责内容的生产。然而，不论两种角色如何演绎，渠道建设似乎始终没有偏离传送信息、传送内容这一主题。随着技术的发展，信息传播手段日益先进，上有卫星、下有移动宽带互联网等纵横交织的立体传播体系，必然使信息的接受成本越来越低，最终形成无论身在何处均能快速便捷地获得信息的局面。然而随着版权保护的日益跟进，内容的不可替代性及重要性日益彰显，谁对内容资源拥有更强的整合能力和创新能力，谁就拥有更大的市场控制力。因此，内容资源在信息传播领域的作用将越来越受到技术开发商、渠道提供商的普遍关注。可以预见，技术高度发达的时代，终将是"内容为王"的时代。当前，炙手可热的电纸书明星汉王公司，正在积极与版权方签署各种战略协议，以二（汉王）八（版权方）分成的方式践行其"渠道为王，内容为霸"的准则。目前，越来越多的通讯公司已开始实施资本战略，以兼并联合重组等手段获取内容资源。而有条件的出版企业同时也以资本运作的方式，与渠道运营商、技术提供商展开合作，并在经营战略上迅速完成由传播者本位向受众本位和市场本位的转型，正在积极实现由"内容中间商"向"内容提供商"的角色转换。

三、"大出版观"时代，出版理念亟须进行调整

出版产业化和信息网络技术的双重作用，加速着出版产业、资本、媒介和市场的融合，传统图书出版业原有的业务模式、业务流程和产业特性被不断颠覆，在传播理念、产业规模、技术手段、赢利能力上努力实现着产业升级。

（一）从着眼生产到着眼服务的转变

新媒体的发展，使传统出版业的市场空间日益狭窄，必须加快培育适应市场需求的新的商业模式，以获取新的商业利益。而产业融合的作用，使包括出版在内的内容行业逐渐被纳入更为宏观的服务业范畴，要求出版企业不断为客户提供多元化的内容增值服务，从而为客户创造更大的价值。因此，从传统内容生产向以服务和内容并重的经营业态转型，是出版产业进行战略调整的重要一环。全球性出版企业或企业集团在这方面已先行一步，如汤姆森集团率先将自己定位为"为安全行车和专业客户提供可靠的全面咨询解决方案的全球领先的供应商"。从汤姆森分离出来的圣智学习出版集团，作为全球领先的电子数据和教育出版商，通过推进各种类型的大型数据库和在线平台的建设，开发了各种类型的数字产品，服务于图书馆、学校和商业领域，提供精确、权威的参考文献和报纸、杂志内容。麦格劳·希尔将旗下以期刊为主的传媒公司改造为传媒服务集团，依托原有的《能源杂志》、《航空周刊》、《建筑杂志》等，通过互联网从事能源、航空、建筑等领域的投资和信息服务，其所属普拉茨公司已经成为能源行业全面方案的提供者，每年因此获利100亿美元。由此可见，未来的出版商更像是内容整合服务提供商。因此，出版必须介入更广泛的内容领域，这主要表现为在倾力推进内容品牌战略的同时，基于信息、人才资源优势提供专业市场需要的各类信息分析和产业前景预测等专业服务，通过服务内容的增加和服务对象的扩展，提升出版的赢利能力和经营水平。

（二）从单一赢利模式到多元赢利模式的转变

"大出版"时代，传统出版单位的概念已向出版传媒集团过渡，表现为迅速突破传统的从内容生产到单一渠道销售的直线型价值链，向多元型、网状型经营方向发展。在国外，各大出版集团将目标扩展到广播、电视、网络、娱乐、物流等相关产业资源。贝塔斯曼集团从一个单一的图书印刷出版公司，发展为囊括电视、广播、书友会、音乐俱乐部、电子商务、线上增值服务等众多业务领域以及七个子集团的跨国传媒机构。美国最大的多元化经营传媒集团之一——赫斯特集团，同时经营着包括杂志、报纸、有线电视、广播、互联网、影视制作、物流、房地产等在内的业务。在我国出版产业化初期，实力雄厚的出版集团，也纷纷涉足多元化经营，以实现规模扩张，迅速壮大自身实力。例如，凤凰出版传媒集团不仅拥有8家直属图书出版社、1家电子音像出版社和江苏新华发行集团，还拥有凤凰台饭店、江苏凤凰置业有限公司、江苏凤凰教育发展有限公司、江苏凤凰艺术有限公司，并控股江苏新广联科技股份有限公司，参股江苏银行股份有限公司、南京证券有限公司，业务涉及餐饮、房地产、教育、科技、金融等领域，从其业务结构和集团结构中可以清晰地看出多元化产业链整合的思路，也实现了企业的多元化赢利。随着产业链的不断延伸，出版业跨媒体的多元经营战略试水其他行业。2009年2月18日，中国出版集团公司首次投资拍摄的重大革命历史题材电视剧《决战南京》在南京开机，标志着中国出版集团公司跨媒体扩张的开端。同时外语教学与研究出版社正在形成大学英语网络教学平台和基础英语网络学习平台，致力于打造"出版—培训—网络"产业链。有专业人士预测，随着网络技术的发展和全球经济一体化进程的加剧，国际出版行业可能出现寡头垄断。因此，如何应对国际出版巨头的竞争与渗透，做大做强出版企业，将是我国出版业面临的一大挑战。在经营环境突变的时代，谁能够找到将内容资源、市场资源、技术资源、渠道资源等多方资源有效集聚、整合从而达到多赢的经营模式，谁就能在未来的市场格局中占有一席之地。

（三）从掌握内容到兼顾技术的转变

"大出版"时代，出版亟须以更为开放的姿态开展产业合作。目前国际大型出版传媒集团，大多通过收购高新技术公司建立成熟的技术平台，通过加强同业并购扩大数据库内容，提供增值服务并由此获利。这种从掌控信息服务平台入手，最大限度地发挥资源的整体优势，以内容管理者与渠道整合者的角色，既为产业链的合作与共赢服务，也为引导产业创新提供原动力，是"大出版"时代出版企业的经营发展趋势。全媒体数字出版技术，需要强大的资本作为后盾，较之于电信业、网络业，出版业的资本力量差距悬殊，由于相对劣势的资本地位，出版在对技术和平台的掌控能力上就显得十分薄弱，这使得出版单位在与媒体运营商或技术提供商的合作中，地位相对低下，几乎得不到应有的回报，卖电子书作为主要合作方式，带给出版业的整体收入常常占不到内容被技术开发后所创造效益的 2%。资本及技术短缺是我国多数出版企业目前不得不面对的短板。对此，出版业应努力推进跨地区、跨所有制的同业合作，构建出版联合体，以强大的内容优势，与技术商开展产业合作，以资本为纽带，积极推进技术与内容的有效对接，从而促使资本及内容资源带来双重收益。2009 年 9 月，江苏凤凰出版传媒集团有限公司与山东出版集团有限公司，在并购重组、股权投资基金等多方面开展合作，在资本层面开始融合，双方将从事特定项目的并购重组，共同发起创立股权投资基金，重点投资文化产业及与文化相关的科技企业或项目。2009 年 11 月，时代出版传媒股份有限公司与中国出版集团签署了战略合作框架协议，其中包括拟共同投资中国数字出版网，结合时代出版传媒股份有限公司的运营优势和中国出版集团的资源优势，共同打造这一新蓝海市场等。这种不断强化的区域性战略合作，无疑是"大出版"时代新的行业经营模式的有益尝试。

（四）出版理论建设从传统模式向立体模式的转变

"大出版"时代，以信息技术为平台的新的产业链的形成，都使编辑和出版发生着新的转型，从而给编辑学和出版学理论建设提出了新的课题和任务。无论是立足于学科的自身建设，还是侧重于出版业的未来发展，理论建设均面临着进一步加强、深化和创新的问题，加快构建起相对成熟和完备的科研体系与研究方法。这不仅包括对现有的概念术语、理论框架、内容观点的重新审视和重新研究，还包括对行业政策、法律法规的制订提供理论依据的基础研究，为产业转型发展开启思路的实证分析，加快形成既注重宏观把握又强调微观深入、概念研究和专题探讨平行发展、互为补充的立体化理论建设格局。与此同时，应加大产学研一体化科研机构的建设力度，按照市场经济运行机制，形成大学院校提供人才个体、研究机构提供科研咨询、企业提供物质基础的利益合作实体，把大学的人才优势、院所的科研优势和企业的项目优势结合起来，在不断提高研究能力的同时，有效推进科研成果的转化和产业发展水平的提升。据悉，辽宁、安徽及山西出版集团均通过建立博士后工作站等形式，强化行业研究和技术研发对产业的反哺作用，这不失为当前出版理论体系立体化建设的有益之举。

（五）从高耗能出版向绿色出版的转变

出版业是一个资源和能源消耗密集型的产业，图书的制造和运输都要付出高额的成本，地球上被砍伐的树木中，有 40% 被加工成纸浆，最终成为书本、杂志和纸张。我国每年都有大量积压在库房的图书，有的甚至直接从印刷厂转至造纸厂，造成了社会资源的极大浪费。"大出版"时代，大力倡导绿色出版，既适应我国政治、经济、社会、技术的发展需求，同时也是出版行业自身进行技术革新、产业转型、新能源开发的需要。绿色出版即运用现代科技手段，立足生态可持续发展的健康文明型、节约环保型的编辑出版形态。推行绿色出版，必将成为未来出版业的发展趋势。在实际运作中，除拒绝低级庸俗，积极传播健康向上的先进文化，倡导绿色内容主题之外，再生纸、循环纸的使用，环保柔印、按需印刷技术的应用，电子阅读器的研发，网络书店的建设以及网络出版、手机出版等多种出版方式的推进等，都是绿色出版理念的具体实施行为。目前，加拿大已经有 115 家出版社承诺只使用再生纸或者 FSC（森林管理委员会）认证的纸张，英国有 60% 的出版社做出了同样的承诺。我国的弘文馆出版策划公司于 2008 年 8 月推出了百分之百再生纸印刷的图书《阿米》，向出版业展示了一种切实可行的绿色解决方案。如今，绿色革命正在全球出版业稳步推进。

绿色出版：出版产业发展的必然要求

如果说改革开放的 30 年实现了由出版小国向出版大国的转变，完成了规模数量的积累，出版生产力水平和产业发展规模都已达到了这一阶段的高峰，那么改革开放 30 年后的发展，应着力完成由数量规模向质量效益的转变。实现这一转变，旧的粗放式的发展方式已难以为继，必须从根本上改变我国出版业的发展水平与国家的整体发展水平和经济发展实力不相适应、与人民群众多元化的文化需求不相适应的现状，必须改变产业集中度低、分散经营、竞争能力不强、图书出版品种效益不高、市场化程度不高、抗风险能力较弱的事实，实现发展规模、发展实力、发展方式、发展质量的均衡，推进出版内容、出版业态、出版手段、出版形式的创新，实现净资产的增长快于总资产的增长、重版图书品种量高于新版图书品种量、发货码洋高于造货码洋、利润率增长高于产值率增长的良性运作机制，倡导集约式、质量效益型的代表未来发展方向的新型绿色出版理念。

一、绿色出版的内涵

从本质上讲，绿色出版探讨的是出版产业的可持续发展问题，也就是出版产业当前乃至今后的发展理念、发展走向和发展方式问题。自 1987

年世界环境与发展委员会在《我们共同的未来》报告中，将可持续发展定义为"既能满足当代人的需要，又不对后代人满足其需要的能力构成危害的发展"以来，可持续发展就包含两个基本要素或两个关键性内容："需要"和对需要的"限制"。一方面要满足人类生存的需要，另一方面要对"需要"所造成的对未来环境的危害加以限制。对于出版业来讲，这种"需要"指的是产业发展的需要，"限制"则是指对于支持发展的资源、环境所构成的浪费或破坏的限制。这里需要特别指出的是，出版所指向的"资源"除了有形的物质、文化资源，还有无形的精神、文化资源，所指向的"环境"除了显在的自然环境，还有潜在的人文环境。未来出版产业发展需要的能力一旦被突破，将不仅对自然环境造成危害，更主要的则是对构成人文环境的道德体系和价值观念产生直接影响。

因此，从可持续发展的深层意义上探究绿色出版的内涵，应包括以下几个主要内容：

（一）绿色出版的主要内容

1. 出版资源的绿色利用

出版资源是指与书、报、刊的编辑出版活动有着密切联系的各种信息和选题资源。从生产的角度讲，出版业直接利用的资源就是文化资源。出版生产就是借助于开发，使文化资源所包含的价值被当代社会所认识和了解的过程，出版效益通过对文化资源的开掘而产生。因此，出版业的发展必须充分考虑文化资源的承载力和文化生态环境的适应性，这不仅包括对有形文化资源的保护，更重要的还在于对文化所蕴涵的内在思想观念、价值取向的正确挖掘。所谓"绿色利用"，就是有效避免"伪文化"的泛滥所导致的对文化资源的廉价侵蚀和肤浅损害，还原文化本身的真实性和深刻性，将之加以传承并发扬光大。

2. 出版产品的绿色生产

出版产品的生产是指综合运用生产资料，对文化资源进行采集、开发，进而形成满足人类精神文化需要的物质产品与服务的全过程。出版产品是出版产业存在与发展的载体，出版产品的生产是出版产业发展壮大的核心环节。所谓"绿色生产"，包括两方面的内容：一是指出版的专业化，即通过持续内容创新，打造精品，实现出版产品由品种数量向品牌质量的转变；二是指技术的现代化，即通过运用科学技术，实现生产方式由高消耗、低效益向低消耗、高效益的转变。

3. 出版市场的绿色培育

出版市场是指提供出版产品的有形和无形服务体系，是出版效益实现的主阵地。所谓"绿色培育"，是指通过合理利用出版资源，实现出版物内容由适应市场向与引导市场并重的方向转变；通过规范行业市场行为，打破不正当竞争，实现出版物市场由无序竞争到有序健康发展的转变。

（二）廓清绿色出版认识的两个误区

1. 绿色出版不等于环保出版

作为文化产业重要组成部分的出版产业，具有鲜明的意识形态特征。与传统制造业不同，出版业属内容服务产业，其所生产的产品，除了具有物质产品的特性之外，其价值更多地体现在产品所承载的内容对人精神世界所产生的影响。作为一个传播人类文明、播散智慧的行业，内容是出版发展壮大的根本，也是出版存在的前提。绿色出版是立足于行业未来发展，使出版各环节达成一种与资源开发和利用互相适应的良性发展状态，是对产品生产、产品质量、生产方式、传播渠道等全部出版活动的整体性观照。它蕴含两方面的内容，首先是对人文环境的妥善维护，其次是对自然资源的合理利用和保护。因此，作为维护文化生态的核心环节，绿色内容是绿色出版的主体。环保出版则重点强调在产品生产过程中环保材料的应用和技术手段的提升，其主旨在于降低出版的资源和能源消耗。它既是绿色出版的重要方式之一，也是绿色出版的有机组成部分。

2. 绿色出版不等于数字出版

数字出版是建立在计算机技术、通讯技术、网络技术、流媒体技术、存储技术、显示技术等高新技术基础上，融合并超越了传统出版内容而发展起来的新兴出版产业。与传统出版相比，数字出版具有快速查询、海量存储、成本低廉、传播迅速等特点，由于其内容承载形式的数字化，其产品表现完全不同于传统形态，生产过程也没有纸张、油墨等资源消耗，因而被视为当前最为环保的出版方式。

从本质上讲，数字出版是新兴科学技术对传统出版方式的革命，无论是产品形态还是传播形态的变化，显示的均是技术手段之于出版方式的巨大影响力，对于出版内容本身并没有产生显在的作用力，相反，对于内容的依赖变得更为直接。它所改变的是出版物的产品形式、传播形式、服务形式，而并没有改变出版物产品价值本身。因此，数字出版说到底是技术型的出版方式，属于环保出版的范畴。

那么，何为绿色出版？绿色出版是针对传统粗放式出版提出的，即运用现代科技手段，立足文化生态可持续发展的健康文明型、节约环保型、数字集约型的大出版形态。绿色出版包含的内容很多，它是对传统粗放式出版的纠正和改善，其核心理念是以经济、社会、文化和环境的和谐为目标而发展起来的一种新的出版理念，是出版产业为适应文化生态、现代科技与健康节约需要而产生出来的一种新型出版方式。

二、非绿色出版的主要特征

（一）资源经营粗放

中国出版业的发展正处于战略机遇期，前景看好。但应看到出版繁荣的背后，资源粗放经营的现象严重，突出表现为以下四个特征：

1. 出版资源条块分割、低效率开发

出版单位长期以来的区域性特性，使得进入市场经济后的出版企业呈现分散、弱小、专业化程度不强、低水平重复等弊端；而几十年单打独斗的经营方式仍然制约着集团资源的有效整合，集团规模的扩大还仍然停留在低水平的数量累加层面上，原先的初级联合的特征和粗放经营的色彩并未完全褪去。同时，多年来过分强调图书的特殊性和行业的特殊性，成为我国出版单位左右逢源的护身符，从中央到地方的各级出版单位在喊着冲出"围城"的口号时，往往却在实践中从既得者利益考虑，唯恐失去自己的地盘，失去自己的地域"霸主"地位。

一个显在的事例是当前由多种因素引发的"物流建设热"。有行业人士指出，如果出版物信息交换标准的统一问题得不到有效解决，地方性物流的纷纷上马，将不仅造成资源浪费，而且也给物流配送现代化带来巨大障碍。地域性、条块性状况，使出版业难以在短期内对资源进行有效整合，实现综合开发和多次利用，资源的封闭现象较为突出，与大出版、大市场、大流通的格局，与低消耗、高效益、节约型的绿色发展战略要求，相去甚远。

2. 科学技术落后，专业人才缺乏

出版业历来是以技术进步为发展引擎的。从国际上看，发达国家已进入信息化时代，科学技术的发展使可回收纸近乎完美，环保的大豆油墨已在欧美日韩等地普及。西蒙·舒斯特出版公司、阿歇特出版集团、沃克图书出版集团、迪士尼全球出版集团等国际大型出版社早些年已开始致力于出版的可持续发展之路。21 世纪初，我国签署了"以信息化带动工业化"的发展战略，实行工业化和信息化并行发展的态势，虽然"绿色出版"已被纳入战略，但实际操作力度远远滞后于发达国家，对于绿色出版，出版单位仍在成本核算、技术投入和市场地位上顾虑重重，绝大多数出版单位仍习惯于旧业态的生产方式。

与此同时，出版业人才质量与数量的矛盾日益突出，人才结构面临诸多缺陷：一是缺少大师级的作者和出版家；二是缺少既懂得出版专业知识，又懂得经营管理的复合型高端人才；三是缺少掌握数字出版工程技术的专业性人才；四是缺少懂得出版生产规律和资本市场运作的金融人才。这些都影响着出版产业整体水平的提高。而相对专业人才的缺乏，人才竞争的形势更加严峻：由于民族语言、民族文化、民族心理上的局限，外商在进入我国出版业时势必会在当地物色代理人，很多国外企业在香港举办中国经纪人训练班就是在为抢滩登陆做准备。吴培华先生曾断言，未来的中国图书市场上参与搏杀的将是香港、台湾、大陆及外资的中方代表四类清一色的中国人，届时将会上演一出"同室操戈"的活报剧。出版的可持续发展是以人为本的发展，如果出版人才因素受到制约，出版业也很难出现良性发展的态势。

3. 创新能力不足，无效出版严重

中国出版业的发展正处于战略机遇期，前景看好，2008～2009年新书品种都是以二位数的速度在增长，但在出版繁荣的背后，创新能力不足，"无效出版"严重；出版品种效益不高，同质化现象、跟风炒作现象突出：一方面为哄抢市场盲目上品种，致使选题重复率高，对培育长期市场缺乏耐心，众多品种，良莠不齐，鱼龙混杂，大量没有文化价值的出版物充斥市场，尤其是近两届推荐评选"三个一百"原创出版工程，每届都有板块空缺；另一方面，一些专精特品种无法进入流通渠道，而大量图书积压库房，甚至从印刷厂直接转至造纸厂，造成社会资源的极大浪费。有专家感慨："一排排大树倒在库房里。"

出版社转企改制后，做强做大成为各出版单位的共识，追求规模效益成为企业的冲动，图书品种的过快增加就出现了供大于求和单品种效益下降的局面。2009年出版单位普遍感到下游销售商对新书品种的冷漠，很多单位都被通知不得全品种主发。"无效出版"形成了一个恶性循环链条，大量消耗着出版业的资源、资金、人才和技术，于己于社会，隐患重重。

（二）产业结构失衡

随着产业规模和高新技术的飞速发展，出版物市场的国际竞争日趋加剧，为此，我国也适时提出由出版大国向出版强国转变的发展战略。但在探索出版强国之路的同时，我们必须认识的一个问题是：我国新闻出版业仍处于发展的初级阶段，产业结构还存在一些突出的问题，当下的出版产业形态与可持续发展的理念仍存在许多矛盾。

1. 发展速度与发展质量矛盾突出

从宏观上讲，我国出版业的整体实力还不是很强，优秀出版产品的数量还不是很丰富，出版产品的影响力和辐射力还不是很到位。2009年我国的图书产品突破 30 万种大关，品种规模在全球年出版品种中占有相当的比重。但是除了码洋在勉强维持或略有增长以外，其他几项出版指标，如总印数、单册平均印数、人均购书册数、回款率、库存率等，都呈非良性状态。近几年，出版业人所共知的重复出版、跟风炒作、上架困难、退货率高、回款延期、盗版盗印、市场混乱、滞胀、泡沫等弊端以及业内已经存在的重经济、轻文化，重策划、轻加工，重数量、轻质量，重码洋、轻效益等现象，体现着出版业发展速度与发展质量较为突出的矛盾。较快的发展速度，并不与产业优势、特色、成长性和后发力量成正比，更不意味着核心竞争力的增强。

2. 主业发展与多元经营失重

当前，进行业态创新和多元化经营成为出版业快速发展的一种扩张模式，所谓优势互补和差异化经营是其最直接的理论依据。毫无疑义，多元经营是一种扩展主业、补充主业、延伸主业的发展思路，而不是背离主业甚至损伤主业的做法。但由于书业利润的日趋变薄，书业为主导的理念往往会在利益面前失去坚守，从而使一些出版企业的主导业务渐失市场凝聚力和核心竞争力。

3. 市场发育不健全，地区市场发育不平衡

出版买方市场的提前形成，让原有的市场营销体系已经显得力不从

心，而旧有体制痼疾造成的中国出版业图书品种、退货率翻倍上升的难题更让出版单位雪上加霜。

（1）介入式市场膨胀。有一句顺口溜概括了 2010 年上半年的图书市场："宋山木出事了，培训的书完了；唐骏出事了，励志的书完了；张悟本出事了，养生的书完了；李一出事了，修行的书完了。"就拿保健类图书来说，现在很多人已经不好意思说自己买过《从头到脚说健康》，更忌讳说自己读过《把吃出来的病吃回去》，消费者心理的伤害无疑已经远远超过了经济上的伤害，而读者心灵的伤害给出版带来的损失则是无法估量的。虽然过度营销拉动了读者的冲动消费，带来了畅销书的片刻繁荣，但出版业却为此透支了信誉，导致出版市场的培育愈加艰难。

（2）主导式价格失范。为了库存消肿，降价处理积压图书本属正常的经营之道。然而特价书中却不乏新书、长销书，经常出现同一本书按定价零售的同时，特价柜台已打出 2～3 折的牌子。

此外，长三角、珠三角等经济发达地区与西部地区出版产业发展的明显差距，城乡之间出版文化权益保障和出版文化资源分配的不平衡，出版物的品种、数量、内容、质量与人民群众日益增长的需求存在差距。从绿色出版全面、和谐、健康可持续发展的战略目标来看，解决地区市场发育的不平衡问题已是当务之急。

（三）发展方式滞后

进入 21 世纪，我国出版 GDP 每年呈现出较为强劲的上升势头。有经济人士分析指出，GDP 总量中，近年来呈高调趋势的出版基本建设占有相当比重。从总体上看，出版业的经济增长还主要依靠资金投入和相对稳定的垄断资源，科学技术和内容创新对于经济增长的贡献率较低，虽然近年来，数字出版持续增长、发展迅速，但出版产品的数字转化利润大都为技术提供商和渠道运营商所得，数字盈利模式依然是困扰出版界的主要问题，作为第一生产力的科学技术在出版业普及并发挥主导作用，尚需时日。我国出版业的发展方式从总体上看还处于资源消耗型的低水平阶段，发展方式的转变必要而紧迫。

三、实现绿色出版的途径

（一）推行绿色出版，要提倡绿色出版理念

树立绿色出版理念，首先须更新观念，转变思维模式。观念决定视野，思想决定行动。思想的大门打不开，绿色出版发展的大门就打不开。绿色出版不仅是出版业积极应对环境和发展问题的可行方案，也是实践自身社会责任的重要环节。在绿色出版、低碳经济发展的途径上，应走出"重投资、轻管理，重规模、轻效率，重体制、轻机制"的误区，树立"资源约束、资源优化"的新出版理念，充分利用现有基础，着重于创新、改造和挖潜，鼓励科技进步和劳动者塑造，提高生存的效率和效益来保障出版产业绿色、持续、快速、健康地发展。再者通过优化出版品种、减少豪华本设计、加大中小学课本的循环使用等具体活动，达到灌输绿色出版理念的目的。

随着国家免费提供教科书政策的实施，供给对象从贫困地区的农村中小学生，逐步覆盖到所有义务教育阶段的学生，义务教育教材由个人的物品转变为公共产品，这为教材循环使用由提倡和自愿逐步过渡到强制执行创造了条件。2006 年，国家首次将"鼓励教科书循环使用"写进新修订的《义务教育法》中。从 2008 年春季开始，一些省市按照教育部、财政部联合下发的《关于全面实施农村义务教育教科书免费提供和做好部分教科书循环使用工作的意见》，已建立部分科目免费教科书的循环使用制度。纳入循环使用的教科书包括小学的《科学》、《音乐》、《美术》等八门。除了国标的副科教材外，一些省份（如山西）的地方教材、《信息技

术》等教材也和国标副科教材一样，实行循环使用。据悉，我国每年生产中小学生教科书所费纸张，需砍伐九百多万棵大树。循环使用既有效节约资源，减少污染，还能培养学生的环保意识和节约意识、责任意识、社会公德意识，使之在实际生活中养成对他人负责的心态和行为方式。

（二）推行绿色出版，要坚守绿色健康内容

无论是传统出版还是数字出版，生产过程的第一环节都是内容生产。出版单位是优质信息和文化知识内容的提供者，其核心竞争力来自于出版物的内容质量。在个性阅读盛行的时代，出版更应以理性的姿态和文化的责任感，处理好"引导阅读"与"服务阅读"的关系，积极传播健康向上的先进文化、优秀的民族传统文化，以高度的文化使命感和出版专业化要求，努力打造优秀的文化品牌，抵制"庸俗、媚俗、低俗"之风，切实发挥引导人、教育人、鼓舞人、激励人的作用。目前，旨在通过组织生产更多代表国家水准和当代科研水平的精品力作的"十二五"国家重点图书、音像、电子出版物出版规划项目业已编制。在此良好大环境下，地方出版部门也应将出版服务好党和国家工作大局的重点出版物作为工作重点，利用优秀的图书品种带动推进全民阅读工程，带动服务"三农"特别是"农家书屋"工程的完成。

（三）推行绿色出版，要加速推进数字出版产业链

数字出版是建立在现代科技基础上，融合并超越了传统出版内容而发展起来的新兴出版产业，它是以"图书内容＋数字技术"的形式实现的。这一新兴出版业态，带来的不仅是阅读媒质、阅读方式的转换，更是编辑内容、编辑手段的变革。它使出版的传播渠道通畅、速度加快、区域扩大、成本降低，资源实现重复利用，从根本上改变了传统出版业的生产方式和消费观念，给出版业带来了升级换代的大好前景。现在我国的数字出版已初步形成体系，从电子出版物生产到终端的阅读器、显示器等一整套的技术装备生产能力已形成，目前大批的新项目仍在研发

中。同时，使用数字出版的读者也越来越多，数字阅读习惯正逐渐形成，这些都创造了数字出版物消费的基本条件。

当前，国家正在全力推动数字出版产业发展，一系列重大数字出版工程正在推进实施。新闻出版总署正在组织实施"国家数字复合出版工程"、"数字版权保护技术研发工程"、"中华字库工程"、"国家知识资源数据库工程"等国家级工程，这些工程完成后，必将对数字化发展起到重要作用。为此，出版业应自觉适应数字内容服务的要求，在不断提高数字内容技术应用能力的同时，努力推进电子商务发行体系建设，提高资金周转速度和科技、服务投入，加速推进数字出版产业链建设，有效降低运营成本，促进形成出版资源多次利用、出版物市场多次开发的绿色生产和服务格局。

（四）推行绿色出版，要改造传统印刷技术

"环保印刷"是传统出版进行绿色革命的重中之重，涉及环保型印刷材料、环保油墨、环保印刷工艺等几个方面。在低碳概念风行全球的大背景下，绿色印刷在国内被提到了前所未有的高度。在美国，2010年冬季美国书业环境理事会将引入一种生态书封标签，包括3个层次、22个不同的环保指标，比如油墨、分销渠道、可回收率等。许多出版商也从节约出版、按需出版、发展网络书店等多方面支招，在推进绿色印刷等有形环保的同时，鼓励无形环保的出版手段。

发展绿色印刷是出版业转变发展方式的必由之路，关键是如何引领。从政府、研究机构到行业协会，都应加大研究、组织和宣传力度，积极促进传统印刷工艺的革新和印刷产业结构的调整。从各国的实践经验来看，实施绿色出版工程须在政府的主导下进行，也就是说，由政府出台标准及具体实施办法。为此，新闻出版总署拟将推进印刷业的低碳、绿色、环保改造纳入"十二五"编制内容，首批绿色印刷国家标准将在年内颁布实施。据悉，印刷绿色中小学教材将成为总署推进绿色印刷的切入点，此外，建设绿色印刷园区也是推进绿色印刷的一种有效方式。

第二编

出版产业论

经营出版的提出及发展必然性

随着文化体制改革的逐步深入，出版作为文化产业的属性已日益成为共识。从经济学角度来讲，产业具有资源运作和效益实现的基本要求，这就不可避免地与"经营"、"管理"等经济行为有着必然的联系。当前，我国的出版体制改革已经进入关键时期，改革的目的是促进出版事业和出版产业的整体繁荣及全面发展。而出版产业繁荣发展的标志，就是两个效益的全面提高。据此，经济学人士把出版产业的效益实现率作为衡量其"经营力"和"管理力"的标准，并用"经营力"和"管理力"来概括出版业的产业发展潜力。当前，出版业的各种改革行为，主要是针对"管理力"的改革，但"管理力"的提高，并不意味着"经营力"的增强。因此，用一种科学合理的、符合我国出版实际的全新理念，引领我国出版产业的经营实践，综合提高出版业的"经营力"，进而与"管理力"一道共同有效地发挥作用，从根本上提升我国出版业的产业化、市场化水准，从整体上实现出版体制改革的终极目标，是实现出版产业化发展的当务之急，也是摆在我们面前的重大课题和历史性重任。

一、经营出版的内涵

（一）经营出版理念的提出

出版产业与经济领域的任何产业一样，其发展有赖于科学的企业经营和管理。按照《现代汉语词典》的解释，"经营"是有关企业的组织、计划等的筹划和管理，"管理"是为促使工作顺利而进行的有关协调、约束等治理行为。经营与管理作为企业生存与发展的并行不悖的重要手段，是经济学意义上完全不同的两个概念。为此，我们只有树立科学的发展观，澄清二者的本质区别，才能有效提高企业的经营水平和管理水平。

1. 二者产生的渊源不同

经营是市场经济的产物，计划经济时期，产品供不应求或供求基本平衡，经营的重要性因此而淡化，故企业不存在严格意义上的经营行为。进入市场经济后，产品供求由市场调节，市场对资源的配置发挥着越来越明显的基础性作用，随着市场竞争的加剧，经营的作用才由此凸显出来并被反复强调。管理则没有鲜明的时代特征，它是集体劳动和社会分工协作的产物。由于产生的背景不同，故其行为人的身份也具有各自不同的特征，经营的行为人是经济法人，也就是说，只有具备经济法人资格者才能去行使经营行为；而管理则是一种组织概念，是一切组织共有的行为。

2. 二者的侧重点不同

经营着眼于企业的外部，重在解决市场定位、发展方向、发展途径及发展方略等企业战略性问题，由于效益是衡量企业经营力的首要指标，因而经营行为往往随市场的变化而呈现出不断变化的特征。管理着重于企业的内部，重在处理生产秩序、运行机制、工作积极性等组织协调性问题，由于效率、质量是衡量企业管理力的重要内容，因而管理行为要求企业内部在一定时期保持相对的稳定。由于着力的侧重点不同，经营与管理在行为过程中呈现的特征各异。经营无固定模式可循，严格意义上是一门艺术；管理则有章法可依，本质上讲是一门科学。

3. 二者的基本内容不同

经营从对象上讲，包括三个基本内容，就出版业而言，即指图书产品经营、出版资源经营及资本经营。图书产品经营即指图书市场的调研、选题的策划、编辑复制、市场营销、网点建设及售后服务等与出版主业密切相关的生产、发行诸环节的系列活动；出版资源经营，就是对有形和无形的生产要素、直接的和相关的出版资源进行有效配置和优化组合，使之产生最大的效益；资本经营是指通过产权的合理流动及优化整合，使产品经营和资产经营达到持续良好的发展状态。管理的基本对象是人及与人力因素相关的诸要素，着重反映服务质量、价值观念、人文环境等与企业"软实力"紧密相关的内容，故其着力点主要在于制度建设、组织建设、运行机制及企业文化等层面，以调动人的积极性、发挥人的能动性、激发人的创造性为根本目标指向。

经营与管理是有着明显区别的两个不同概念，二者不可互相替代。当前我国出版业正面临着产业化建设的根本任务，一切与出版相关的改革措施，均是为了促进出版产业的发展和出版事业的繁荣。因而，以两个效益全面提升为标志的产业化发展，必须大力加强经营的分量和比重。因为无论是从经济学理论还是从出版产业化实践上看，经营是龙头，是管理的基础。出版业要做大做强，必须首先关注经营，必须使企业呈现出"经营—管理—经营—管理"交替前进的科学发展局面，如果撇开经营，只抓管理，企业就会原地踏步甚至倒退。

所谓经营出版，就是以促进文化普及进步、推动出版业科学繁荣发展、满足人民精神文化需求为目标，运用市场经济手段，通过发挥市场机制对出版资源进行合理配置的重要作用，把市场经济中的经营意识、经营机制和经营方式等运用到出版产业建设和管理中，对出版资本进行集聚、重组和营运，以最大限度地盘活资本存量，吸引增量，扩大总量，实现出版资源配置容量和效益的最大化、最优化，促进资源价值的增加和出版财富的增长。经营出版从本质上讲，以出版资源即资本为理念，对出版资源实施市场化经营，它要求从业者全面认识出版资源的特点，提高开发出版资源的能力，拓展整合出版资源的平台，创新经营出版资源的思路，使出版企业的一切资源处于最佳状态和发挥最大潜力，把更多的出版资源转化为社会精神财富，以满足人们随着经济发展而日益增长的文化消费需求。

（二）经营出版与出版经营的关系

从总体上讲，经营出版与出版经营是虚与实的关系。经营出版是统领出版业行为方式和运作方向的一种思维理念；出版经营则是经营出版理念的具体体现和实际贯彻。经营出版是出版企业一切经营活动的基本出发点、目标以及为实现这一目标而制定的战略思想；出版经营则是实施这一战略思想的具体行为。经营出版回答"为什么而经营"的问题；出版经营则重在解决"如何经营"的问题。经营出版是使出版经营达到更为科学、合理的状态，使出版业保持快速、协调、可持续发展的基本性思路；出版经营是在具体的产品生产、流通中实践经营出版理念的具体行为。

二、经营出版具有坚实的实践基础和 广阔的拓展空间

美国经营史学家钱德勒（A. D. Chandler）认为，经营企业就是以企业未来的发展为出发点，为实现企业目标和方针，对企业所拥有的资源进行分配和调整的一系列活动。钱德勒关于"经营"的这种较为通行的阐释应用于"城市"和"文化"，已被越来越多的城市领导者、管理

者、理论工作者和各行各业的人们共同接受，并逐渐深化、演绎成一种经营理念和运作模式——经营城市和经营文化。经营出版，是与经营文化相关的一个概念。固然，从某种程度上讲，出版不可能全部成为经济学意义上的产业，但其作为有偿供给型文化产品，又是和市场经济直接联系在一起的，必须遵循市场经济的基本原则，故而又与经营行为密不可分。"经营"必须有两个前提：一是具有清晰的未来发展目标，二是具有丰厚的可经营资源或资本。

（一）出版资源与经营出版

出版资源是指构成出版经济活动的各种要素的总和。从出版资源的特性上看，出版资源客体具有鲜明的可经营性。首先，出版资源具有内容主导特征。出版资源的内容产业属性，决定了出版资源的核心资源是信息资源，即以文字符号编码的形式表现的，可以数字化形态保存、传递并转移的资源。信息资源的本质属性是具有明显的可开发性和可挖掘性。在出版实践中，出版业的主要工作就是对各种信息资源进行合理开发和有效利用。出版工作将各类信息进行整合、规范，使之更为有效地得以传播的过程，就是对信息资源的开发过程，也是创造出版物市场的过程。其次，出版资源具有可再生的特征，这是由信息资源的可再生性决定的。表现为：一是可以重复开发利用。比如，已经出版的图书，可以根据新的市场需求，对原有的资源或在新的主题统领下进行重新整合；或在主题不变的情况下改变原有的版本样式，从而开辟新的阅读空间，满足新的市场需求。二是可以延伸开发。一方面可向同介质领域延伸，如利用某种图书已经形成的市场影响力将单本图书拓展为系列丛书，并通过不断推出后续图书产品，强化市场需求的持久性；另一方面可以向相关领域拓展，如在出版图书的同时，针对市场需求，在形式上可以开发音像制品和电子出版物，在内容上可以改编为剧本，并制作成相关的文化产品等。

从历史的眼光来看，不同时期的出版资源经营状况直接决定着出版主业的发展速度、规模与结构。对出版资源的经营是出版产业赖以生存和发展的基础。出版产业的发展问题归根结底是出版资源的经营问题。

（二）出版相关资本或资源与经营出版

由于出版生产的特性和客观条件的限制，出版所掌控的自然生成资本或资源可以说是微乎其微。出版资本或资源大都由人力作用资本或相关延利资本组合而成。但是掌控的资本或资源少，并不意味着可开发、利用的资本或资源就少。出版资源的核心是信息资源，但并不是说出版资源就等同于信息资源。出版业作为文化产业，其资本或资源的吸纳、整合、开发和利用与文化资源具有明显的相融性。文化资源所涵盖的物质和非物质文化遗产、品牌资源、媒介资源、渠道资源等，都是出版产业发展所必需的。出版业应该有选择地对优势资本进行有效集聚和营运，对与之相关的其他资源进行合理整合和利用，才可能使自身资本和资源产生最大的效用。

近年来，我国加快文化体制改革的步伐，政府明确支持大型国有出版企业和出版、报业、发行集团实行跨地区、跨行业兼并重组，鼓励同一地区的新闻出版企业融资参股。这是使出版产业突破边界、因地制宜，加强优势、增强实力的重要而现实的途径。事实证明，出版业这种立足自身和外向领域的资本运作和资源经营，在一定程度上见到了明显成效。2003 年经营重组后的广东出版集团，有选择地吸纳了业内外优良资本，通过存量转让或增量投入的方式实现了投资主体多元化，现已逐步发展成为以出版为主业、兼营多种媒体，以国有经济为主体、兼有多种经济成分，编印发一条龙、产供销一体化的大型出版集团。安徽出版集团兼并安徽医药集团后，利用广泛的医药流通渠道，使医卫类图书销量大增，并将一些医药销售店拓展为一般图书的销售分支店。同时，还通过医药销售涉及的商业广告业务，带动起集团相关卫生报刊的发展，不仅有效减少了再投资的成本，拓宽了资源利用领域，而且更加深入地渗透社会，更为广泛地服务社会。重庆出版集团在做强主业的同时，整合在少儿图书出版方面的资源优势，着眼于动漫等创意产业的开发。整个集团 2005 年的经济效益较 2004 年翻了一番，出版主业较上一年实现了 52％的增长。

事实证明，出版企业如果不能对自身和相关资本或资源做到有效整合、深入开掘和合理利用，再好的资本或资源也不可能产生其价值的最大化，企业的整体实力也就不可能得以迅速增强和显著提高。

三、经营出版的必要性

（一）经营出版是经营文化的重要组成部分

目前，除公益性文化事业必须由政府投入或由政府根据相关的文化政策予以扶持并由国家控制外，大部分的文化单位和产品，已经进入产业化的链条，成为市场经济的重要组成部分。文化与经济结合而形成的文化产业，在不少国家已经成为重要的经济支柱。而出版作为文化产业的重要组成部分，则是这些国家文化产业发展的重要生力军。美国 2000 年文化产业出口创汇达 720 亿美元，其中出版业当年仅图书营业总额就达 268 亿美元。英国文化产业年产值近 600 亿英镑，出版占到 1/3 强，其发展的平均速度是整个国民经济增长速度的近两倍。我国出版产业起步较晚，但近年来发展较快，2004 年我国图书出版年销售收入达到 279.31 亿元，全行业实现利润 49.38 亿元，在整个文化产业销售收入中占有重要比重。毋庸置疑，出版是一笔好资产、一类好资源，是文化产业的支柱性产业之一。经营文化，必然要注重经营出版，通过对出版资产和资源的市场化运作，有效增强文化产业的整体实力，实现文化的全万位发展。

（二）面临趋势发展的良好的外部环境

1. 处于一个有利的政治环境

近年来，随着我国文化体制改革的不断深入，从中央到地方出台了一系列支持发展文化事业和文化产业的政策。党的十六大把文化建设放到重要地位，强调全面建设小康社会必须大力发展社会主义文化，继续深化文化体制改革，积极推进文化事业和文化产业的繁荣与发展。"西部大开发"战略和"中部崛起"战略，也都明确把加快中西部地区的文化产业建设作为战略实施的重要内容之一，对中西部地区的文化发展给予高度重视。2004 年以来，为落实社会主义新农村建设规划，中央又陆续制定了减轻农民负担的系列政策和建设"农家书屋"等加强农村文化普及的相应措施，为农村文化消费市场的培育提供了政策保障。与此同时，不少省份也都将文化产业作为朝阳产业，列入本省国民经济可持续发展的重要规划，立足本地资源优势，纷纷制定出各自的文化发展战略，如山西省的"文化强省"战略、四川省的"西部文化强省"战略、深圳市的"文化立市"战略等，各地加快文化体制改革步伐，大力发展文化事业和文化产业的相关政策也相继出台，在努力推进有特色、有实力的文化产业实体的建设上给予了充分的重视和必要的扶持。这些前所未有的良好的政治环境，为出版业创新经营手段、开拓经营思路、实施经营战略创造了极为有利的条件。

2. 面临一个重要的发展机遇

从目前我国经济发展和出版资源的现实情况看，出版正面临着新的发展机遇和效益增长空间，具有广阔的发展前景。其一，从经济学的角度看，伴随着恩格尔系数的下降，包括出版物消费在内的文化消费明显增长，将成为全面建设小康社会的必然现象。国家统计局统计的数据显示，1996 年我国内地城镇居民文化娱乐性消费人均支出为 464 元，到

2000 年增至 775 元，增幅达 60％，而同期内地城镇居民食品消费支出增幅仅为 2.7％。经济学界分析，人均 GDP 超过 1000 美元后，这一趋势更加明显。因为各发达国家在进入富裕型小康社会之后，都曾出现为经济界所瞩目的文化消费激增的社会现象。进入 21 世纪，我国国民经济始终呈现出平稳快速的发展势头，经济的发展，必然带动文化消费需求的迅速增加。2005 年，我国潜在的文化消费能力达到 5500 亿元，比 2000 年翻了两番，根据国内外经济发展规律，国内出版物市场将长期保持较为旺盛的需求。其二，高新技术的发展，使光电出版和网络出版成为纸质图书出版之外的新型出版形式，从而创造了出版的新市场和改革现行经营方式的强大物质力量。其三，特色浓郁、根基浓厚、源远流长的中华文化本身对境外出版物市场仍然显现出巨大的吸引力，我国出版市场对外开放程度的不断扩大，必将为传播中国文化的出版业走向世界提供新的机遇和条件。

（三）面临强调经营的适时的产业环境

1. 产业集中程度显著

这些年，我国出版体制改革的不断推进，特别是以提高出版产业集约化程度为重点、以促进兼并与联合为突破口的改革实践逐步深入，我国出版产业的规模化集中、集约化经营的特征日益显现。国内除西藏、海南等边远省区外，各省均相继以资产为纽带，组建起出版集团，经济发达或资源特色鲜明的省会城市如广州、武汉等也成立了出版集团（公司）。一些规模较大、资金雄厚的出版企业已把提高出版产业的集约化程度作为重点，走上兼并、联合并建立以出版为主、其他产业为辅的大型出版集团的道路。如江西出版集团组建后，以省出版总社为核心企业，下联总社直属企事业单位及各地、市、县新华书店共 107 家，成为全国系统第一个跨地域最广、成员最多的出版集团。我国《新闻出版业 2000 年及 2010 年发展规划》表明，2010 年以前，在全国要建设销售码洋达几十亿、上百亿元的出版集团 5～10 个。根据产业组织优化理论，出版企业要达到最有效地利用资源，实现投入与产出的最优化，首先是在一定的技术条件下，达到相当的企业规模。就如法兰克福书展主席彼德·魏德哈斯所说，2000 年美国 93％的图书市场为 20 家出版巨头所控制。大部分市场份额掌握在少数出版企业手中，保证了资源配置的效率。当前我国出版业规模化集中的趋势业已形成并日趋显著，为实现出版要素的优化组合、出版资本的有效积聚和出版资源的合理配置提供了必要的条件。

2. 市场竞争程度加剧

目前我国出版业虽然处于产业形成的初级阶段，但我国的出版物买方市场已基本形成，行业内的竞争日益激烈。一是各出版企业间的竞争加剧，竞争在业内各领域展开，各出版企业的发展实力已显失衡，差距也渐趋增大。二是非国有出版发行企业和多种经济成分包括一些准出版企业在国内迅速崛起，表现出既"快"又"活"的优势特点，具有很强的市场竞争力。三是相关行业也纷纷觊觎出版市场，报业、广播电视业等传媒业发展快速，并向出版业渗透，其他社会资本和产业也以各种形式正在进入或准备进入出版业。

3. 市场开放程度提高

我国加入世贸组织后，国内出版市场对外开放程度显著提高。一方面，港台地区及祖国大陆的华文出版呈现出一体化态势，在文化资源、人力资源与出版资金等方面显示出以共享、共用为特征的华文出版一体化的局面。另一方面，合资及外资出版企业纷纷在我国设立子公司或办事机构。1993 年，商务印书馆与新加坡、马来西亚等国家及我国台湾、香港等地区在北京成立了我国第一家合资出版企业——商务印书馆国际有限公司。近年来，世界著名出版集团贝塔斯曼立足上海，辐射全国，其读者俱乐部短短 5 年时间便发展了 150 多万名会员，年销售额达 2000 多万元，成功进入中国出版产业。在版权贸易方面，我国已与 100 多个国家和地区建立了著作权贸易联系，许多出版社还开始在国外设立分支发行机构。可以预见，伴随着图书零售市场、图书批发市场的陆续开放，一个更为外向型的出版市场格局将逐步形成。

我国出版产业环境发生的上述变化清晰地表明，中国出版已经实现了由计划经济体制下的资源配给制向市场经济条件下的资源优化、自由配置的可喜转变，出版业正在按照市场经济的客观规律运营，一个与经营行为相适应的市场经济条件已经具备且渐趋成熟。

四、经营出版须努力进行观念的变革

理论的正确与否并不取决于理论自身，而取决于实践提出的课题与实践的结果。经营出版理论的提出，目的在于廓清出版业面临的实际，为出版企业深化改革、壮大实力提供方向，而在这方面经营出版的理论已远远落后于出版经营的实践。从理论的角度去审视当前我国出版业的经营状况，出版业完成理论指导下的理性经营实践，须努力改革三个观念。

（一）改革资源经营观念

出版业日益市场化、产业化的变革现实，迫使出版人不得不对出版经营模式作出新的选择。为适应市场竞争的需要，多数出版界人士已经认识到，只有把企业作为一个整体，发挥全部资源要素的整体效用，才可能取得经营成效。近年来，立足资源进行的"整合"在出版界颇为盛行，跨行业的整合、企业内部的整合，纵向的整合、横向的整合，产品的整合、市场的整合等，不一而足。但是，综观我国出版业整合后的整体态势，结构上大都是叠床架屋式的体积放大，资源上也大多是简单明了的数量集中，除少数出版集团做得较好外，多数出版集团均不得不将工作的重点放在了管理调整和利益的再分配上，规模经营效益没有明显地凸显出来。应该认识到，整合并不是出版资源的简单集中，而是对计划经济条件下单要素独进经营行为的否定。其根本目的在于，通过发挥市场规律的调节作用，实现出版资源的有效配置和合理使用，即实现经济学界所倡导的生产全要素的联动。出版市场的竞争在相当程度上是企业综合实力的竞争，而企业的实力在很大程度上取决于企业生产资源全要素联动的效果，要素联动的效果又取决于要素结构的优化程度。所谓全要素联动，按照经济学的理论，并不是每个要素都以同等形式联动，而是以主导要素为中心形成一个全部要素协同运作的体系。如中信出版社，以开发励志图书市场为主导带动其他产品的升级；如清华大学出版社，以科技资源为主导要素扩充计算机图书市场份额；等等。因而，出版经营者一定要打破为集中而整合的观念，把资源概念尽快扭转到优化配置的经营轨道上来。

（二）改革资本运营观念

当前，我国多数出版集团均是在资产重组的前提下组建而成的。资产重组有效实现了资本结构和债务结构的改善，但是，进行资产重组的多数出版集团，其资本并没有因此而存量盘活、增量扩大，出版成本上升、库存增加的现状在很大程度上仍然没有改变。对此，应该认识到，为整合经营业务进行的资产重组，不仅仅是为优化企业资本，而是为集团进行资本运营奠定基础。

从出版实践的经验来看，资本运营是大型出版集团走向未来的重要手段和竞争优势。首先，资本实力（财力）是图书终端体系建设和竞争的成功要素，也是进入网络、电子等新经济领域的关键要素，因为无论是致力于连锁终端体系建设还是 E 化业务的拓展，都需要大量的资金投入，而且谁投入得多，坚持的时间长，谁才能立足、成长并最终胜出。其次，世界图书业和其他产业的经验显示，并购重组等资本运营是强势图书企业得以做大做强的重要手段和方式，并购威胁是图书业者所面临的主要生存威胁，来自于资本层面上的并购威胁已经远远地超过了产品市场上的竞争威胁。大型出版集团最终能否发展成为中国图书业的王者，资本实力和资本运作能力的强弱是一个关键因素。当前，我国不少优势出版企业已经在资本运营方面迈出了步伐，如四川新华书店发行集团投资成立四川新华文轩连锁股份有限公司，拥有资产 35 亿元；上海世纪出版集团和中国最大的商业集团百联集团有限公司签订协议，共同投资 3000 万元，组建上海百联世纪图书连锁有限公司；辽宁出版集团同贝塔斯曼集团合资成立了注册资金为 3000 万元的辽宁贝塔斯曼图书发行有限公司；等等。面对日益激烈的出版市场竞争，出版经营人士必须迅速树立起资本运营的观念，转变单纯依靠主业经营利润积聚资本的观念和行为，遵循市场法则，积极尝试吸纳资本、控股、收购、子公司重组上市等资本运营实践，达到资本纵向或横向扩张的目的，实现资本价值的增值和企业效益的增加。

（三）改革企业人的观念

目前出版业正在实施的体制改革，其根本目的在于解放出版企业的生产力，提高出版企业的利润水平，增加企业所有者、经营者和劳动者的收益。从本质上看，企业经营好坏的一个标志性因素就是能否从根本上调动职工的劳动积极性，进而使资金、技术的投入充分发挥作用，从整体上提高企业的生产力水平。因此，出版体制的改革首先是致力于人的改革，应立足于以人为本，从根本上确立几个新的概念。其一，企业职工的劳动力，非隶属于企业资本的生产要素，是与资金、技术等投入具有平等价值的资本；其二，企业为职工支取的劳动工资是职工合理获得的企业利润的一部分，而非劳动力价值的全部；其三，职工是企业的股东，而非受股东雇佣的劳动力商品。基于此，从经营出版理论的角度看以人为本，必备的观念改革有三条：第一，改革资本的概念，明确职工的劳动力是一种资本，是占有企业产权的根据之一；第二，改革职工的身份概念，把主人的立足点放在占有企业产权之上，使职工成为产权的主人；第三，改革职工的劳动价值概念，职工领取的工资仅是职工所付劳动价值的一部分，另一部分通过占有企业利润实现。完成上述三项基本的理论概念改革，把人力资源变为人力资本，把无形资产变为有形资产，出版业的资本运作才可能获得新的通道，出版企业的生产力水平也才能在经营的前提下得以提高。

数字出版面临的机遇及
大出版观的建立

一、数字出版发展启示

20 世纪 90 年代初，当第一本电子图书出现的时候，正如很多新生事物所遭遇的那样，并没有受到很多关注和支持。经过几年的沉寂，随着视频数字化技术的开发，特别是互联网技术的发展，它才焕发出生机。此后，数字出版迅速成为一股不可阻挡的潮流席卷了全球。目前，虽然纸质图书仍然在出版业中占据主导地位，但数字出版正以新兴力量的姿态大举进入出版领域。

数字化出版在我国尚处于起步阶段，而在国外早已蔚然成风。如时代华纳公司、贝塔斯曼集团、微软等传媒和 IT 巨头都陆续进入数字出版领域。英国哈珀·科林斯出版集团也从 2001 年开始对图书进行数字化存档，成为全球第一个自行将已有图书数字化的出版公司。目前，哈珀·科林斯公司已有 1 万多个与纸质图书相匹配的项目，而他们开发的"数字书房"也已经拥有众多的读者。最值得我们关注的是，2000 年 3 月 14 日，美国畅销书作家斯蒂芬·金的《骑弹飞行》在网上出版，标志着数字出版完成了无纸出版的尝试。该小说出版的第一天，就被下载了 40 万次。随后，斯蒂芬·金宣布不再与西蒙·舒斯特公司合作，自已在网上出版连载电子小说《植物》。无疑，斯蒂芬·金在出版史上是一位具有划时代意义的人物，这一事件带给我们很多启发。

首先，确立了网络出版的地位。《骑弹飞行》最值得关注的地方，在于它是世界上第一本只出电子版本而不出印刷版本的图书。网络出版在主要技术上已经没有任何障碍，一台计算机就可完成传统出版从写作、编辑、制版、印刷等多个环节的工作，销售方式也从书店购买转为付费下载，凡此种种都表明数字出版已经成为一个独立的存在。

其次，现代出版具有巨大潜力。一天下载40万次，甚至造成了网络的堵塞，这的确让人瞠目结舌。曾经有人认为，电子图书需要通过屏幕进行阅读，不符合几千年来人类固有的阅读习惯，前景堪忧。而如此庞大的下载量显示，屏幕并不构成阅读的障碍，也许内容才是决定性的因素。

第三，创新了出版方式。斯蒂芬·金不再与出版商签约，而是独立在网上出版小说，使自己成为自我出版商。这对出版社来说意味深长。在传统出版中，出版社负责图书的策划、生产、发行，离开出版社，作品与读者之间就会发生断裂，整个文化生产和传播的模式就不复存在。在网络高度发达的时代，作者通过网络与读者直接建立联系，将会省略掉出版社这个中间环节。这对出版社提出了警告和挑战。

不管我们对传统出版多么眷恋，都必须清醒地看到，数字出版已经是大势所趋，它向传统出版业提出了挑战，中国出版界必须抓住这一机遇，依靠数字化的技术支持，完成出版业数字化发展的蜕变。

二、国内数字出版为何进展缓慢

尽管数字出版是大势所趋，但数字出版在我国的发展并不像想象中的那样乐观。雷声大，雨点小，理论意义远远大于实践意义。据有关资料显示，全国已有 500 多家出版社参与到了数字出版的进程之中，但总体上说，参与的深度不理想，所建网站也仅限于形象宣传、信息发布这些粗浅的功能。目前我国四大电子图书出版商——北大方正、书生、超星、中文在线，并不是传统的出版单位，在数字出版过程中，出版社只是提供内容，而没有发挥更多的作用。之所以如此，是因为以下几方面的原因。

（一）认识误区

现在纸质图书依然是出版社主要的利润来源，在这种情况下，大多数出版社对数字出版还缺乏清醒的认识，不愿意关注，不舍得投资。

也有些传统出版人认为，数字出版只是为出版提供了一个新的平台，它本身是个空壳，必须借助传统出版的内容资源。斯蒂芬·金在网上发表《骑弹飞行》的收入达到数十万美元，如果网络出版的传播与收益超过了纸质图书，那么大多数作者都会离开传统的出版社而转投到网络出版的旗下。翁寿昌先生在《关键一役——传统出版业数字化路线图》中指出："可以预见，网络原创内容持续累积，必将导致由量变到质变的深刻变化。而这种变化，可能从根本上形成传统出版与数字出版的断层。"在传统出版与数字出版依然存在竞争的条件下，这样的提醒足以引起我们的警觉。

也有人说，由于纸质图书的阅读已成为人类的习惯，不可能在短时间内发生改变。但新一代读者对电子屏幕的感情并不亚于老一辈人对书香的感情，年轻一代进行屏幕阅读的频率和时间已经超过了对纸书的阅读。屏幕读者可能就是未来社会的阅读主体。我们不能忽视这个潜在的人群。

（二）行业鸿沟

数字出版需要两个行业的结合：一是具有较强策划、组稿、编辑能力的出版人，一是具有 IT 业背景的技术商。严格地说，出版业现在的队伍存在着很大的知识缺陷，不足以单独担负起数字出版的责任。所以对出版从业人员进行数字化教育是非常必要的，否则只能是隔靴搔痒，仰人鼻息，在数字化的大门外徘徊。由此产生的后果是，整个出版社的发展在固守传统出版的同时，游离于时代发展之外，市场竞争力被逐步削弱。

（三）技术缺陷

除了思想认识的迟滞外，数字出版本身的技术缺陷也在一定程度上阻碍了出版社参与的积极性。首先是版权保护问题。互联网免费下载和电子书的简单拷贝，使出版者忧虑读者阅读了电子书不仅不能带来直接的收益，而且还会影响纸质品种的销售。其次是手持阅读器的技术标准问题。现在阅读器的生产技术标准不统一，电子产品不能在一个统一的数据接口进行信息交换，也影响了电子书的普及。再次，电子屏幕阅读的舒适性及网上支付的商业模式也要不断改进。

其他的原因还有许多，比如投入巨大、收效较慢等，但关键的症结是认识问题，即多数出版社没有将数字出版放到未来发展战略的高度上来认识，由此延误了数字出版在我国的发展进程。

三、构建整体统一的大出版观

在讨论数字出版的时候，我们总是不自觉地站在传统出版的立场上，把数字出版当成传统出版的对立面。就是在展望数字出版为产业带来广阔前景的同时，字里行间也充满了隐忧，担心传统出版会走上穷途末路。我们认为，这是一种狭隘的立场。正确认识数字出版的真正意义，就必须从出版产业发展的战略高度来认识。从构建统一的大出版观出发，衡量传统出版和现代出版的关系。

（一）树立现代出版与传统出版互补双赢观念

在未来一段时间内，现代出版与传统出版将同时存在。现代出版与传统出版的互补、双赢是对当下出版形势的一种基本认识。

1. 互补

在电子技术日新月异的今天，图书读者也产生了分化。一部分读者保留着纸质图书的阅读习惯，另一部分读者则慢慢适应了电子阅读。同时还有一个问题值得重视，电子图书快捷便利，纸质图书则更宜于深度阅读，纸质图书与电子图书同时存在，满足了不同读者的阅读需求。可以说，目前纸质出版与数字出版的同时存在，使出版完成了为广大读者提供精神食粮的任务。

2. 双赢

一本书出版后制成电子版在网上发表，或者纸质图书与电子图书同步出版，就会通过不同的渠道将信息传递到读者手中。相对于网络的覆盖面而言，纸质图书的信息传播是有限的。读者在网上进行"尝试阅读"后，很可能转而在书店购买纸质版本，选择最终的纸质阅读方式。这也从一个渠道沟通了出版社和读者的联系，刺激了读者的阅读欲望，从而有效地拓展了纸质书的购买市场。另一方面，网络图书与读者的即时互动，也为出版社提供了大量有价值的反馈信息，为出版社进一步把握市场动态、了解读者需求、完善图书结构、打造精品创造了条件。

（二）积极参与到现代出版的洪流之中

1. 将既有纸质产品数字化

出版社积极与技术开发商合作，将多年积累的具有一定市场销售价值的图书进行数字化处理，委托技术商在其销售平台上经营，通过定期结算的方式与技术商进行利润分成。这是大多数出版社开展数字出版的捷径，其目的在于挖掘纸介质产品的附加值。这是数字出版的初级阶段，它的意义除了获得额外的利润外，还为出版提供了一个数字化的平台，促使出版人向数字化靠拢。

2. 建立数字出版生产交易平台

通过出版社内部网络建设和外部相关单位联网建立出版社的数字出版生产平台，这一点相对来说是较容易实现的。通过数字出版生产平台的建设，可以有效整合生产资源，实现编辑加工的数字化、印刷复制的数字化；再通过网上发行支付系统的建设，完成原有纸质图书的展示和销售；进一步通过二维条码新技术、DRM 技术、数字水印技术等版权保护技术以及下载软件、阅读软件、网上交易支付软件的支持和保护，完成数字出版物出版和网上销售活动。

3. 实现跨媒体出版

数字化出版发展趋势是跨媒体出版，目的是要实现传统出版与数字出版的互补互动发展，充分发挥纸介质图书和电子媒体各自的优势，将一个主题作品用不同的媒体形式表现，为读者提供内容更丰富、表现更直观，具有交互特点的服务。

（三）继承传统出版的优良传统

当我们为出版的数字化做着各种准备的时候，并不能忽视传统出版的重要意义。只有把传统出版业做好了，数字出版才能够有一个坚实、雄厚的基础。因为这种转变是出版物形态和传播手段的更新，而作为内容产业，出版的本质并不会发生根本性的改变。数字出版要继承传统出版对内容的执著追求，继承传统出版人性化的品格，继承传统出版杜绝平庸、崇尚卓越的精神，而不能在泥沙俱下的网络之中迷失方向，丧失了出版的功能和作用。

从传统出版转型到数字出版是一个复杂的系统的工程，我们不能仅仅停留在对数字出版的憧憬之中，而是要尽快制定一个具有战略意义的数字出版规划，建立一支数字技术和出版业务兼通的复合型的编辑和经营队伍，积极投身到数字化出版的潮流之中，以积极的行动迎接数字化出版时代的到来。

我国版权贸易的发展轨迹及发展取向

1992 年 10 月，中国成为《伯尔尼公约》和《世界版权公约》的成员国。以此为标志，我国与世界全面接轨的、真正意义上的版权贸易工作已走过近 20 年的历程。版权贸易不仅加快了文化传播的速度，拓宽了文化流布的广度，对中国出版而言，其更为重要的意义在于，它在一定程度上，为中国出版注入了新的经营理念，为加速中国出版产业的国际化进程提供了契机与平台。这些年来，中国版权贸易发展迅猛。这一方面得益于我国良好的经济社会发展环境，另一方面缘于行业内对我国出版产业化建设的巨大推动。20 年，一个历史阶段，其间有成就的辉煌，也有现实的沉重。对我国版权贸易进行一个阶段性的梳理与总结，并基于此对今后的发展作规律性、方向性的研究，应该说，既是历史经验积淀的需要，也是版权贸易今后发展的要求。

一、版权贸易的概念

（一）对版权贸易知识进行再认识的必要性

我国版权贸易十几年的历史表明，虽然版权贸易获得了突破性发展，为出版界带来了巨大的影响，但对出版人而言，版权贸易的具体实践活动似乎并没有经过必要的准备。除却正规的版权贸易公司如中国版权代理公司、世界图书进出口总公司基于其从业要求，有专业知识和专业人才的储备和培养之外，在我国，即使是目前版权贸易业绩突出的出版单位，在谈及各自的版贸工作经历时，多数也都是边实践边学习、边摸索边积累、边工作边总结。非相关人员，至今大多对版权贸易没有系统的认知。在这种前提下，我国版贸实践中的误区与盲区也就在所难免。其表现为，将版权贸易混同为图书贸易、贸易内容局限于版权产品的生产与营销的现象还相当普遍，特别是不少出版社的版权贸易只拘泥于版权维护，将版权作为重要的经营资本实现其资本增值的、与世界版权贸易真正对接的贸易趋势还远没有形成。因此，总结我国近 20 年版贸工作的经验，依然有必要对版权贸易的基础知识进行简要的阐述。

（二）版权贸易的内涵

版权是指作者或其作品出版者依法拥有的占有、处理和使用自己作品的专有权利。这种权利由精神权利与经济权利两大部分构成。版权贸易是基于版权的经济权利的许可或转让行为获利的贸易行为。与实物贸易不同，版权贸易对象不是实物所有权，而是无形财产中的版权。从广义上讲，凡是在国际著作权保护体系内的国家和地区开展版权贸易，不受地域、国界的限制，版权贸易当事人无论是否为同一地域或同一国籍，其版权许可或转让行为均为版权贸易行为。但在我国出版实践中，版权贸易习惯上是狭义的概念，主要指国际或不同地区间的涉外版权。

（三）国外版权贸易的主要内容

当前，从国外版权贸易情况看，较为活跃的贸易内容有以下几个方面：

1. 作品翻译权的转让

出版社或作者允许他国出版商将作品翻译成其他文字出版，并从中获得版权转让利润。这是目前国外最为普遍的贸易行为。如在英国本土热销的《哈利·波特》，出版商向全球几十个国家和地区转让了该书的翻译出版权，使《哈利·波特》一举成为全球畅销书。

2. 影视与图书相互改编权的转让

将已经出版的图书中的内容改编成电影或其他影视片，或将畅销的影视剧改编成图书出版。如 1999 年兰登书屋在当年召开的国际版权转让交易会上，购买了英国全时娱乐公司的电视动画系列剧《水船下沉》的图书出版权，并将该丛书的翻译版权卖给澳大利亚出版商。

3. 作品形象使用权转让

将作品中的人物或动物的形象及某些特殊标记的使用权转让给出版商或其他经营商的贸易行为。如日本的动漫形象"哆啦 A 梦"、"樱桃小丸子"授权全球玩具、食品、服装等制造商使用其形象，从中获得版权转让利润。又如人民文学出版社引进《哈利·波特》中文简体版后不久，就成立了"哈利·波特形象出版工作室"，与美国时代华纳公司就哈利·波特形象出版进行广泛合作。

4. 报刊连载权转让

将许可连载出版产品中的内容的权利转让给报刊社而获取经济收入的版权贸易行为。这是国外出版商打造畅销书的一个常规手段。英国畅销书《唐宁街的岁月》，出版社就将该书连载权出让给一家报社，从中获利 65 万英镑。

5. 多媒体版权的转让

图书版权所有者将电子版制作权转让给出版商的贸易行为。如全球多数非英语国家的出版公司在获取《走遍美国》图书版权后，又引进其电子版权，先后出版了 CD—ROM、VCD 等电子产品并从中获取利润。

6. 合作出版权的转让

版权所有者将作品翻译版的他国销售权转让给以翻译语言为母语的所在国出版商的贸易行为。与作品翻译版权转让不同的是，版权所有者的作品翻译权并没有同时转让，通常情况下，除语言文字转换外，包括版式在内的其他作品形式全部保持原样，母本和外文版的印刷也由原版权所有者掌握。国外一些双语词典、百科全书等图书的版权贸易较多采用这种形式。

二、我国版权贸易的现实状况

由于历史原因，我国版权贸易起步较晚，但发展势头之猛、速度之快已成为中国出版业近年来的一大亮点。回顾我国版权贸易的历程，根据其发展状况和表现特征，大体可分为三个历史阶段。

（一）从 1992～1996 年为版权贸易的起步阶段

1992 年，当版权贸易作为一种市场作为，在国外已成为一种提高出版效益的行业普遍机制时，我国版权贸易才刚刚起步。也就是在当年，邓小平同志南方谈话发表，党的十四大召开并决定在我国建立社会主义市场经济体制，坚持扩大对外开放，一系列促进经济发展的政策陆续出台，为版权贸易的开展起到了积极的促进作用。这一阶段，版权贸易涉及图书平均每年 1500 余种，其中引进版权数量平均每年在 1000 种左右。1995 年之前，主要是引进文学、文化类图书，之后科技类图书成为版权引进的主流，突出的业绩是 1996 年湖南科技出版社的"第一推动图书"。它精选了史蒂芬·霍金的《时间简史》、刘易斯·托马斯的《细胞生命的礼赞》、罗杰·彭罗斯的《皇帝新脑》等关于科学思想和科学精神的世界名著，其中的《时间简史》创造了科普图书持续热销的全新纪录。同年北京大学出版社引进的《未来之路》中文版出版，当年就发行 40 万册。4 年间，引进数量多于输出，但差距不大，引进与输出的比重在 4∶1 之内。

此阶段，版权贸易的成就主要体现的是出版机构的对外合作水平，图书的文化价值取向是该期版权贸易的主导因素。这正如北京大学出版社的一位总编辑当年谈及引进《未来之路》时仅侧重于强调该书的文化意义那样，他说："《未来之路》的出版，对我国信息产业的快速发展，对相关政策的制定，都将起到积极的推动作用。"在当时，图书的市场潜力和经济价值还没有成为出版社版权贸易关注的焦点。

从 1992～1996 年的几年间，从出版物市场看，虽然国内出版物产品数量逐年增长，但域外品种的相对欠缺和人们了解国外文化的热情，为引进版图书提供了良好的市场空间。从出版社角度看，版权贸易作为一个较新的领域，从业人员由生疏到熟悉，版贸机构由缺位到创建，贸易人员由兼职到专设，总之，版权贸易意识开始确立。国际化出版理念正在觉醒。

（二）从 1997 年到入世前后为版权贸易的发展阶段

这一时期，从经济社会形势看，我国社会主义市场经济体制的框架已初步确立，出版业的市场意识日益明显，出版的经济功能和产业属性得到了政策层面和出版业界的普遍关注。与此同时，经济全球化格局逐步明朗，我国入世谈判进程不断加快，对于由此带来的机遇和挑战，出版业从思想和战略上予以充分重视。从理论上看，关于入世的对策性研究日趋深入，"充分利用两种资源，努力开拓两个市场"成为业界普遍认可的主要战略思想。从实际上看，在战略思路的指导下，版权贸易作为推动出版经济增长、提高市场占有率的重要手段之一，越来越受到各出版单位的高度重视，特别是版权引进的自觉性和主动性激增。从 1996 年开始，中国内地出版业引进版权的数量平均每年在 5000 种左右，并以近 40％的速度逐年递增。1999 年增至 6461 种，2000 年达 7343 种，2001 年版权贸易总量高达 8861 种。同时，输出版权也呈增长态势，1999 年中国内地出版业版权输出量为 418 项，2000 年增至 638 项，2001 年为 677 项，但由于版权引进的贸易数量增加过猛，版贸逆差也逐年加剧，1996 年为 10∶1，2001 年高达 16∶1。

市场意识和国际竞争观念的日益强烈，使此期的版权贸易由早期的以文化价值取向为主导因素过渡为以文化价值和市场价值共同主导的发展态势。版权贸易的快速发展，不仅极大地促进了国际的文化交流，提升了国内出版物的品种数量，而且在一定程度上刺激了出版经济的发展，使之成为我国出版业新的经济增长点。从整体上看，这一时期的版权贸易给整个行业带来了显著的影响，归结起来有以下几个方面。

1. 版权贸易锻造的品牌大量涌现

在如火如荼的版权贸易中，一本书改变一个社的命运已不是童话。世界图书出版公司引进的《富爸爸穷爸爸》、中信出版社引进的《谁动了我的奶酪》、人民文学出版社引进的《哈利·波特》、希望出版社引进的《史努比全集》、华夏出版社引进的《经济学》等，都曾一度引领了图书市场的新时尚。版权贸易量较大的世界图书出版公司、电子工业出版社、机械工业出版社、清华大学出版社、人民文学出版社、江苏少年儿童出版社等随着版权贸易业务量的逐年递增，特别是由于引进图书的特色化和品牌化，实现了两个效益的双赢，并迅速在业界确立起市场主导地位。2001 年 2 月，新闻出版总署和国家版权局共同组织进行了"全国图书版权先进单位"的评选活动，商务印书馆等 38 家出版社榜上有名。2001 年度引进版、输出版优秀畅销书评选结果显示，10 种图书荣获引进版优秀畅销书，10 种图书荣获引进版畅销丛书，20 种图书获得输出版优秀图书。版权贸易不仅造就了大量的图书品牌，而且把众多出版社推向了业界的前台。

2. 各级政府和行业组织对版权贸易的推动日益增强

随着版权贸易的蓬勃发展，政府和行业对版权贸易也给予了充分支持，主要表现为工作指导和人才培育的力度不断加大。国家版权局先后两次召开版权贸易工作座谈会，对版权贸易工作中不断出现的新情况、遇到的新问题进行分析与研究，积极组织版权贸易工作交流。上海、北京、天津、内蒙古等地的版权局也通过不同形式的活动来指导促进本地区的版贸工作。1999 年，上海版权局举办了"上海图书版权贸易洽谈会"，共有 20 多个国家和地区的出版界人士参加了洽谈，是同期各省版权局举办的同类版权贸易活动中规模最大、成果最多的一次。与此同时，为提高我国版权贸易的整体水平，政府有关部门和一些出版单位加大了对版权贸易人才的培养力度。1999 年，新闻出版总署专门组织全国一些出版社的版贸人员赴美国进行专业考察、培训。中国出版工作者协会民族出版委员会还协同有关单位专为全国少数民族出版社举办了版权贸易培训。

3. 版权贸易的理论研究不断跟进

此期的版权贸易研究工作也呈现出繁荣发展的局面。业界各大主流媒体，不仅及时关注各届博览会、洽谈会的贸易情况，关注日渐增多的各类研讨会、联谊会的交流信息，而且都积极为版贸研究成果提供阵地。1996～2001 年的 5 年间，《出版发行研究》、《中国出版》、《中国版权》、《编辑之友》、《出版广角》等业内媒体上以"版权贸易"为主题的文章，计 300 余篇。2001 年 5 月，中国国际出版促进会主办的《出版参考》还策划了《博览会与版权贸易专刊》。参与版贸研究的人士，有国家版权行政管理部门的负责人，有出版社的社长、总编辑，有各出版社从事版权贸易的编辑，有媒体记者，有高校相关专业的师生，涉及面之广，显示了从实践层面到研究领域对版权贸易的重视程度，也从一个侧面反映了版权贸易对我国此阶段出版业发展产生的重大影响。

（三）从 2002 年至今为版权贸易的理性发展阶段

这一时期，一方面党的十六大召开，我国社会主义市场经济和改革开放的步伐进一步加快，出版行业的垄断地位被渐次打破，出版的市场化趋势向纵深发展。与此同时，我国正式成为世界贸易组织成员国，出版集团化和产业化作为应对经济全球化态势的主要策略，得到业界的普遍认同，以提高产业核心竞争力和整体实力为目标的集团化建设步伐日趋迅速。另一方面，构建创新型国家，全面、协调、可持续的科学发展观成为我国经济社会发展的主导思想。这一战略思想之于出版业的一个重要影响就是，加速了出版业从规模数量向质量效益的转变进程，科学发展成为出版界广泛关注的新课题。出版业在注重产业化发展的同时，促进文化的大发展大繁荣，特别是增进国际的文化交流、提升中华文化的影响力，进而提高国家文化"软实力"的责任和使命，得到高度重视和反复强调。

基于加速发展的内在需求，我国出版对版权贸易的重视程度也不断加大，与前期相比，贸易数量呈现出更为强劲的发展态势。2002年，我国版权贸易总量达到11532种，2005年为12411种，2006年高达14443种。同时，版权贸易的显著逆差也受到越来越广泛的关注，随着国家文化"走出去"战略的提出，在版权贸易中，版权输出工作为政府和行业所高度重视。从2004年起，版权贸易逆差有较大回落，2005年全国版权输出数量为1517种，2006年升至2057种，输出量明显增加。此阶段的版权贸易除以文化和市场价值取向为主导因素外，相当多的出版社对版贸工作之于自身的发展影响因素给予更多的关注。对于版权贸易，出版社不仅仅单纯考虑经济增长的因素，而且更为关注从版权贸易中逐步厘清自身的发展思路，找到自己精准的市场定位。相对于前阶段的火热发展态势，从总体上看，此阶段的版贸工作相对成熟，其特征主要表现为：

1. 专业化发展态势初现

经过十余年的发展，版权贸易已由初期的零散性、边缘性向规模化、专业化转变。一方面贸易平台向专门化方向迈进。2002年，第九届北京国际图书博览会的召开在我国版贸史上体现出划时代的意义，为顺应贸易形势，每两年举办一次的北京国际图书博览会从本届起改为一年一次，同时，首次亮出了"版权贸易"的主题。从此开始，博览会的功能从务虚的图书展示转为务实的版权贸易，博览会也由此真正成为知识、信息的中转站和版权贸易交流的工作站。2005年中国出版工作者协会针对版权贸易中存在的引进版权版税率过高等严重损害出版社利益的恶性竞争问题，多次召开会议，研究制定出"引进版权公约"，为我国版权贸易的良性运转，为维护中国出版界的利益作出了贡献。另一方面，版权贸易的内容日益向广阔的领域延展。在版权贸易中已经有一定经验的出版单位开始注重版权贸易的多元开发。以成功引进《走遍美国》而声誉大振的外语教学与研究出版社，立足立体教学，在引进图书版权之后，特别注重音像产品的开发与出版。为了与图书出版相配套，自己先后独立制作了《电视俄语》、《TPR 儿童英语》等电视录像片。在与朗文合作出版新版《新概念英语》后，外研社又组织起"新概念英语工程"，通过开展培训服务等项目，有效拓展了出版经营的空间。人民文学出版社在成功引进《哈利·波特》之后，又获得了"哈利·波特"形象授权，先后进行了明信片、贴画书、海报书、玩具、文具的辅助开发，极大地丰富了"哈利·波特"的销售市场。与此同时，随着文化产业国际化趋势的不断加强，各出版社、期刊社纷纷将期刊版权纳入贸易业务范围。中国期刊协会 2005 年的统计数字显示，我国与国外进行期刊版权合作的出版社、杂志社有 20 多家。2002 年中国广告前 10 名的期刊中，有 8 种如《瑞丽》、《追求》、《ELLE》等都有与境外出版集团版权合作的背景。值得关注的是，期刊在版权输出方面实现了历史性的跨越，2002 年《中国国家地理》杂志通过版权转让，成为第一本打进国际市场的中国杂志，在日本出版了日文版，首期发行 2 万册，2005 年已近 5 万册，还将陆续推出英文、德文、西班牙文版。2006 年，《读者》杂志通过其合作伙伴美国大路文化传播公司，开始向北美印刷发行简体中文版。此外，《女友》在澳大利亚办了中文版，天津的《中国人》、辽宁的《华龄》等也已在海外发行，并取得了初步成效。

2. 合理化引进倾向渐显

版权贸易发展至今，虽然业界对引进的热情始终不减，引进数量依然节节攀升，但越来越多的有识之士，特别是通过引进创造过不菲业绩的出版人士，已经认识到盲目引进给出版社带来的不良影响及可能导致的不良后果，并着眼于出版单位的长远发展，呼吁有选择地进行版权引进。原北京大学出版社社长彭松建的讲话很有代表性。他说，引进的选题一定要有标准、合国情。一般来说，我们应尽可能挑选高水准的图书加以引进。出版社在引进海外版权时，应从本社的宗旨、读者的层次和市场定位来确定引进的目标和标准，见书就要，见版权就引进，不利于出版社的发展。引进要与国情相符合，与出版社的实际相吻合，成为此期众多出版社之于版权贸易的战略思想。一方面，大众出版单位在引进版权时，开始关注我国人民的文化承受力和购买力，有规划、分层次地引进海外版权。另一方面，更多的专业出版社找准自己的专业方向，引进自己专业领域高质量的图书。以"小社引进大品牌"在少儿图书领域享有盛名的希望出版社，基于其版权贸易较为丰富的实践，提出了"引进自己做不了的，引进自己做不好的，引进自己操作不下来、经济上不划算的"版权引进思路，将卡通读物作为自己的主攻方向，并在这个领域取得了品牌地位和效应。又如清华大学出版社立足世界高科技发展前沿领域，进行版权引进；人民邮电出版社以国内急需的通信、计算机技术类图书作为引进主导；中信出版社以财经类图书作为主要引进方向；等等，均实现了在业界的迅速崛起。较之于前两个时期，这一时期版权引进的针对性和目的性越来越强，出版单位正在由盲从、跟风逐渐向追求特色和理性的方向转变。

3. 贸易国际化理念萌生

版权贸易十余年的实践，中国出版人感觉到的已不仅仅是扑面而来的世界文化气息，更重要的是从中逐渐体味出版权经营的国际化理念。此期，我国出版业已经能够站在全球出版的高度，更加冷静而理性地分析自身的不足，能够从实际出发，学习借鉴国际同仁的成功经验，使版权贸易的方式更加趋于先进、合理，更符合国际贸易的发展要求。不少出版社在日趋频繁的贸易交流中，已经并正在形成自己的版权经营理念。在少儿图书版权贸易中成绩卓著的江苏少年儿童出版社，积极追求版权引进的可持续发展，在引进经营的过程中，提出了"引进一棵树，成活一片林"的理念，通过引进，繁衍、滋生新的选题，以引进带动本版图书的生产和销售，版权贸易率先实现顺差。人民文学出版社强化版权经营的意识，明确提出"国际组稿"和"国际投稿"的理念，与欧美国家及我国港台地区成功合作的近百种优秀图书相继面世。与此同时，版权贸易数量排在全国前列的几家出版社，在版权贸易活动中更加重视与境外出版机构的长期合作。清华大学出版社与世界多家著名出版公司如麦格劳—希尔、微软出版社、施普林格公司、剑桥大学出版社等建立了战略合作伙伴关系；人民邮电出版社与美国、英国、日本、丹麦四国及我国港台地区的数十家出版机构，希望出版社与英国Ｄ·Ｋ公司、企鹅出版公司等国际知名出版企业均建立了版权贸易的长期关系。

三、我国版权贸易的发展取向

版权贸易涉及一个国家的政治、经济、文化、科技等各个层面，对国家的经济建设和文化建设影响巨大，已经成为各国间不可或缺的贸易交往内容。应该看到，在我国，由于版权贸易工作起步较晚，特别是相关的配套机制相对薄弱，版权贸易存在着不少亟待解决的问题，如版权贸易逆差长期存在、地区间的版权贸易发展严重失衡、行业规范尚未建立、无序竞争依然泛滥等。但是，作为出版事业和出版产业建设的重要组成部分，版权贸易不仅显示着我国对外文化的开放程度和交流水平，也在一定程度上表现着我国的文化影响力和吸引力，反映着我国出版业的出版质量和经营水平。因此，高度重视和深入研究版权贸易工作，实现我国版权贸易的健康发展，是当前事关我国出版业的国际地位、国际形象乃至国家文化"软实力"的重大战略问题。

（一）坚持以"走出去"为主的战略方向

1. 正确理解版权贸易逆差现象，充分认识"走出去"的重要意义

长期以来，版权贸易的显著逆差受到来自业界内外诸多人士的诟病。但是，应该看到，逆差现象的产生是有其现实因素的。版权输出从实质上讲是中华文化的输出，而文化的输出一方面受制于一国的经济发

展状况，特别是经济实力的强弱态势，另一方面取决于一个国家科技文化的整体发展程度。当前，我国版权输出的主要方向是东南亚国家及我国港台地区，向西方主流国家的版权输出量不足整个输出量的1/5。这种现象突出反映出相对于英语国家的强势文化，我国文化所处的劣势地位。

究其原因，主要在于西方英美国家强大的经济实力为其文化输出提供了巨大保障，而我国目前经济科技发展水平还十分有限，出版业的整体实力也很难与发达国家的出版业抗衡。从我国实际输出的版权种类看，传统文化产品如古籍、绘画、书法、中医药类版权占绝大部分，社科人文，特别是经营管理、科学技术的版权还主要依靠引进。对此，原国家版权局副局长沈仁干同志也曾坦言，在数十年内，中国的版权贸易存在逆差是正常的，我们需要依赖国外的出版资源来满足国内教学、科研的需求。

但是，正视现实，承认现实，并不等于安于现状，不等于我国的版权贸易长期在以引进为主的状态下停滞。作为一个雄心勃勃走向世界的大国，以积极主动的姿态参与国际的文化交流与竞争，不仅是必然的，也是必需的。随着我国经济社会的不断发展，版权输出的积极意义已经越来越受到国家的高度重视。2007年，中央基于国内外经济发展形势，提出加快实施文化"走出去"战略，并将之作为顺应全球经济一体化趋势、增强我国综合国力和国际竞争力的重要举措和实现国民经济可持续发展的有效途径之一。

对于实施文化"走出去"战略的现实意义，出版界理应具有更为深刻的认识。应该看到，文化产业建设水平本身也是综合国力的重要标志。"走出去"战略的实施不仅直接影响到我国的国际形象和文化地位，而且将促使中华文化在更广阔的空间发挥作用，同时也有利于出版业从全球获取资金、技术、市场、战略资源，从而进一步增强出版实力和国际市场竞争力。

当然，"走出去"，我们面临的困难还很多，特别是在西方主流社会对我国文化还存在诸多曲解、我们对国际文化市场需求尚不能很好地把握的情况下，中华文化实现崛起并在国际上占有相当地位，还需要我们做大量艰苦细致的工作。但是，从另一方面讲，西方对我们的种种曲解，恰恰是因为西方对中华文化了解得不够，或者反过来说，是我们的文化输出工作做得不足造成的。我国人民在长期的社会实践中，创造了博大精深、源远流长的中华文化。独具特色的语言文字、浩如烟海的文化典籍、福泽世界的科学工艺、精彩纷呈的文学艺术、充满智慧的哲学思想、细致完备的道德伦理共同构成了中华民族文化的基本内容。中华文化五千年薪火相传、绵延不绝，成为当今世界唯一没有中断过的文明，表现出顽强的生命力和延续力。将对人类文明作出过巨大贡献的中华文化传播出去，让世界了解中国，让中国走向世界，不仅是每一个出版工作者责无旁贷的光荣使命，也是我国版权贸易长期的主攻方向。

2. 正确处理引进与输出的关系

版权贸易是一种文化交流，引进国外先进文化，以便我们了解世界；输出我国优秀文化，让世界了解我们。在经济和技术上与发达国家还有很大差距的今天，我们首先选择引进是一个必要的途径。应该看到，版权引进贸易的开展，不仅深刻地影响了人们的精神生活，使读者的阅读内容更加丰富，选择空间更为开阔，而且在某种程度上讲，加快了我国不少出版企业的发展步伐。一些出版社通过引进版权，扩大了图书销售，增强了竞争实力，提升了出版质量，增进了经营技能，培养了行业人才，个别出版社还通过版权的成功引进，提高了知名度，造就了自身品牌，进而使运行机制步入良性轨道。为此，在当今世界全球一体化趋势明显，出版业务的国际交流与合作越来越普遍的产业发展背景下，我们一方面要加大版权引进的力度，争取以最快的速度把介绍西方先进理念、科学技术、管理办法等最新成果的优秀图书引进国内，加快促进国内相关产业的发展和科学研究的进步，以此带动出版业的全面繁荣和持续发展；另一方面，我们也要充分认识到，引进不是目的，而是加快自我发展、促进我国出版与国际接轨的手段。不管引进数量怎样变化，我国版权贸易的重心始终不能改变，实现中华文化在世界的崛起依然是我国出版业长期的根本性的任务。因此，在版权贸易中，要重点落实"走出去"战略。对于出版界而言，版权输出不仅是一种行业经济行为，更是一项艰巨的职业重任。

（二）积极探索版权输出的战略手段

从我国版权贸易这几年的发展态势，特别是版权输出的实际情况看，我国版权贸易虽然发展迅速，但仍然处于贸易的初级阶段，真正实现与国际版权贸易的全面对接和"走出去"的战略目标，出版业自身还有许多亟待调整和努力解决的问题。一是体制机制问题。由于垄断尚未完全打破，特别是市场还没有完全放开，国内多数出版单位满足于各自的经营领域和获利空间，还没有形成国际化的出版理念，面对版权输出的种种困难，大都望而却步，表现消极。二是人才问题。版权贸易专业人才严重不足，致使版贸工作难以深入开展。三是出版物质量问题。近几年我国年出书品种均在 20 万以上，种类繁多，内容丰富，但缺少适合外国人的精神产品，即使翻译成外国文字，也不太符合外国人的阅读习惯。此外，从形式上讲，无论是复制技术还是印刷质量都难以满足西方国家读者的欣赏需求。四是渠道问题。我国出版物走出国门受渠道的制约程度很大，迅速建立起相对完善的营销体系，是我国出版"走出去"急需大力解决的主要问题。实现我国版权贸易的健康发展，应有针对性地采取相应的对策，跨越版权贸易面临的种种障碍。从宏观的层面分析，增强版权贸易特别是版权输出工作的活力，开拓中国出版"走出去"的新局面，当前应着力进行以下几方面的探索。

1. 建立政府扶持机制

版权输出就是文化输出。从我国出版业的特点和现实状况看，版权输出很大程度上属于公益性出版事业的一部分内容，需要政府和出版界的共同努力。

目前，扶持版权输出是许多西方先进国家的重要政策。法国政府早些时候就出台了"傅雷计划"政策，对法国文学和人文书籍的翻译出版进行资助，加强图书的宣传推广，其文化部、外交部均设立了专门基金，资助法语作品在国外的翻译出版。2004~2005 年，在"傅雷计划"的支持下，100 多部法文作品被翻译成中文在我国出版发行。我国的近邻韩国，早在 1988 年就正式提出"文化立国"方针，设立了文化产业振兴基金、信息化促进基金、出版基金等，对文化产品的研发、制作和出口予以重点扶持。德国为了加强版权输出，设有多家基金会资助翻译出版，通过在外交部设立翻译赞助项目、在联邦文化基金会设立 Litrix 项目和设立专门机构"亚非拉文学促进会"三种形式，来支持对外的文化推广。

在中国出版的现实条件下，"走出去"也尤其需要政府的大力支持。对此，我国政府也正在积极采取相应的行动。新闻出版总署和国务院新闻办公室从 2005 年起，共同启动了"中国图书对外推广计划"，采取资助翻译费的方式，降低海外出版机构的出书成本。从 2005 年至 2008 年的近三年间，我国已有 28 家出版机构申请加入了该计划，英国、美国等 20 多个国家、50 个出版机构申请了翻译资助项目，仅 2006 年，资助图书项目就有 210 多个、340 多册，涉及语种 12 个，资助金额突破 1000 万元。但是，立足于我国版权输出的长远发展，从出版的层面上讲，国家给予相关的政策扶持还是十分必要的。一是适当降低市场准入的门槛，鼓励有条件的多种经济成分的文化企业从事出版物海外销售的经营活动。二是对在海外从事出版经营的企业给予一定的税收优惠，如免征输出版权所得的境外收入的增值税等。三是对列入国家计划的重大出版工程和战略性投资项目进行重点扶持，加大中央和地方财政的投资力度等。

2. 完善版权代理机构

版权代理基于其信息丰富、人才专业、经验丰富、讲求效率的优势，在版权贸易中起着重要的桥梁与纽带作用。在西方，版权代理在版权经营活动中占有举足轻重的地位。英国的版权代理公司有200家左右，伦敦就有几十家。美国仅纽约一地，文学代理公司就有300家，荷兰、意大利、西班牙、法国、德国、日本等国家的版权代理也持续快速发展。在英美，版权代理人对于出版社主营业务的指导作用无可替代，大多数出版机构首选来自版权代理公司的书稿。目前，我国国有版权代理公司只有28家，数量有限，不成规模，版权代理机构大多还是以引进工作为主，而且作为新生事物，多数出版单位对之还比较生疏，缺乏代理意识，贸易活动大都习惯"自力更生"，从根本上讲，版权代理的作用没有得到充分展现和有效发挥。

中国出版"走出去"的一个主要障碍是"走出去"的海外渠道不畅，特别是海外市场需求的信息渠道不畅。由于我国版权代理业的发展不能及时跟进，国内版权贸易成绩显著的出版单位，只能转而选择海外公司进行版权代理，多数通过港台地区的版权代理公司或中国人在海外经营的版权代理机构开展业务联系，但由于海外机构对中国出版市场缺乏必要的了解，很难找准国内与国外市场的对接点，往往面对数十万种图书，无从下手，挑选不到合适的选题。因此，发挥国内版权代理在版权输出中的巨大作用，应当引起政府部门和出版行业的足够重视。以中华版权代理公司为例，经过多年发展，目前该公司已经在东欧及法国、韩国、日本等国家和地区建立起了相对稳定的渠道，既提供客户渠道，提供对象国的市场供求信息，又了解国内出版市场和各出版社的专业优势及出版方向，已经积淀了经营版权输出业务的必要条件。又如，北京版权代理公司2006年将《西游记》连环画首次成功输出巴西，同年又与日本、韩国、马来西亚等国家和地区签订版权输出合同百余份，涉及选题300余种。因此，从降低成本和提高效率的角度出发，尽快完善版权代理机构，是我国出版"走出去"的一个捷径。目前，国家版权局宣布取消版权代理机构的行政审批制度，越来越多的版权代理机构正在应运而生。当然，我国版权代理业从构建、规范到完善、成熟，尚需时日，其间，尤其需要政府在政策层面的大力推动和有关方面的积极支持。

3. 尝试以资本运作打开贸易通道

研究国际出版的历史，我们可以清晰地看到，实力雄厚的出版集团大多都是通过"走出去"，通过国际市场的成功扩张做大做强的，仅仅依靠本土市场，尤其对于小国而言，是远不能成就他们的出版伟业的。这些出版集团进行国际市场扩张的一个主要手段就是资本的国际化运作。贝塔斯曼、斯普林格、克鲁维尔、里德·艾尔斯维尔、汤姆斯教育都是小国出版走向世界的成功范例。贝塔斯曼在世界许多国家和地区设立了自己的出版机构，其销售网络几乎覆盖全球。这些出版集团在世界出版市场成功立足，都是以资本输出作为前提的，他们或在当地设立书业公司，或购买当地出版社，就地取材，就地编辑，就地制作，就地出版，就地销售，基于其先进的经营理念和高科技手段，直接参与对象国的出版市场竞争。总结西方发达国家版权输出的成功经验，资本运作在其中发挥的作用不容小觑，尤其是出版业发达的小国，依托资本输出，直接抢占对象国的出版物市场或对其施以巨大影响，在此基础上顺势输出本国文化，并取得预期效果。

关于文化输出，中国出版集团总裁聂震宁同志曾说，版权贸易绝不仅仅是输出一两件产品、换取多少外汇、赢得多少经济效益这么一点价值，版权输出应该是一种文化责任，是国家全面、协调、可持续发展的需要，也是中华文化振兴的需要。既然是"文化责任"，我们就应该将之置于国家战略的高度，去探究承担这一职责、完成这一使命的战略思路。目前，我国几家大型出版集团，已经开始进行资本输出的可贵探索。中国出版集团现已与法国博杜安发行公司、澳大利亚多元文化出版社合作，分别在巴黎和悉尼成立了由中国出版集团控股的合资公司；2007年又与美国培生教育集团合作，在纽约设立了中国出版国际公司，直接打造目标市场，为打入国外主流、一线出版市场服务。此外，辽宁出版集团、读者出版集团等也都在"海外办出版"的道路上迈出了探索的步伐。但是，应该看到，由于体制和机制的原因，我国国有出版机构远未做大做强，在国际出版市场上崭露头角，在跨国出版传媒的传统领地上争得立足之地，还有很大困难。当前，以改革发展为主题的出版产业化建设，正在积极推动我国出版业加速发展的进程，走出去直接参与国际出版竞争无疑迈出了可喜的第一步。

4. 加强版贸人才的培养

由于版权贸易的复杂性、跨行业性等特点，对从业人员的素质要求较高。按照通行的观点，一个成熟的版贸人才，须具备全方位的知识体系，除应掌握法律、语言等工具性知识外，还应熟悉市场，具有敏锐的市场判断力，同时兼具大型宣传的策划组织能力以及一定的文化修养与良好的沟通能力。在此基础上，根据其业务特性，还应具备良好的品格与职业风貌，具有奉献和自律精神，具有时间和效率观念，具有执著不认输的韧性，具有诚实守信的执法品格，具有友好热情的外交礼仪等。总之，一个合格的对外版权贸易人才必须"德才兼备"，而这些优良的素质则需要长时间的积累才能获得。

综观国际版贸状况，国外版权贸易的成功，与拥有专门的版贸人才密不可分，正是一大批杰出的专业人才成就了英美版权代理业的发达，促进了其版权贸易的繁荣。从我国出版的现实情况看，人才问题依然是制约版权贸易发展的根本性问题。造成人才匮乏的主要原因有三。一是版贸机构没有普遍建立。与国外相比，我国出版单位的版贸机构还很不健全，机构缺位导致人员缺失，不少出版单位的版权贸易工作大都由本社的外语编辑或总编室人员兼任。二是对人才素质的认识存在偏差，对人才的要求趋于简单化。目前活跃于贸易平台上的我国版贸工作人员，多数只具备懂外语、知法律的基础条件，透过海外出版动向准确分析海外读者的阅读取向，通过国内出版趋势，精准选书并能做出详尽贸易计划等主体能力还相当缺乏，这些必需的能力是否具备也没有在广泛的领域内引起业界的足够重视。三是对人才的培养没有纳入议事日程，多数出版单位对此没有长期的制度保证。从根本上讲，我国版权贸易引进盲目、输出乏力，缺少版权贸易专门人才是主要原因之一。

发展我国版权贸易，推动出版"走出去"，当务之急是加强版贸人才的培养。目前，以研讨班、短训班为代表的在职培训和内部培养，以增设版权贸易专业、举办研究生班为内容的院校培养等主要培养方式正在我国逐步推开，也取得了一定成效。但应该看到，人才的成长不是一蹴而就的，版贸人才的成熟尤其需要较长时间的知识和能力的积淀，因此，出版单位的版权贸易人员必须相对固定，因为人才培育只有坚持长期的针对性，人才的专业化水平才能稳步快速提高。

出版集团企业文化建设的意义及途径

企业文化是企业最为重要的无形资产，也是企业塑造战略的核心内容。作为一个组织内部所蕴涵的主流的价值观念和行为方式的反映，先进的企业文化具有引领职工和企业价值取向、影响企业发展水平的巨大能动作用。自20世纪80年代企业文化理论在我国兴起以来，企业文化建设作为一种能够推动企业实现更好发展的方式得到了广泛的认同，许多企业在构建共同价值观、形成独特的经营理念方面都有卓有成效的建树。传统的管理方法如经验管理、科学管理等虽然还在不同程度地发挥作用，但也逐步融入了文化管理的大背景之中。我国出版界的企业文化建设也开展得有声有色，在文化管理的道路上迈出了可喜的步伐，取得了令人瞩目的成果。

出版集团的相继成立，标志着中国出版进入了一个新的发展时期。毫无疑问，出版集团企业文化建设将在中国出版的发展过程中发挥重要的作用。建立符合时代发展要求、彰显自身个性的优势出版企业文化，是现代出版集团科学发展、和谐发展的力量源泉。

一、出版集团企业文化的内涵及特征

所谓出版集团的企业文化，是指出版集团在组建和发展过程中形成并共同遵守的最高目标、价值标准、基本信念和行为规范，它是出版集团理念形态文化、制度行为文化和物质形态文化的复合。在精神观念层，它以实现社会效益和经济效益的全面发展作为企业的最高目标，以代表先进文化的前进方向和建设和谐文化作为企业的核心价值，人本主义是企业的哲学，进取创新是企业的风貌。在制度行为层，要建立以出版市场为指向的运行机制，以经营绩效为中心的考评体系，以和谐有序为特征的企业行为习惯。在物质形态层，要塑造富有特色的企业形象，以出版物品牌开辟和巩固优势板块。开创能够促进集团发展的出版生态环境。

企业文化是出版集团"软实力"的体现。按照哈佛大学教授约瑟夫·奈的定义，"软实力"是指"通过吸引力而非强制力达到目的的能力"。与市场销售等剑拔弩张、短兵相接的行为相比，企业文化表现出了柔性的特质，它与企业的"硬实力"构成了互补的关系。出版集团的企业文化除具有一般意义上的企业文化的属性外，还有着自己独特的内涵，这种独特性主要表现在文化指向、精神追求、双效属性和整体意识四个方面。

（一）文化指向

出版是一项文化事业，它有着比较高的智力含量。虽然随着知识的日渐普及，出版的学院色彩和贵族气质已经大为减弱，但提高民众的文化水平和素质、点燃知识火种仍然是一个艰巨而长期的任务。出版集团作为文化建设和文化传播的生力军，仍然肩负着神圣的历史使命。另一方面，在我国政治、经济迅速崛起的同时，文化也逐渐崛起，我国正在成为有着广泛的世界性影响的文化大国，传播、普及优秀的中华传统文化，借鉴、吸收国外先进文化的精华，正成为出版业新的责任。无论从历史的角度看，还是从现实的角度看，出版集团的企业文化建设都要以文化为指向进行构建，以实现中国的文化崛起为己任，以构建和谐社会为目标，促进出版业体现时代精神，完成历史使命。

（二）精神追求

与一般商品不同，出版物并不以实用性消费作为自己的主要功能，大多数时候，它的作用对象是人的精神世界、心灵世界，出版通过纸质的或电子的载体潜移默化地影响人的精神构成，对读者从而对整个社会的价值观念产生作用，由此也决定了出版集团企业文化的精神性特质：注重知识的传播，注重思想的塑造，注重灵魂的陶冶，注重风尚的培育……凡此种种，都赋予了出版集团企业文化浓厚的形而上色彩。出版集团的企业文化并不是优越的，但却是独特的，在这一点上，它明显有别于社会的其他行业。

（三）双效属性

出版既是文化事业，又是文化产业；既遵循文化事业的一般规律，又遵循市场经济的基本法则。一方面，出版集团的生产经营活动要不断开辟新的市场；另一方面，出版业还担负着传承文明、振奋精神、传播和建设社会主义先进文化的重任。因而，出版集团不仅要注重出版物的经济效益，更要关注出版物的社会效果。出版业的这一特殊性，使出版企业的价值评价体系表现出与单纯物质产品生产企业明显不同的特征，在效益实现上必须体现两个效益并重的原则。出版集团的企业文化创建也必然以有效提升两个效益为根本目的。片面强调一个效益的企业文化，不是正确的、先进的企业文化，出版集团企业文化强调始终坚持社会效益第一的原则，争取两个效益全面丰收。

（四）整体意识

出版集团的成立，使原先分散的出版资源要素得到了整合，从而使出版工作呈现出更为明显的整体性、系统性的特征。出版集团的企业文化建设也随之具有整体性的特色。出版集团企业文化在全局的背景下强调统一的目的性和方向性，既讲竞争，又讲协作，既考虑微观利益，又注重宏观效应，将系统内单个的企业目标、职工行为凝聚在一起，逐步形成全体成员自觉遵循的价值标准、道德规范、工作态度和行为取向，并为实现系统总体目标而协同合作，互促互进。出版集团企业文化发生作用的过程，是出版业整体结构与功能日趋协调发展的过程。

文化指向、精神追求、双效属性、整体意识，决定了出版集团企业文化建设的方向、形态和功能。恰恰是这些与众不同的特征，显示了出版集团企业文化建设的卓越个性。

二、出版集团企业文化的形态及功能

出版集团企业文化建设任重而道远。综观我国出版业的现状和未来的发展走势，我们认为，出版集团企业文化建设的重点方向是创新型、聚合型、研究型、诚信型。这四种形态将对出版集团的发展产生巨大的影响，从某种意义上说，将内在地决定出版集团的发展方式和发展前景。

（一）创新型

创新是民族进步的灵魂，同样，创新也是出版发展的灵魂。只有坚持创新，出版才能表现出强劲的生命力，在新的形势下实现新的发展。创新引领出版集团的发展，谁注重创新，谁就能走在前面，否则就会被时代淘汰。

创新型的出版集团企业文化表现为创新意识强烈、创新氛围浓厚、创新能力突出三个特征。

创新意识。创新型的出版集团企业文化注重培育集团内部勇于开拓的企业文化精神。创新意识深深地印在每一个职工的脑海里，职工自觉地把创新思维运用到工作中，无论是经营管理，还是编辑策划、宣传营销，都要融会创新的精神。回顾中国出版所走过的历程，完全可以说，什么时候出版的创新意识强烈，什么时候出版就充满了朝气和活力；什么时候出版的创新意识淡薄或衰退，什么时候出版就陷入委靡不振、混乱不堪的窘境。在目前出版跟风盛行、原创乏力的形势下，出版集团要抓住时机，以强烈的创新意识激发文化界的原创能力，开辟出一片新的天地来。

创新氛围。创新型的出版集团企业文化注重培育传承文明、求真务实、竞争合作、追求卓越的创新环境。一个企业在经历一定时间的发展，特别是在取得一定的成就后，如果没有创新的激励，就会作茧自缚，不思进取，这样不仅难以开拓新的领地，而且会葬送已经取得的成果。有的出版单位在风光数年后即迅速衰落，主要就是因为缺乏创新的支撑。必须认识到，创新是有风险的，出版集团要建立允许失败的工作环境，鼓励锐意进取，消除后顾之忧，职工才能在不断迎接挑战、战胜困难的过程中成熟起来，树立起永不言败、力争上游的信心和百折不挠、无怨无悔的意志，出版集团也才能展现出坚定的风采，不断实现自我超越、自我蜕变，与时俱进，开创未来。

创新能力。创新不仅仅是一个概念，它更是一种实践的能力。出版作为一种操作性强的文化活动，其创新更多地体现在具体的实践活动中。创新型出版集团企业文化要不断以创新推动发展。从体制创新的层面讲，《关于文化体制改革的若干意见》进一步明确了出版的企业性质，集团要按照中央的要求，有计划、有步骤地推进转制工作，建立现代企业制度和法人治理结构，实现体制的企业化转变。从机制创新的层面讲，要进一步深化改革，建立能够调动广大职工积极性和创造潜能的运行机制、分配机制、激励机制，通过全员竞聘、优化组合、绩效评价等办法，激发生产能力和市场拓展能力。从结构创新的层面讲，图书要从倚重教材、教辅向一般图书与教材、教辅同步发展转变，从以图书为基本产品向以书、报、刊、电子音像、网络出版为生产产品转变，产业结构由单纯的出版产业向其他文化产业和相关产业拓展，逐步形成"一主多元"的产业体系。从增长方式创新的层面讲，要完成从数量规模向质量效益的转变、从分散经营向集约经营的转变、从外延发展向内涵发展的转变、从产业经营向产业经营与资本经营并举的转变。

创新是一篇大文章，可以说，创新是出版集团实现发展的当务之急。毫无疑问，创新型的企业文化将极大地影响出版集团的发展。首先，创新型企业文化能够有效提高出版集团的核心竞争力。按照核心竞争力的两个特征——一是对最终产品的顾客利益有突出贡献，即创造顾客价值；二是竞争对手难以模仿，即产品具有独特性。出版集团的核心竞争力主要表现为附着在出版物上的策划力和营销力，而策划力与营销力的独特性正是必须依靠创新来实现和维系的。其次，创新型企业文化能够增强出版社的可持续发展能力。在瞬息万变的市场中，出版不可能依靠某一个或某几个品牌一劳永逸地占据优势地位，读者的阅读水平在提高，读者的阅读趣味在变化，市场走势、政策调整都会对出版产业产生显在的或潜在的影响。创新型的企业文化有利于出版密切追踪相关动向，以创新的思路体现时代精神，在产品的研发、升级、换代中表现出强劲的可持续发展能力。总之，有了创新的推动和支持，出版集团就能够显示出持久的强大的活力，实现科学、高速的发展。创新型企业文化为出版集团的发展提供了坚实的哲学基础。

（二）聚合型

一个企业要想有所作为，必须有一支团结的有战斗力的队伍。而团队精神就是这支队伍的核心。只有把系统的力量凝结成一个整体，培育和强化团队精神，出版集团才能够取得大的发展。

长期以来，出版领域各单位各自为政，不仅不能相互支持，而且不时进行恶性竞争，种种非理性行为进一步削弱了出版有限的力量。集团成立之初，又面临着转制的重大变革，矛盾凸显，问题多发。集团成员由于有着本单位的利益，有时难免会从小团体的立场出发，将局部利益不适当地置于整体利益之上。比如各出版社之间选题的冲突，印刷厂之间业务的平衡，厂、社、店之间工作的衔接等，都容易产生摩擦和纠葛。出现这些问题是正常的，出版集团企业文化建设要正视这些问题，在不断达成共识的过程中，统一思想，统一认识，统一行动。

聚合型的企业文化首先表现为目标的统一。从集团的高度看，各成员单位原先的目标可能是分散的和游离的。在出版集团确立了奋斗目标之后，各成员单位就要主动地调整发展的方向，向集团的总体目标靠拢。其次表现为力量的统一。在一个共同目标指引下，整个集团的人心、士气和力量就会凝聚在一起，为共同的事业不懈努力。许多重大的工程必须动员集团的力量才可能办到，这就更需要集团成员单位求同存异、齐心协力。在这种时候，企业文化的作用就更能够明显地体现出来。集团成员要把维护集团的形象和利益作为自觉的行动，把本单位的工作融入集团发展的规划之中。有了这样的思路和态度，在面对利益的时候，就会以大局为重，"小我"心甘情愿地服从"大我"，而不是一味强调自己的利益，拒作退让，结果对集团的整体利益构成损害。不仅如此，集团各成员单位还要强化协调与配合的意识，减少内部交易成本，理顺信息交换渠道。聚合型企业文化带来的集团意识将使出版集团的一系列工作实现高效化。

聚合型出版集团企业文化有利于在系统内部培养团结、友爱的人际关系，倡导团队意识和合作精神，开创和谐的出版生态环境。在企业文化的指引下，全体职工全心全意为集团的繁荣奉献自己的智慧、才华和力量，视同事为战友、亲人，而不仅仅是竞争的对手。一支优秀的具有凝聚力的职工队伍永远是事业昌盛的坚强保证，企业文化就可以打造这样的团队。

聚合型企业文化的建设有利于加强集团和各成员单位班子队伍的建设。影响企业发展的因素固然有多种，而优秀的班子队伍无疑对企业的发展有着决定性的影响。作为出版单位的领导者，班子成员一定要具备高度的政治觉悟和过硬的职业素质，一定要有大局意识和责任意识，团结一致，聚精会神搞出版，一心一意求发展，在实践中不断提高领导能力和执政水平，无论在工作中，还是在生活中，都要起到表率和模范作用，这样才能赢得群众的信任，才能带动广大职工为了共同的目标而不懈努力。

（三）研究型

在创建学习型社会、学习型单位的过程中，学习已成为每一个人的必修功课，而在学习基础上的研究，也已成为有追求、有抱负的企业的自觉行为。出版作为知识含量丰富的文化企业，学习和研究的意义尤其重要。不学习就会落伍，不研究就难以进步。在学习已蔚然成风的情况下，我们着重提出研究型企业文化的建设。

研究贯穿了出版的全过程。在选题的萌芽、生成阶段，就要对相关信息资料作详尽的分析、评估，而出版物的制作也无时不融会了研究的成分。小到版式设计、材料选择，大到选题策划、宣传营销，都需要有科学的精神、科学的研究。成功要总结经验，失败要记取教训。凡此种种，都强调了研究的重要性。

出版集团要改变重实践轻研究的做法。提倡走产、学、研相结合的道路，提倡在研究中出版，以此来探索和实践能够有效促进发展的新理念、新思想、新模式。出版集团应建立自己的研究中心和研发基地，对关系到集团发展的相关材料进行收集、整理、分析、研究，进而提出战略性的发展构想和规划。现在华东师范大学出版社等都建立了自己的研究中心，出版集团要在这样的基础上更上一层楼，努力创建高效的、正规的科研基地。

研究型的出版集团企业文化能够使出版具有更加鲜明的理性色彩。经过改革开放 30 年的井喷式发展，出版现在正在遭遇许多新的问题。

研究型的出版集团企业文化将会有效地纠正时下出版浮躁、盲动的弊端，使出版走上科学发展的轨道。所谓科学发展，简单地说，就是要有科学的发展目标和科学的发展手段，而要实现科学发展，认真的探讨、深入的研究是必不可少的。研究不仅要有认真的态度、严谨的学风，而且还要有广阔的视野和钻研的精神，这是一项艰苦的工作。从长远看，出版研究一旦形成风气，就将对提高出版水平产生深刻的影响。

研究型的企业文化对于队伍素质的提升有着重要的意义。通过研究，员工对出版的认识会得到深化，专业技能会得到提高，理论知识与实践会结合得更好，一批专家型的、学者型的出版家会脱颖而出。在出版市场化已成为现实的时候，大家不仅要研究编辑出版学，而且还应该研究哲学、经济学、管理学等学科，使出版行为更职业、更专业。出版集团要把培养研究型团队作为一项战略性的大事来抓。兰登书屋总裁彼得·奥尔森在《书业未来灿烂》的演讲中指出："我们认为，致力于人员的投资并不仅意味着员工薪水的经济投资，更旨在建立一种支持型的工作环境和一种以员工为中心的工作文化。"研究型企业文化的建设方向很好地诠释了彼得·奥尔森的观点。员工有了研究的能力，才可能成为"工作文化"的中心；而研究型企业文化正是对员工素质提升的有力支持。

（四）诚信型

诚信经营是企业发展的基石。处于文化体制改革风口浪尖的出版正快速褪去计划经济残留的色彩，步入商业时代。诚信成了出版集团必须要关注的一个重要问题。中华文化有着非常丰厚的商业诚信传统，这一传统在明清之际"汇通天下"的票号中得到了充分发挥和体现，铸就了晋商空前绝后的辉煌。先人的襟怀、风范，至今令人景仰。我们理所当然要继承前辈的光荣，将诚信这一优良品质熔铸到出版集团的企业文化建设中。

企业文化建设是围绕产品进行的。产品质量是诚信的保证，是企业的生命。如果质量不过关，那么任你宣传得天花乱坠也无济于事。出版集团企业文化的一个重要内容就是培养职工的质量意识。图书的质量包括了多方面的内容，从选题的策划、编辑加工，到装帧设计、印刷包装，无一不要求认真严肃地对待。长期以来人们之所以不厌其烦地谈论品牌，说到底是因为品牌的作用实在是太重要了。在品牌经济时代，只有品牌才是有说服力的，才是值得信赖的，才是出版赢得市场、赢得读者的最佳的也可能是唯一的途径。国内外许多在读者中享有良好声誉的出版社，它们的名字本身已经成了诚信的标志，它们成功的原因，很大程度上是一部又一部品牌产品塑造了良好的出版形象。而在近年来，伴随着出版物品种的不断增加，质量大幅下滑，许多书刊连最基本的编校质量都不过关。新闻出版总署三令五申强调要提高编校质量，三番五次地进行普查、专项检查，正是出版物质量不容乐观的直接表现。如果把分析的触角探入内容层次，那么出版集团面临的质量挑战就更加艰巨。缺乏诚信正成为出版获得社会信任的一个障碍。

出版集团的服务对象是读者，出版的意义就在于为广大读者提供优秀的精神产品，建立与读者的诚信关系是出版成功的重要条件，而要获得读者的信任，以下几个方面的工作是一定要做而且是必须要做好的：一是出版物的策划、生产都要围绕读者来组织进行，二是要建立顺畅便捷的供货渠道和温馨优雅的购物环境，三是建立周到细致的售后服务体系和及时全面的反馈系统。只有心中装着读者，想读者所想，急读者所急，才会赢得读者的信赖。

出版集团的企业文化建设还应特别注意对作者的诚信。与作者建立诚信关系对于出版社来说是非常重要的。如果没有厚实的作者基础，出版社随时都有坍塌之虞。有的作者愿意把自己的所有作品都放在一家出版社出版，或者优先考虑曾经合作过的出版社，就是因为出版社与作者之间建立了牢固的诚信关系。出版集团的企业文化建设要把作者放在基础的、重要的位置，真心与作者交朋友，不尔虞我诈，不斤斤计较，精诚合作，实现双赢，携起手来，为广大读者奉献更多更好的精神食粮。

孟子说："诚者，天之道；思诚者，人之道。"我们还要加一句，"行诚者，商之道"。出版集团企业文化要从诚信入手，重建出版的良好形象。诚信型企业文化可以帮助从业人员提高热爱出版的意识，树立良好的职业道德，自觉维护出版的声誉，拒绝任何有损出版的行为，为出版形象增光添彩。出版集团要在企业文化的引导下，从小处着手，通过一本本的图书期刊、一件件的音像制品，重塑出版的新形象。只要我们以高度认真负责的态度对待出版产品的策划、编辑、印制、发行，出版自然会重新博得读者的热爱和信赖，占据读者精神世界的重要的一部分。

三、如何建设出版集团的企业文化

应该认识到，出版集团企业文化的建设并不是一朝一夕的事，它同样是"成如容易却艰辛"。出版集团的企业文化建设是一种有意识的行为，积极地推动不仅是必要的，而且是必需的。那么，如何积极、主动地推进出版集团的企业文化建设呢？

（一）形成核心价值观，明确企业的发展方向

核心价值观是企业文化理念中最为重要的内容之一，对企业的决策和企业行为有着决定性的影响，它是企业发展的大政方针，追求什么，放弃什么，做什么，不做什么，如何做，都要以核心价值观这把尺子来衡量取舍。出版集团核心价值观的制定要符合两个条件：出版的特性和出版的使命。而从这两个方面看，出版集团的核心价值观应围绕文化来展开，要始终坚持先进文化的前进方向。

之所以要说"始终坚持"，是因为在相当长的一段时间内。出版将

谋求利润的最大化作为企业的终极目标。在这一思想指导下，出版往往误入唯利是图的歧路。当许多企业都将目标定位于促进社会进步的时候，我国的许多文化企业却将目标定在最大限度地追逐利润上，在这个方面，文化产业已经远远落后于其他行业。的确，在制定企业目标的时候，不少成功的企业都有着比利润更高远的追求。在国内，最著名的是海尔的"敬业报国，追求卓越"；在国外，如日本松下公司的"工业报国"，理光的"爱人类，爱国家，爱勤劳"等。出版集团相继成立后，陆续提出了各自的核心价值观。如山西出版集团提出了"做人类文明进步的播火者，当中国文化崛起的铺路人"的核心价值观，这样的价值观在某种意义上即是对以利润为中心的价值观的反拨，使出版的指向回归到了文化建设的框架。

（二）树立以人为本的发展理念，增强员工的归属感

企业的"企"字，上"人"下"止"，形象地揭示了人在企业中的作用，即企业的发展决定于人，人的水准决定了企业发展的程度和境界。出版集团确立以人为本的发展理念，有着极强的未来性意义。

第一是尊重人。出版集团作为文化集合体，它内在地包含了教养的含义。在这一点上，它与从事文化事业的学校、科研机构有着类似之处，"文化人"是出版人的社会角色定位。具有这一身份角色的人群理应表现出更高的素养。毋庸讳言，无论是出版的发展规划，还是日常工作比如选题论证、行政管理，都不可避免地会有不同意见，但一定要正确处理好这些问题，尤其是领导干部，更要表现出应有的风度，养成良好的工作作风，和风细雨、润物无声，增进了解、彼此尊重，这是建立聚合文化、和谐文化的最重要的基础。

第二是成就人。我们讲成就人，是说要使出版人在工作中实现自己的人生价值，增强他们的成就感。对于编辑来说，就是能够不断策划和编辑精品图书；对于发行来说，就是能够不断拓展市场，扩大销售；对

于印制来说，就是能够不断地实现精度印刷，制作精品……出版岗位千差万别，每一个岗位都有着自己的独特价值，出版集团要为广大职工搭建平台，使优秀的人才脱颖而出，使他们在为企业贡献聪明才智的同时得到内心的满足，与企业一起分享事业的成就感。

第三是发展人。发展人的理念将人从工具论的范式中解放了出来，人不仅仅是为工作而存在的，他还有着发展自己的内在要求。这一观点的提出，将人本主义提升到了一个新的水平，由本我、自我走向了超我。在终身学习的时代，自身的发展有着特别重要的意义。出版集团要鼓励职工继续学习，通过培训、进修等措施，不断更新其知识结构，丰富其职能。而所有这些，不仅仅是为出版集团的发展积蓄力量，而且它本身就是目的。为职工的自我发展创造条件，可以说是出版集团的一项责任和义务。

（三）强调产品的独特内涵，提高员工的责任心

正如前面我们已经说过的，出版产品具有其他商品所不具备的特殊属性。出版集团企业文化建设必须充分重视产品的文化属性、精神属性，通过挖掘、提升产品的文化特性、精神特性，来提高职工的使命感和责任心。只有这样，出版集团的企业文化建设才能表现出卓尔不群的品质。

首先，要让职工认识到，图书作为文化的载体，对于传播文明、传承文化有着不可替代的作用，是文明发展链条中不可或缺的环节。认识到这一点，有助于树立职工的历史感。出版工作是一项千秋万代的事业，在出版工作者看似平凡的辛劳中，显露着不同凡响的意义。我们的工作会在历史的长河中留下印记，在多少年之后，会有严肃而又公正的评说。这是出版的历史意义和效用。有了这样的认识，出版集团的员工就会表现出更加严肃的态度，更加慎重地对待所从事的工作，从而为出版增添庄重的色彩。

其次，要让集团的员工充分认识，出版担负着传播新知、教化育人、培育社会风尚的现实责任，它不仅仅是潜移默化地，而且是立竿见影地对读者进而对社会发生着影响。当代中国出版尚处在重新构建的阶段，有许多教训值得我们认真记取。出版集团企业文化的创建，可以有力地纠正出版物混乱芜杂的不良倾向，促进职工树立现实责任感，以对读者高度负责的态度，一丝不苟地完成担负的工作。

不仅如此，出版集团的员工还要认识到，出版还担负着重要的意识形态使命，关系到国家的文化安全，尤其是在文化体制改革逐渐深入的关键时刻，这一特性不仅不应该弱化和忽视，而且应该进一步强调。因为在复杂的转型期，很容易从一个极端走向另一个极端，从原先的过分突出其意识形态功能转变为不适当地强调市场属性。作为弘扬主旋律的坚强阵地，出版理所应当把本职工作融入党的工作大局中，正确发挥其宣传作用、鼓舞作用、教育作用，自觉抵御西方腐朽文化的侵蚀和封建落后文化的毒害，为党和国家方针政策的贯彻实施创造有利的条件，维护国家的文化安全。

（四）建立长效保障机制，保证文化建设的制度化

出版集团进行企业文化建设是企业发展的长期的、内在的需求，与企业的现在和未来息息相关。所以，必须把企业文化建设当成一件重要的工作常抓不懈，而建立长效保障机制正是解决这一问题的有效办法。

首先，要在思想上高度重视，努力开创党政工团齐抓共管、干部职工积极参与的局面。出版集团的企业文化建设不是表面文章，也不是政绩工程，它关系到企业的前途命运，关系到员工的切身利益，每一个职工都有义务和责任为搞好企业文化贡献力量，而在这中间，各职能部门的作用又尤为重要。领导重视，相关部门的作用得到发挥，就能够调动员工的参与热情，企业文化就会成为一种无所不在的力量，影响出版集团的外在形象和内在气质。

其次，要建立一系列的规章制度，保证企业文化建设的长期性和制度化。出版集团的企业文化建设要想持之以恒地坚持下去，就必须以制度作保障。山西出版集团所属一家出版社内部编辑出版的《员工手册》里面收录有社训、班子成员作风要求、社风建设目标、岗位责任、改革方案、考勤条例等内容，使全体职工对出版社的发展方向与目标、岗位职责与要求等做到了心中有数，对于提高工作效率、改善工作环境起到了积极的作用。制度学派认为，制度是对人的不信任。我们虽然不能作这样狭隘的理解，但也确实应该看到人性的局限，看到制度的强制作用。

再次，要保证文化活动开展的经常化。为了建立和谐型企业文化，就有必要有组织地开展形式多样的文化体育活动。文体活动不仅可以有效缓解工作带来的紧张、疲劳、厌倦，维护大家的身心健康，而且可以激发员工的集体荣誉感，尤其是团体项目的比赛，集中展现单位的队伍素养、群体意识、团队精神和精神风貌，员工在潜移默化中受到教育，从而更加热爱集体，维护集体的形象。而有的单位在长期的实践中形成的优势项目、金牌项目，就像国球一样牵动着大家的目光。文体活动从一个独特的角度凝聚了职工的心气和力量，为企业的发展增添了动力。

毫无疑问，成功的企业文化，必将在中国出版走向未来的历程中发挥重要的作用，也必将会对建设文化中国产生深刻的影响。出版集团的企业文化建设要始终坚持先进文化的前进方向，以文化为动力推动经济发展，以文化为途径提高全民素质，以文化为先导加快中国走上世界政治、经济舞台的步伐，以文化的底蕴赢得世界的尊重和认同，以文化创新推动出版创新和创新型国家的建设，从而为中华民族的伟大复兴和构建和谐社会作出卓越的贡献。

中西部出版产业发展的战略选择

　　中西部既是一个区域概念，也是一个经济发展概念。虽然中西部出版业各出版单位有许多不同特点，但是在全国范围内，其发展规模、发展速度又有许多相似之处，与东部地区相比，更有许多差距。据有关资料显示：2003 年，全国共有出版社 570 家，在地方出版社中，中西部 17 省（区）、市有 141 家，东部 6 省 1 市为 141 家，从各地平均数看，前者明显低于后者。同年度，全国图书出版总量为 190391 种，定价金额为 5618245 万元。其中中西部为 43589 种，727241 万元；东部为 51512 种，1570371 万元。在出版图书数量上前者低于后者 4 个百分点，定价金额上低了 15 个百分点。① 由此可见，无论是出版社的数量，还是出版物的数量与利润，中西部地区都明显弱于东部地区。

　　当前，围绕出版管理体制、内部运作机制，出版业正在进行一系列根本性的重大改革。2004 年，全国现有的出版社，除人民出版社一家保留事业单位的体制外，其他的都将转制为企业。此次改革是中国出版业面对国际出版贸易竞争的新形势与国内市场经济的新秩序制定的新的战略决策，也是出版业的一次大洗牌、大变局。对于每一个出版单位来讲，抓住有利时机、采取积极行动、深化体制改革，就成为提高竞争实力、赢得更为广阔的市场空间的必然选择。而对于发展相对滞后的中西

---

① 　潘国彦：《中国出版年鉴》，中国出版年鉴社 2004 年版。

部出版业，针对自身实际情况，制定有效发展战略，就成为缩小差距、实现跨越式发展的根本保证。

一、深化集团化建设，重塑市场竞争主体

出版业的集团化建设在我国已逾20年历史。20世纪80年代中期到80年代末期，出版集团的初级形式——出版发行联合体开始运营；90年代初到90年代中后期，以行政区域为基础的紧密型出版发行集团逐渐成为集团的主要形式；90年代至今，以现代企业制度为基础、以资本为纽带的出版（发行）集团陆续建立，到目前为止，已有包括200多家出版社在内的21家出版集团挂牌运营。与东部相比，中西部地区出版集团在成立时间上整体滞后1～5年；到目前为止，只有西部的内蒙古、甘肃、宁夏、青海、贵州、西藏等还未成立出版集团，其余10省1市的出版集团有的运行态势良好，如四川、江西出版集团，有的尚处于初创阶段，如陕西、安徽出版集团等。

在对中西部出版集团的调查研究中发现，这些出版集团比较典型地体现了当今集团化建设中存在的问题，如体制性障碍依然存在；思想观念还需要进一步解放；集团的规模化优势和竞争力还有待进一步提高；大多数集团的体制模式仍呈现行政捏合及区域壁垒特色，跨地区和跨行业的组建模式及运作方式还未真正出现；等等。因此，需要采取积极的发展战略，来解决这些集团化运作过程中出现的新问题。

（一）进一步解放思想、突破观念束缚，创新出版管理体制，提高核心竞争力

出版业集团化建设需要彻底改变与现代出版业发展不相适应的管理体制与运行机制。体制创新是本质性的改革，也是决定出版业能否适应

市场、实现跨越式发展的根本保证。体制改革的核心是通过国有资产授权经营，确立出版集团的市场竞争主体地位；通过股份制改造建立现代企业制度，实现投资主体多元化，使集团能够面向市场、自主经营、自我发展。具体来讲，就是要彻底改变与现代出版业不相适应的体制现状，突出出版集团的市场地位，使政企分开、政事分开、政资分开、管办分离，形成政府专司管理、企业独立经营、事业全力服务的宏观管理体制，激活出版业发展的内在潜力，培植有利于出版业市场化发展的体制环境。

出版集团内部管理是一个宏大的系统工程，集团本部不应是实体经营者，而应该是战略决策者和宏观管理者。应坚持小本部、大集团，小机关、大实体，集团务虚、单位务实的管理原则，形成精干、高效的集团本部。集团内部要采取扬强扶弱，让弱者强起来、让强者更强的管理原则，逐步完成从行政管理向产权管理过渡，从事务性管理向战略性管理过渡，从单点管理向系统管理过渡，从定性管理向定量管理转变的新型管理机制。树立在管理中服务、在服务中管理，管理就是服务、服务就是管理的新理念。

（二）转换机制，增强内部活力

出版业的机制转换，意味着把不适应市场的内部机制调整到企业运行机制上来。其人事、劳动、分配将不能再按照事业单位进行管理，而是要按照企业效率优先的原则进行统筹协调，就是要建立产权清晰、权责明确、保护严格、流转顺畅的现代产权制度；改革企业劳动、人事、分配制度，创新用人机制。打破论资排辈的用人制度，运用年薪制、谈判工资制、项目工资制等多种物质奖励方式，建立一套能够鼓励优秀人才脱颖而出的用人制度与具体方法，真正做到干部能上能下、人员能进能出、待遇能增能减。在条件成熟时，可本着公开、公平、公正的原则，公开招聘各级、各类人才。

(三) 进行清产核资,整合优质出版资源,壮大集团发展实力

获得国有资产的授权经营是集团壮大自身发展实力的关键。在2003年,一些试点出版集团纷纷进行了清产核资工作,为获得国有资产授权经营做好准备。① 对于发展速度稍慢的中西部出版业来讲,摸清家底和资产损益情况的清产核资工作同样非常重要。根据资产授权经营的要求完成清产核资、资产评估工作,对于出版集团进一步明确产权关系、优化资产结构具有非常重要的意义。

在出版业的集团化建设过程中,资源整合是一个十分重要的问题。它绝不是各出版社人、财、物的简单合并,而是涉及出版各个环节的优质资源的有效组合。在中西部各出版集团内部的资源整合过程中,应注意围绕实体资源、经营资源、隐性资源、选题资源、人力资源等几方面进行有效整合。通过这种全面的深层次的融合,实现 $1+1>2$ 的整合优势,壮大各个出版单位的实力。

(四) 向跨区域、跨媒介方向发展,突破地方保护和区域垄断局面

中西部出版集团的组织机构明显呈现区域性、行政性的建设特点。这种集团建构很容易形成新的地方保护和区域垄断局面,从长远来看,将无益于建立一个真正市场意义上的完整、独立的竞争主体。为此,应摆脱地域限制,加强横向联合,比如中西部有15家高校出版社,如果能够彼此联合,组建中西部高校出版集团;再如甘肃、新疆、内蒙古、湖北、湖南等省区的少儿类出版社以及广西、青海、甘肃、云南、贵州的民族类出版社能够携手合作,建立特色鲜明的出版集团,一定能够壮大自身实力,开拓出更为广阔的市场经营空间。

重塑市场竞争主体,是出版业为了适应我国先进文化建设的需要和

---

① 余敏:《2003—2004 国际出版业状况及预测》,中国书籍出版社 2004 年版,第 109 页。

社会主义市场经济体制要求的重要举措，是出版业参与国际文化竞争、巩固先进文化阵地的必然选择，也是出版业发展壮大的必由之路。为此，中西部出版业应根据自身的实际，加强集团化建设。已经成立集团的地区，应该结合自身的发展实际，分阶段完善集团化建设。未成立集团的地区，如甘肃、贵州等地，应积极创造条件，推动集团化建设的发展。只有这样，才能真正建立具有鲜明的地域文化特色和竞争实力的大型传媒集团，才能在国内外的出版贸易中占有一席之地。

二、以特色培育品牌，以品牌赢得市场，打造核心竞争力

竞争力是指能使一个组织比其他组织做得更好的资源和能力。出版社的核心竞争力应包括两层含义：一是指出版社独有的核心资源，主要包括图书选题资源、品牌资源、销售渠道资源、人才资源等；二是指能力，即出版社有效开发、配置（管理）及运用这种资源而形成竞争优势的核心能力。综观中西部出版业，其丰富多彩的地域文化、历史文化、民族文化、外来文化等形成的文化优势，足以成为出版业发展的资源优势。为此，依托这些优势资源，培育、构建出版品牌，就成为提高出版竞争力的一个重要选择。

品牌是体现商品（或服务）个性和消费者认同感，象征生产经营者的信誉，被用来与其他商品（或服务）区别开来的名称、标志、包装等符号的组合。[①] 品牌代表商品的个性与质量，它能彰显个性，开拓市场，培养消费者的忠诚感。为此，应该从如下方面塑造图书品牌：

---

① 韩光军：《品牌策划》，经济管理出版社 1997 年版，第 10 页。

（一）确立品牌优势定位，形成品牌个性特色

品牌优势是指品牌所体现出的绝无仅有的特征，通过对这些特征的全面开发，形成独特的品牌表现。在中西部出版业中，依托文化优势、构建图书品牌在其出版业的发展过程中曾起过重要作用。据有关资料显示，2003年，全国少数民族文字图书出版总量为4787种，包括新疆、内蒙古、四川等八省区在内的出版单位图书出版总量为3540种，占到74％；像四川人民出版社的"西藏文明系列"、"巴蜀文化系列"丛书，具有相当好的市场效益，而围绕敦煌研究所进行的一些品牌图书，更是赢得了很好的国际声誉。中西部出版业的发展应当坚定不移地走特色化出版、品牌化经营之路。发展品牌优势，并力争打造出一批特色鲜明的看家书、畅销书、长销书，进而大大提高市场占有率。

（二）注重质量建设，培育名牌图书

品牌不在多而在精，不在全而在特。在这个品牌制胜、品牌决定明天的时代，中西部出版业一定要围绕自身的出版优势、资源优势重点开发拥有自主知识产权、市场占有率高的原创性图书，力争出名牌、出精品，并以此提升品牌价值，树立品牌信誉。从全国图书的"三大奖"（"五个一工程"奖、国家图书奖、中国图书奖）的获奖资料可以看出，湖南、湖北、河南均处于较前的位置。它们的经验值得其他出版单位借鉴。然而，在2003年的图书出版中，中西部出版业明显呈现出图书数量多而定价低的情况，其实，图书并不是出得越多越赚钱，品种的急速扩张，很有可能会降低图书的品位和质量。为此，在图书的品牌化建设中，一定要走精品、名牌的发展思路，这样才能保持出版企业的核心竞争力与整体经济效益。

图书的质量不仅指内容质量，而且还指其体现在装帧形式、版式设计上的物质质量，为此，要在立足图书产品的个性化的基础上提高科技含量，建立适应当代读者审美要求的出版风格，力求在图书出版的各个

环节把好质量关，扎扎实实推动名牌图书的发展。

（三）合理延伸品牌，提升品牌价值

品牌延伸是品牌经营的重要战略之一，对已有的图书品牌进行再推广，一方面可以借势造势，通过读者已经熟悉的品牌认识延伸对未知品牌的了解；另一方面可以壮大品牌实力，形成品牌的整体效益。品牌延伸战略成功的例子在出版界中不胜枚举。如山东人民出版社借《经济学家茶座》的品牌效应，先后推出了《法学家茶座》、《社会学家茶座》和《批评家茶座》等，赢得了很好的市场效应；人民文学出版社《哈利·波特》系列图书的立体、多元化开发，从明信片、画报、立体画册、填色书等，把一个品牌做深、做到位，形成了自己独特的品牌竞争力；四川出版集团为纪念邓小平诞辰 100 周年，推出了包括《邓小平画传》、《永远的小平——卓琳等人访谈录》、《邓小平故居留言簿》、《中国出了个邓小平》等 60 种纪念出版物，内容涵盖了小平同志生平事迹、历史功绩、理论贡献、精神风范、人格魅力、情感世界和家庭生活等方方面面。中西部出版业要借鉴或者继承这些成功建树品牌的经验，力争把自己的每一品牌图书做大做好，形成自身与众不同的品牌特色。

三、加强信息化建设，夯实出版产业化发展基础

信息化建设是推动出版业技术创新、管理创新甚至制度创新的重要力量。出版产业属于技术密集、知识密集、人才密集的新型文化产业，而信息化建设在技术运用、知识储备、人才培养等方面无疑具有重要的作用。对于中西部出版业来说，信息化建设不仅在于内部的管理系统化、科学化，它还可以彻底打破中西部特别是西部出版业受地域局限的桎梏。用最短的时间，获得最新的信息，使中西部出版业耳聪目明，了

解出版业发展的前沿动态。

出版业信息化建设的状况决定着信息化在出版社经营管理中的地位和作用，并最终决定信息化的效益是否能够发挥。[①] 我国的信息化建设虽已取得了一定成效，但还有相当差距，中西部出版业的信息化建设与东部相比，差距更大一些。为此，应从如下方面加强信息化建设：

（一）完善出版社信息系统的建设

对于在编辑、出版、发行、管理等工作中所用软件如编务管理系统、发行管理系统、印制管理系统、财务管理系统、人事管理系统、办公自动化系统、电子商务系统等，都要配置齐全，实行无纸化办公，并通过这些信息系统促进图书发行，促进信息共享，扩大信息来源，提高工作效率。

（二）注重网络建设

通过设立自己的局域网与专门网站，打造自己的信息发布平台；通过与外界互联网的对接，开拓更为广阔的信息空间。对于中西部出版业来说，网络建设的一个重要意义在于，可以在网上接触全国一流的专家学者群，可以将书稿从网上发送到图书发行的地区印刷，以利于减少成本和在全国图书发行集散地造货。

网络建设的另一重要意义是有助于一些有实力的出版社为找准市场空隙积极行动，建立网上书店，搭建自己新的信息销售平台。据中国互联网信息中心发布的《第十三次中国互联网发展状况统计报告》显示，到 2003 年 12 月 31 日，中国网民总数已达到 7950 万人。网上书店在我国图书经营中虽然已有近千个，但都还未做大做强。据全球电子商务的成功代表亚马逊网上书店 2003 年的财务报告表明，当年其销售收入为

---

① 李治堂：《从战略到行动——关于出版社信息化的调查报告》，载《中国新闻出版报》2005 年 3 月 9 日。

60 亿美元。而国内最大的网络书店当当网，加上卓越网，再加上德国贝塔斯曼读者俱乐部网络书店，同年度的销售总额仅在 3 亿元人民币左右。就经营规模看，亚马逊书店是这三家书店总和的 160 多倍。[①] 这些数据说明，这种具有跨地区经营、没有地域界限、不受贸易壁垒影响等多种优势的网络书店，在我国还有相当大的发展空间，而对处于区域相对封闭的中西部一些有实力的出版社来讲，通过建立网上书店拓展销售区域，确有弥补自身先天不足之意义。

（三）信息化建设不仅需要相关的基础设备，而且更需要理论上的提升和创新

科研机构的建立是出版业内部信息化建设的重要内容，它是信息的收集、整理加工者，是关键产品、关键技术的开发者，是制定决策可资信赖的思想库。我国出版业大都没有设立这一重要职能部门，建议中西部出版社在关于出版产业的信息化建设中，充分关注这一重要问题。

四、实施"走出去"战略，开拓中西部出版业发展更为广阔的市场空间

"走出去"战略，对于中西部出版业来说，具有三重含义：一是指中西部地区各出版单位之间的沟通与交流，达到协同发展；二是指与出版业发展较快的东部地区的有关出版社及相关单位的合作，实现行业互动；三是指参与国际出版业的相关活动，壮大自身实力。

---

① 甄西：《与亚马逊共舞——中国网络书店及出版物发行业的应对之策》，载《中国编辑》2005 年第 3 期。

（一）成立中西部出版论坛

成立中西部出版论坛是出版业面对日新月异的发展环境采取的积极应对之策，也是各出版单位打破地区壁垒、互相开放市场的重要举措，对于促进出版业资源共享、优势互补、协调发展具有重要意义。中西部出版业不仅具有地域上的毗邻性，而且，其面对的许多发展问题也有更多的相似性与同构性。成立出版论坛，能够解决发展中所面临的共同性难题，能够壮大中西部出版业的整体实力和竞争力，能够开拓更趋广阔的发展空间，实现同强共赢的发展目标。

2004年12月9~10日，首届"泛珠三角出版论坛"在广州举行，来自福建、江西、广东等9省区的新闻出版局共同签署了《泛珠三角出版论坛合作框架协议》，并列出了内容生产、印刷复制、出版物市场、人才交流、信息共享、合作融资等九大合作领域。"泛珠三角出版论坛"的举办，开创了出版业交流与合作的又一新模式，对于中西部出版论坛的成立，同样具有极为重要的借鉴意义。

中西部出版业应积极行动起来，联合各地出版单位，共同协商，尽早成立出版论坛。深入探讨切合自身发展实际的合作方式，取长补短，实现双赢。并把论坛作为一种常设机构，纳入出版业的日常工作中，发挥其互通信息、互相促进、共同发展的联合效果。

（二）通过市场竞争与合作的方式，实现东、西部出版互动

中西部特别是西部出版业的"走出去"战略曾有过许多成功的举措，如湖北少年儿童出版社和西藏人民出版社联合出版《壮丽天河》，获得了全国第八届"五个一工程"一本好书奖；甘肃人民出版社牵手江苏美术出版社联合出版《敦煌》画册，受到甘肃省人民政府的嘉奖等，这些积极的合作事项实质上为中西部出版业的"走出去"战略提供了先行一步的实践经验。

中西部出版业"走出去"战略的目的在于增强自身的"造血功能"，

其基本途径是通过交流与合作，做到资源开发、利益共享、优势互补、增强发展能力，逐步走上繁荣发展道路。（1）选派业务骨干到东部地区一些出版单位挂职锻炼，学习先进的出版管理理念与经营方法；邀请专家、学者到西部讲学，加强对出版从业人员的培训，有计划有步骤地在各出版单位培养一批具有策划能力且能产生明显效益的项目带头人，一批业务精湛的知名编辑，一批具有市场开拓能力的营销人员，一批懂经营、会管理的职业经理人。以此从根本上解决中西部特别是西部出版业人才缺乏的问题。（2）吸引东部的人才、资金优势向中西部地区倾斜，与中西部地区丰富的出版资源实行"强强联手"，实现优势互补，是加速中西部出版业发展的重要途径。（3）出版业的合作方式可以采取互惠互利式、扶持赞助式、版权贸易式、融资融智式等，应该在具体的合作过程中，创造出使双方同强共赢的合作模式。

（三）开拓全球华人出版市场，加强与国外华文图书经销商的联系

中西部出版单位要有计划、有步骤地逐渐拓宽原有的华文图书经销商和网络，直接与国外大型书店合作，进入其营销网络中；要以市场为先导，联合各方力量，精心策划、组织对外宣传活动，加强与国外出版行业媒体的联系，从而建立成熟的海外市场营销系统；加强版权贸易工作，为图书开辟更为畅达的流通渠道。

五、加大期刊建设力度，培育新的经济增长点

在教材、一般图书、杂志等纸质出版物中，期刊以其连续性出版、具有稳定的细分的读者群、没有库存压力、可以开发多重效益等优点，成为赢利最为看好的出版物。在中西部地区，期刊品牌是出版业的一个

亮点。2003 年，全国共有期刊 9074 种，中西部有 3319 种，占全国期刊总数的 36.577％。在全国居前三位的省市分别是上海（626 种）、江苏（462 种）、湖北（401 种）；总印数上亿册的有 8 个省市，分别是广东、湖北、上海、辽宁、山东、湖南、河南、甘肃；在中西部地区形成了几个特色鲜明的期刊方阵，如湖北期刊方阵、河南期刊方阵、《读者》期刊方阵等，期刊方阵在中西部出版业中占有举足轻重的位置。

但是，应该看到，中西部期刊发展同样面临严峻挑战。在我国的期刊业中，具有 10 种平均期印数超过 25 万册以上杂志的省份只有广东和辽宁，而中西部期刊业发展较好的湖北、甘肃两省，前者有 7 种、后者只有 2 种期印数超过 25 万册以上，其发展实力明显弱于东部地区。从期刊的内容来看，东部的一些期刊大省出版内容丰富，涉及不同领域，如广东的一些主要期刊《家庭》、《广东支部生活》、《人之初》、《家庭医生》、《广东第二课堂》、《党风》、《佛山文艺》、《少先队员》、《少男少女》等，涉及社会生活的许多层面。而作为中西部期刊强省的甘肃省，其主要期刊却只有《读者》一种，内容生产相对单薄。更有专家预言，随着期刊竞争加剧，将有越来越多的期刊选择在省会城市或者其他资源丰富的大中型城市中安家落户，期刊的不平衡态势将愈演愈烈。① 这种期刊发展的新局面要求中西部出版业保持高度的行业自觉，制订切实可行的期刊发展计划。

（一）围绕特定的读者对象，打造自身的期刊个性

在传媒业内容生产异常活跃的今天，一刊统领天下的阅读局面几无生存的可能。所以，应该采取个性化的信息服务策略，方能提高读者的阅读兴趣。如湖北日报报业集团的《特别关注》，就以"做成功男士的时政秘书"而成为我国第一本以中年男性为主要读者的文摘类期刊。其

---

① 刘晖：《我国期刊出版区域分布现状及发展趋势》，载《中国新闻出版报》2005 年 5 月 11 日。

创刊不到 5 年的时间，平均期印数就达到 26.7 万册。在中西部领域，像陕西的《女友》、河南的《中学生阅读》已具有相当高的知名度，应该在期刊特色化、个性化、读者细分化、小众化方面再下工夫，力争将这些期刊推上一个新的发展平台。而对于中西部 3000 余种期刊来说，更应该通过细分读者市场、塑造期刊个性来赢得更好的生存空间。

（二）坚持多元化、规模化发展，构建期刊方阵建设

期刊的多元化、规模化发展，是丰富期刊内涵、提高抗风险能力与竞争实力的重要举措。创办于 1985 年 1 月的知音杂志社，堪称多元化、规模化发展的典范。其产业格局包括以《知音》杂志为核心的期刊出版、网络媒体、广告经营、书刊发行、印刷制版、物业开发、高等职业教育等。除拥有品牌杂志《知音》外，下属 7 种子刊、4 个子公司、1 个网站、1 所学校，形成了具有雄厚的经济实力与核心竞争力的期刊方阵。知音杂志社的发展模式为中西部各类期刊社的发展提供了富有启发性的经验支持，即用品牌期刊奠定发展基础，形成核心竞争力；通过品牌延伸拓展系列期刊；创办与期刊经营密切相关的其他公司；实现跨部门、跨地区、跨行业的经营，吸纳社会资金，联合办刊；等等。通过这些做法，逐步形成发展基础厚实、发展实力强大的期刊方阵。

对于中西部出版业来说，集团化建设是突破传统出版业局限，开创发展新局面的当务之急；品牌化经营，意味着图书真正进入市场化的供需运营渠道；信息化建设，提高了出版业的科技含量，加快了出版各个环节的工作进程；加强期刊建设，必将有利于出版业培育新的经济增长点，形成与众不同的行业特色；而实施"走出去"战略，则使中西部地区区域内的行业联系以及与东部地区的行业互动成为可能，也为出版业参与国际竞争提供了必要条件。凡此种种，其最终的目标在于中西部出版业能够在发展中造就市场竞争中的国家主力队，能够赢得社会效益与经济效益的最大值。

出版集团多元化经营问题与战略

现阶段，我国出版业面临的首要任务是快速做大做强出版产业，以适应国际国内发展形势和新技术、新市场对出版的要求。无论是正在推进的出版体制改革，还是陆续出台的各项相关政策，无疑都是加速实现这一目标的积极举措。作为当前我国出版产业发展的主导力量，出版集团在短期内完成转企改制，运用市场化手段实现产业规模扩张，增强整体实力和抗风险能力，是集团确立发展思路、制定发展战略和实施经营管理的重心。为加快壮大企业规模，集团选择多元经营作为主要发展战略之一，便成为一种必然趋势。

毋庸置疑，多元经营作为促进企业规模化的一种重要手段，曾为不少企业带来实际效益，一些国际出版集团正是通过实施多元化运作，确立起世界出版巨头的地位。但是，正如规模经营不等于经营规模，多元经营也不是一剂一用就灵的良方。对于企业来讲，多元化是企业发展到一定阶段的客观选择，其推行的前提和条件缺一不可。目前，在多元化经营的问题上，出版集团在观念上、原则上，特别是在战略制定中对现实情况的分析和自身优势的把握上，还存在这样或那样的问题，这些问题如不能彻底解决，集团的多元经营势必具有不同程度的盲目性，多元经营效益也难以有效实现。

一、出版企业多元经营亟须厘清的两个问题

（一）出版转型不等于多元经营

多元化经营又称"多角化经营"、"多样化经营"，是与专业化经营相对的一个概念。所谓多元化经营是指企业依托自身优势，充分利用各种资源，在原主导产业之外的领域从事生产经营活动，以进一步扩大企业的生产经营范围和市场空间，提高经营效益，保证企业的长期生存和发展。可以看出：

多元经营的实质是拓展进入新的领域。

多元经营的目的是培植新的竞争优势，形成多点聚利的企业效益发展态势。

按照上述概念，出版集团（现大多叫做出版传媒集团）的多元化经营，就是在出版主导产业范围之外，通过结合集团有限的实力和技能，跨行业生产经营多种多样的产品或业务，以拓展集团新的经济增长空间，进而提高集团的整体实力和市场地位。

需要特别明确的是出版集团的多元经营范围——出版主导产业之外。那么，究竟什么是出版集团的主导产业？目前，全国近 30 家出版集团特别是出版传媒集团，绝大多数都将自己定位为图书、报刊、电子音像出版物的出版、复制、物质供应、发行的一体化经营实体，也就是说，原则上都将图书、报纸（非时政类报纸）、期刊、电子出版物作为主导产品和主营业务。在这种背景下，集团推行多元化经营战略，有必要在经营范围的界定上明确以下认识：

其一，期刊出版是出版集团的主导产业，不应将其纳入出版多元化经营的领域。当前，研究人士或媒体宣传不时将期刊出版作为集团推行多元经营的战略目标之一，最典型的例子就是《销售与市场》。由于《销售与市场》所造就的巨大市场影响和品牌效益，经常被研究者援引为河南出版集团多元化经营的成功范例。期刊出版，历来是国内外出版

业的重要组成部分，日本出版业的销售利润60％以上来源于期刊，期刊出版作为出版主导产业，为日本出版产业的发展作出了巨大贡献。此外，法国、美国等国际知名出版集团也非常重视期刊在产业整体中的地位，为做强做大期刊出版不断进行资本和技术投入。我国出版集团化以来，各集团也十分注重确立主营产品的合理结构，有条件的集团都将期刊或报纸出版纳入主业范围进行经营和管理，甚至出现了以期刊出版作为首要经营业务，并以期刊冠名的读者出版集团。

其二，出版进军数字领域是出版满足新需求、适应新形势的必然发展趋势，属于出版技术转型的内容，同样不应视为多元经营战略。当前，以信息技术为代表的新技术对出版业的发展产生了深刻影响，信息技术为信息传播提供了多样化、高效率的手段。这不仅改变了读者的阅读习惯和消费观念，而且使得出版的表现形式、传播方式、出版流程、经营管理、商业模式等方面的深层变革成为不可逆转的趋势。应该说，以信息技术推进而产生的电子光盘、电子书等电子出版产品，是与传统纸质出版相对而言的一种新型出版物，是出版载体的变化，是技术层面上出版主导产业发展空间的拓展，其本身并没有超越出版的专业流程和主导产业链。因而，不能因为这些产品蕴藉了新技术含量，而将之框在主导产品之外，人为地纳入多元经营领域。技术转型是出版业必须面对和经历的发展阶段，它与多元化经营不同，并不是出版企业可选择或不选择的战略举措。

因此，在新的历史发展阶段，出版集团应当首先确立"大出版"的经营理念，不应将"出版"的概念始终停留在传统出版或图书出版的视野之内，因为，这势必使出版的经营范围和经营手段受到制约，而集团在实施多元化经营的过程中，也会在理念上处于先期竞争劣势。

（二）规模经营不等于多元经营

规模化和多元化的关系及其合理性是企业集团存在和发展的基本问

题。对于企业集团而言，规模化是第一特征，多元化是第二特征。二者都以效益为核心，规模化同时针对成本和效率，多元化兼及针对机会和风险，二者都侧重于解决企业的发展问题。一般来讲，企业集团必须以相当的规模为基础，围绕企业经济效益的实现，进行规模化和多元化有效结合的经营管理，企业集团才能实现合理发展。

多元化经营是企业集团实现规模化的一个手段，但不是必需的手段。就我国出版集团规模化的主要方式而言，其路径可分为联合的横向路径与内生的纵向路径。所谓横向规模化，是指在上级行政部门的推动下，出版社与出版社，或者出版社与书店、印刷厂，乃至出版社与报刊社之间，通过资产和业务重组形成一个规模较大的集团，并以此形成新的产业结构。所谓纵向规模化，是通过单个独立出版单位内生与自我裂变的发展逐步壮大的一种路径。无论是横向联合，还是纵向孳生，集团化经营所产生的规模效益不是主要通过多元经营来实现的。企业集团的主导产业同样可以通过规模化经营，直接产生规模效益。

多元经营是企业发展到一定阶段的一种战略选择，实行多元化经营战略的集团企业，往往都先经历了先做强再做大的过程。国外出版集团基本遵循了这一定律。因为企业集团只有做强之后，才有雄厚的实力和坚实的基础进入其他领域把企业做大，多元化战略的实施也才能得到必要的支持。也就是说，多元化从来不是孤立的，也不是主观的，它一定是符合企业自身特点的，有着自己特定的发展条件和发展规律。

到目前为止，我国出版集团的组建主要采用的是横向规模路径，集团化的进程本身更多伴随着行政力量的介入。尽管出版集团组建后，规模经营态势显现，我国出版业发展迅速，但由于长期在政府的庇佑下成长，集团的主营业务有着先天的依赖性，大都尚未形成坚实的核心市场竞争力。因此，可以说多数出版集团并没有做强。在这种发展态势下，利用行政力量和市场的双重作用，在出版产业集团化的同时，涉足多元化经营，即先做大再做强，无疑会给集团的整体产业经营造成更多的资源内耗和管理混乱。

二、正确认识出版集团所处的发展阶段

(一) 企业不同阶段的发展特征

美国学者伊查克·爱迪斯在其代表作《企业生命周期》一书中提出了广为人知的企业生命理论。他把企业从创办开始到其消亡为止所经历的自然时间称为"企业的生命周期",并将这个周期概括为初创期、成长期、成熟期和衰退期四个主要阶段。在书中,爱迪斯准确生动地概括了企业生命不同阶段的特征,并提出了相应的对策,为我们揭示了企业生命周期的基本规律和企业生存过程中基本发展与制约的关系,同时还绘制了一条类似于山峰轮廓的企业生命周期曲线。

根据爱迪斯理论,处于初创期的企业,人力、物力和财力都比较薄弱,拥有一定的生产技术或专有技术,但生产规模小,产品市场份额低,固定成本高。由于客户不稳定,产品在市场上还没有得到广泛认可,企业也没有树立起自己的形象,整体竞争力不强。

企业进入成长期后,基本形成了自己独特的产品系列,产品市场份额稳步提高,市场竞争能力逐渐增强,业绩增长速度加快,企业规模扩大,管理逐步规范化。企业在竞争产业中有了比较明确的市场定位,但同时市场竞争者增多,产品市场份额增长速度减缓,为了保持现有的发展速度,企业开始不断寻求新的业务,寻求新的利润增长点。

成熟期的企业,资源结构趋于科学合理,市场份额相对稳定,企业能更有效地进行日常业务流程的协调和资源的有效配置,但原有产品的市场已经饱和,生产能力出现过剩,企业效益下降,成本开始上升,发展速度减慢,特别是竞争加剧和先进技术、工艺和替代产品的出现,使得变革创新成为企业寻求突破发展的必然要求。

处于衰退期的企业,产品市场份额逐渐走低,企业效益持续下降,新产品试制失败,或还没有完全被市场接受;企业出现亏损,被竞争对手接管、兼并的可能性增大,企业生存受到威胁。

企业生命周期曲线是比较理想化的，事实上，很多企业在发展过程中，常常会出现与正常曲线分离的状况。究其原因，客观上讲，是由于经济周期、产业生命周期、资源周期、管理周期以及人的生命周期等因素的综合影响；主观上看，是企业在从一个发展阶段向另一个阶段过渡的转折点上，存在着战略问题。相形之下，主观因素往往在实际中起着较大作用。从生命周期曲线上可以看到，在两个阶段交替的时刻，转折点很多，这种战略转折点也叫"危机点"，既包括危险，也蕴含机遇，而能够促使企业在每个阶段临界状态得以顺利转化的战略，叫"转折战略"。转折战略优化与科学，企业就能继续发展，否则必然快速走向衰败。因此，企业的战略管理，不能仅仅定位在一个平台上实现量的增长，必须不断构筑新的平台，给企业发展创造机会；不能总是按照已有的框架，沿袭过去成熟的经营管理方法，更不能人云亦云，盲目借鉴行业内其他企业的成功经验，必须与时俱进，随着形势的变化，制定更加符合企业自身条件的战略，实现企业的可持续发展。

（二）出版集团所处的发展阶段

我国出版集团从 1999 年诞生至今，已有 10 年的发展历程。但作为企业集团，不过屈指可数的短短几年。2005 年 11 月，上海世纪出版集团率先引入现代企业制度，由事业集团转变为企业集团，至 2008 年 3 月，全国也只有 17 家出版集团完成事转企，一些出版集团尚处于转企改制的过程当中。虽然我国绝大多数出版单位从 20 世纪 80 年代就开始实行企业化管理，但在资源配置、组织结构、管理机制等方面带有明显的计划特征，出版单位并没有完全按照市场要求进行自主经营，成为独立的市场主体。因此，单从时间上看，出版集团也才刚刚画出企业的生命周期曲线。

但是，我国出版行业自新中国成立以来，已走过近 60 年的历程，出版单位无论是事业建制还是企业建制，在满足市场需求、扩大产品品种、进行技术变革等方面并没有停止发展的脚步。因此，转为企业后的绝大多数出版单位，并不是刚刚迈进行业的创业型企业，而是在资源、技术、市场等方面均具有一定的历史积淀和发展基础。也正因如此，上海世纪出版集团在率先由事业单位转变为企业单位的同时，才有条件同时完成企业化和股份制的双重改革。就出版集团目前的发展状况而言，虽然还存在着同质化严重、主营业务脆弱、核心竞争力普遍不强的问题，但出版集团无疑具有根基较为深厚、产业链较为齐全的资源优势和单个企业难以企及的经济功能和规模经营优势，已经成为我国出版产业发展的生力军与主力军。从 2007 年起，各集团的利润逐年提高，有关资料显示，2008 年 17 家完成转企改制的出版集团公司，平均总资产增长 66.2％，利润总额增长 25.3％，最多的翻了三番。同时，集团股改、上市的步伐日益加快，上市集团募集资金的能力日益提高，再发展的条件逐步具备；以资金为纽带的跨行业、跨地区兼并与联合，使企业经营规模进一步扩大；一些集团的品牌效应凸显，产品市场份额稳步提升。

从总体上分析，可以得出这样的结论，我国出版集团表现出更多的成长期企业的发展特征，个别集团成长后期的企业特征也显露端倪。

按照爱迪斯理论，成长期是企业发展曲线中较为理想的生命点，在这一点上，企业发展具有较强的灵活性。但同时应该认识到，成长期并非生命周期的顶点，企业必须通过切合实际的正确决策和不断的创新变革，使自控力与灵活性达到有机平衡，才能实现企业持续增长。也就是说，成长期的企业，最根本的是确立合理的战略规划，在制定战略时，最应当了解自己能做什么，不能做什么；什么时候该做什么，不该做什么，以及如何才能达到战略目的。在这个时期，如果战略失误，企业将难免丧失活力，效益停止增长，最终势必走向官僚化，甚至衰退。

三、成长阶段出版集团的多元经营战略

成长期的企业，在财务管理上表现为企业价值最大化。企业经营所

表现出的普遍特征是，为扩大企业规模，往往选择比较积极的财务政策，即在主营业务之外，精心挑选一些其他业务，采取多品种、多渠道和多市场的多元化战略，来达到迅速集聚利润的目的。20 世纪 60 年代后，美国、日本、韩国的出版集团曾普遍采用多元化战略来迅速扩充集团的实力，并在一定时期收到明显效果。从国内来看，当前，随着规模的壮大和集约化经营所带来的生产销售量提高、产品成本下降，经营风险随着业务量的提高而不断降低，利润增长较快。为保持现有增长态势，同时不断满足新的发展要求，多数集团迫切希望将产业规模快速做大，形成新的规模效益，因此，实施多元化经营，便成为一个不约而同又似乎合情合理的战略选择。然而，是不是所有的集团都可以多元化经营，多元化经营是否一定带来预期规模效益，还需要我们审时度势，认真分析，理性实施。现阶段，集团多元化经营，应当围绕以下原则制定战略。

（一）专业基础战略

企业实施多元化战略，必须具备两个前提条件，一是企业的资本收益水平必须保持增长态势；二是企业必须具有自身比较优势。对于选择多元化战略的出版集团来说，稳定且具有相当实力的主营业务是集团拥有上述条件的保障，也是多元化经营的基础。

多元化意味着集团将进入新的业务领域，这其中包含着机遇，但更多的是由于信息掌握的不全面，或相应专长的缺失而导致的风险，加之集团不可能在新领域迅速获得回报，使得这种风险的比重无形加码。在这种情势下，集团在战略实施之初，格外需要由强劲主业提供的稳定保障和雄厚实力作为支持，这不仅是多元化成功的条件，也是企业规避风险的要求。

从另一个更为重要的层面上讲，一个主营业务不突出，或在主营业务中不具有专业优势的企业，是一个没有行业身份的企业。一个企业，如果失掉了行业特征，那么即使它做得再大，也不会长久。从历史上看，那些声誉显赫、生命力持久的成功企业，全部是既不断进行战略调整，又不偏离主营行业、专业化程度较高的企业，比如可口可乐、波音、微软等，无一不具有鲜明的企业形象，只要一提及它们，几乎所有人都知道它们生产什么样的产品。这正如一个人，在其漫长的一生中可能会有很多种身份，或者说会扮演许多种角色。有的身份可能是临时和次要的，有的身份可能是长久和重要的，但最长久和最重要的，是在这世上好好做一个人。20 世纪 70 年代以来，国际上一些大型出版集团，开始实施多元化战略，它们曾一度将各自的经营拓展至文化基础设施、文化工业、金融、旅游、房地产等诸多领域。但 90 年代中期以来，许多集团纷纷实施战略转型，通过资本运作，将自己的领域重新集中到内容产业，实现了从多元化向专业化的回归。培生集团、贝塔斯曼集团、圣智学习集团等都是这一战略转型的典型案例。90 年代中期，培生集团先后卖出了英国蜡像馆、拉萨德银行、西班牙主题公园及英国第五频道的股份，并于同期并购了西蒙斯特旗下的出版业务和数家教育出版公司，2007 年 10 月，又并购哈考特教育出版公司，从而成为全球最大的教育出版集团。直至目前，国际出版巨头这种专业化的趋势还在进一步加剧。

当然，国际出版业先多元扩张后强化专业的发展战略，有其产业特性和市场化背景。但做强主业无疑是多元化经营一个最基本的原则。一个合理的多元业务结构，必须首先建立在专业化的基础之上。从国内出版集团目前的状况来看，几乎所有集团的生存与发展主要依靠教材，在教材盈利空间大大缩小后，新的主营业务及其盈利模式还没有实质确立。可以说，集团普遍存在主业发展脆弱的问题，在这样的发展状况下，集团如果不充分考虑行业发展特点和自身现实条件，而盲目进入多元经营领域，不仅不利于经营目标的实现，反而有可能导致企业发展目标的丧失。

（二）关联经营战略

企业进行多元化经营，首先应当关注的是企业的核心竞争力问题。对于成长期企业而言，企业取得了一定业绩的同时，对手相继进入，市场竞争逐渐加剧，这难免造成企业原有优势难以持续的局面，从而影响企业价值最大化的实现。因此，为了长久生存和确保发展，核心竞争力的培育对于处在成长阶段的企业便显得更为紧迫和重要。对于企业而言，核心竞争力是其在主营业务领域取得竞争优势的支柱，换言之，没有核心竞争力，企业就不可能在主营业务占有优势地位并获得持续发展。企业提高核心竞争力有两个手段，一是在某一业务领域做强、做专，拥有该领域的核心技术和知识产权；二是从新的行业领域获得新的核心竞争力，再与原有的融合为一个整体。也就是说，企业在发展主业的同时，还可以通过多元经营获取核心竞争力。

当前，国内绝大多数出版集团，特别是横向联合组建的地域出版集团，都具有较为完整的产业链，即使核心竞争力不强的集团，也都将核心竞争力的培育主要界定在出版产业范围。与所有处于成长阶段的企业类似，对于出版集团来讲，成长的关键不在于是否多元化，而在于如何多元化，即如何通过有效的多元化经营提升集团的核心竞争力，从而增强企业抵御风险的能力。因此，多元经营目标的设定及其经营范围便成为多元化的核心内容。

美国学者托马斯·彼得斯和罗伯特·沃特曼在著名的《追求卓越》中曾谈到："凡是向多种领域扩展同时又紧靠老本行的企业，绩效总是最好的；其次是向相关领域扩展的企业；最差的是那些经营许多非相关业务的公司。"海南著名民营发行企业——海南创新书店，其发展势头曾一度超过了海南省新华书店，但就因为盲目涉足房地产业，导致资金断裂而迅速断送了企业的远大前程。一般而言，关联程度超高，其获取核心竞争力的目标实现的成功率越大。因而，新行业的选择不应当完全超越企业设定的核心竞争力行业领域，否则，获取核心竞争力的目标就难以有效实现。20 世纪 80 年代以来，曾涉足多元化经营的许多国际出版集团纷纷剥离与产业无关联的业务，进而向关联度较高的领域拓展。最典型的例子是美国的《花花公子》，20 世纪 60 年代该杂志社曾将经营触角伸入到旅馆、俱乐部等服务领域，虽然一度辉煌，但从 80 年代初即陷入困境。为此，杂志社迅速进行战略转移，撤出了服务行业的资金投入，同时向录音、录像、有线电视等熟悉并擅长的领域进军，取得了显著的效益。这个洗牌的过程，学术界曾形象地称之为"归核化"。这正如上文所谈到的，一个具许多种身份的人，必须经常提醒自己，所有的其他身份与做人这一根本身份是否相符合。从一定意义上讲，出版集团的跨媒体经营基本与关联多元化趋同，产品及市场的经营活动与出版主业趋近。集团应当关注的是跨行业经营，特别在核心竞争力不强或个别集团还没有形成核心竞争力的前提下，更要十分警惕非相关多元化的陷阱。

（三）成本取向战略

一个企业始终保持对市场的高度敏感，随时寻求新的发展机会并积极参与市场竞争，这是无可厚非的。但是，企业向多元化经营战略的转移，必须从增加效益和降低风险两个角度加以考虑。

成长期的企业，由于成长壮大的要求，需要大量的资金来实现企业的规模扩张战略。从理论上讲，由于此期融资渠道的拓宽，企业的财务政策相对积极。但成功企业的经验表明，企业在成长阶段，往往采取的是积极而稳健的财务政策，以防止财务风险的发生。

企业实施多元化经营，就要将有限的资金和资源进行再分配。从资金运作的角度讲，多元化经营是一把"双刃剑"，在分散企业资金风险的同时，又相应地增加了企业资本运作的风险性。因此，多元化投资成本的合理与否，对企业的协调发展产生着直接影响。一方面，进入新领域，外部交易成本的转移和内部管理成本的增加，需要较大的资金投入，如果投入不足，没有足够的资金用于研发和引进新工艺、新技术，就会因新产品上市出现迟滞而影响投资项目的创意性，投资报酬率就会相应减低，企业得以持续的抗风险能力就会变弱。另一方面，如果不考虑自身经济实力，投资规模过大，极易加大投资回收风险，企业将可能出现高负债，最终因资金链断裂造成运转失灵。

就我国出版集团而言，实施多元化经营不失为发展阶段中的一个战略选择，它不仅有助于集团规避风险，有助于集团新经济增长点的培育，形成规模效益，同时有利于品牌扩张，促使集团快速做大做强。但是，如上所述，我国多数出版集团都是在行政力量的推动下做大，再考虑做强。不少集团实现了规模经营，但还没有真正实现规模效益，目前除江苏凤凰出版集团及上海世纪出版集团、北方联合出版集团等几家上市集团外，多数集团的经济实力并不雄厚，抵御风险的能力并不强大，在这种条件下推行多元化战略，在看到分散风险的同时，更应对它潜在的风险性有更为明确的认识和预见。这些风险主要表现在以下几个方面：

一是过度多元势必对集团主导产业的竞争地位和利润造成影响。虽然，集团资源有相对多寡之别，但对每一个发展中的出版集团来讲，资源总是有限的，投资触角过多，势必导致有限资源难以有效集中，如果回报率降低，将直接影响主导产业的技术创新，从而降低集团在主导产业原来的市场地位和竞争实力，不利于集团稳步发展。

二是管理成本加大，管理失控的风险相应提高。多元化经营意味着集团规模的扩大，除业务规模外，外在的表现还有机构扩张、人员增多，如果是跨地区的多元化，还会出现经营地域分散等问题，这势必使集团的管理费用、管理幅度和管理层次加大，如果管理不当，信息失灵，会导致集团管控能力下降。

三是后续投入增加，不断考验着集团的资源积累。多元化不是简单的"买进"，进入新产业后，还需不断地注入后续资源和资金，诸如人才的培养及储备、品牌的塑造及培育、技术的研发及创新等，这些都会为集团的积累造成一定程度的压力。

当然，现阶段出版集团各自的规模大小和资源程度不尽相同，在实施多元化战略的问题上，应当区别看待，不能统而化之。但每一个集团在制定各自多元战略的具体规划时，都应当紧紧围绕集团发展目标，围绕规模效益的有效实现，充分考虑行业特点，合理分析自身条件。如果只看到多元化带来的"增长"，而不顾及"增长"背后的成本，不科学预测"增长"的有效价值，必将自食盲目多元化或过度多元化的苦果。

出版品牌的战略营销

随着我国新闻出版业转企改制的完成，市场竞争的激烈程度会不断加强，加之高科技、新业态对于行业转型的催生，出版业在营销战略水平普遍提高的情况下，更高一个层次的竞争必将由营销战略转至战略营销。

出版战略营销是一种新的营销观念和思维方法，因其认识到了以消费者导向的营销观念忽视竞争的缺陷，所以特别强调消费者与竞争者之间的平衡。由于现代企业越来越注重与顾客建立长期的互利的交换关系，同时因经济全球化程度的日益加深带来的市场竞争的日益加剧，买方市场的形成，营销战略已无法像以往那样单纯地注重日常的经营，而需运用战略营销的思维和工具指挥营销活动，才能不辱使命。战略营销因其"战略"特征已成为营销管理的主流范式，受到越来越广泛的应用。

战略营销强调：面对日益复杂的市场环境，如果企业只关注了产品和顾客，而忽视了竞争对手，企业往往就会在市场营销中失利。战略营销则是一种基于竞争的思维方法，其目的是在满足顾客需要的前提下，为企业创造更大的生存空间，它要求企业上升到自身战略的高度来认识市场，管理营销，要求企业把营销战略当作企业的核心战略，把营销问题视为企业的核心问题。战略营销是一个精细化的营销模式，它包含了传统营销的所有过程。

研究中国市场环境下的战略营销理论与方法，已然成为当前学界及企业界面临的重要课题。研究市场环境下的中国出版战略营销理论与方法，也该是当前出版界面临的重要课题。

一、战略营销

营销战略。基于企业既定的战略目标，通过对向市场转化过程中必须关注的客户需求的确定、市场机会的分析、自身优势的分析、自身劣势的反思、市场竞争因素的考虑、可能存在的问题预测、团队的培养和提升等综合因素的分析，最终确定出增长型、防御型、扭转型、综合型的市场营销战略，作为指导企业将既定战略向市场转化的方向和准则。

战略营销。传统营销的展开围绕营销的各个组成要素——产品（product）、渠道（place）、价格（price）、促销（promotion），此四者即营销组合要素——4PS。战略营销包括这些策略变量，但在某些重要的战略方面超出了传统营销的范围。战略营销遵循市场导向的战略发展过程，考虑不断变化的经营环境和不断传送顾客满意的要求，是一种关于营销的思维和实践方式。战略营销强调竞争与环境的影响，它要求营销人员有效地进行企业总体战略规划，以实现企业的目标与任务。

具体而言，战略营销具有如下特征：

1. 以市场为动力

传统营销的活动领域是企业现有产品——市场组合，营销战略将受顾客影响的经营战略与综合的市场为核心的各类活动结合起来，以此建立竞争优势。战略营销强调企业新产品和潜在新市场；战略营销认为竞争优势源于顾客，既基于企业所取得的顾客满意的程度，又基于企业超越竞争对手的顾客满意水平的程度。战略营销包括旨在提供顾客满意的各种经营行动。

2. 注重环境的复杂多变性

经营环境的日益复杂和变化多端，导致具有监视市场和竞争对手的战略营销的兴盛。外部因素改变了市场和竞争结构的组成方式和吸引力。由于营销处于组织与其顾客、渠道成员以及竞争的边缘，因此它是战略规划过程的核心。战略营销提供的专门知识有利于监测环境、确定产品规格、决定竞争对手。

3. 以顾客满意作为战略使命

传统营销的对象是消费者，战略营销的对象还包括企业内外所有可能涉及的人员，如供应商、竞争者、公职职员、顾客等；战略营销思想认为取得顾客满意的关键在于将顾客的需要与组织的服务计划过程联系起来。

4. 围绕竞争优势的建立与发挥而进行

传统营销的主导作用主要是创造、发展需求，战略营销还要求调节不规则需求，甚至消灭某些不良需求，注重利用企业内外环境的资源和能力获得持续竞争优势。

5. 面向未来，注重长期目标

战略营销首先是通过战略规划来实现的，战略营销要求企业所有的营销决策与管理都须带有战略性。企业须根据自己在行业中的市场地位以及市场目标、市场机会和可利用资源，制定本企业的营销战略。

二、营销战略与战略营销的关系

营销战略与战略营销并非对立关系，而是具有互补性。营销战略强调短期的有效性，是一种战术营销；而战略营销更关注中长期效果，具有战略意义。营销战略关注的是今天的现实，战略营销强调的是未来的今天。

战略营销由企业最高决策层直接主导，有效整合企业内外资源，打破传统营销模式的职能疆界，从企业竞争战略的高度将营销有机融入企业的整体竞争战略之中，通过培育先进的营销理念来进行有效的营销创新，以保证企业持续发展的全方位营销理念。战略营销强调战略定位、情景管理、领导力、执行力，并带来了营销管理理念、方法等一系列的转变：由零散的营销战略转向系统的战略营销；以价格为竞争导向转向激励整个价值链体系；以抢夺渠道、终端为主转向重点建设战略伙伴关系；以广告促销为主转向整合传播。战略营销因具有宏观性质，而不为团体中的多数人所重视。所以许多出版企业的营销多属于战术层面的营销战略，而非战略层面的战略营销。

战略营销要求将企业营销活动提升到决策层次，整个企业以营销为中心进行组织和运营。与传统职能性营销决策涉及的要素不同，它涉及人力资源、新产品开发、生产、销售、市场、财务等部门。

为此，需要对既往的营销战略进行整合，使之服从于战略营销。首先，应从整个企业系统的角度出发，扩大整合的范围，脱离营销系统的狭小空间，把整合观念应用到整个企业当中。再者，整合企业内部资源。建立相应的组织机构，从组织上保证整合营销的实施，减少沟通环节，提高效率。第三，整合营销战略和策略。企业的营销战略和策略主要包括市场定位和细分，应对企业营销的长期战略和短期策略进行整合，策略服从战略。

三、品牌战略营销

目前国内出版企业的战略营销中，最具现实意义者，当数品牌的战略营销了。出版业可以借鉴众多的营销战略，在深度迈向市场化的道路上，把握市场营销战略发展的新趋势，制定品牌的战略营销。

那么，在出版业实施品牌战略营销的必要性及其途径何在？

（一）出版业实施品牌战略营销的必要性

随着出版发行市场的进一步开放，企业竞争的加剧，出版企业要想做强、做大、走出去，实现可持续发展，就须实施品牌营销战略，从长远的、战略的眼光来培育打造、创新发展自己的品牌，从而达到战略营销之目的，以全面提升自身的可持续发展能力。品牌战略带来的是"果子效应"：如果从一棵树上摘下一颗果子是甜的，那么这棵树上其余的果子也大都会是甜的，如果摘甜果子就要认准这棵树。对于处于市场竞争中的出版企业而言，一本本图书就像是一颗颗"果子"，畅销书和长销书则犹如一颗颗"甜果子"，可为企业这棵大树带来品牌的"果子效应"。

目前，在国内众多出版企业中，真正拥有自己品牌的企业屈指可数。作为生产企业来讲，规模经济最理想的状况就是品种少而批量大，而出版企业的情况正相反。以规模经济最明显的汽车行业而言，我国汽车行业一年投放市场的新品种一般有六七十种，多的年份也不过百种左右。就出版业而言，2009 年的出版品种已达 27 万种，一年的动销品种在百万个以上。正因为品种很多，导致单位品种的需求量很小。尽管出版业每年也有部分产生轰动效应的畅销书销量上百万册，但毕竟只占极少数。

面对数量如此巨大、品种如此繁杂的出版物，品牌无疑是读者"检索"图书市场文化平台的标识。读者是先通过品牌了解出书品种，进而了解出版企业的。当前，面对亟待规范的图书市场，读者的抱怨不少。出版行为的"克隆与跟风"，雷同重复的同质化现象，已成为误导读者购买行为的"迷魂阵"。正如某专家所批评的："每一本畅销书都是一辆公共汽车，大家一起搭。"一本书畅销，会纷纭引来众多的类似者。

品牌代表了出版企业的形象和地位，是联系出版企业和读者的桥梁和纽带。强势品牌能够在竞争中处于有利地位，在维护老读者的同时，开发出大量的潜在读者，树立良好的品牌形象。塑造出版品牌是一个渐次推进、长期积累、逐渐发展的缓慢过程，并不是随便想出几个好的选题计划就能出书的简单过程，也不是出几本畅销图书就能实现的。所以，科学地制定切实可行、方向明确、具有长远指导意义的、塑造出版社品牌的营销战略十分必要。

（二）我国出版业如何实施品牌战略营销

1. 提高原创能力，培育特色品牌

当前我国每年出版品种数量虽不少，但具有世界知名度者寥寥，尚无法与世界级出版企业相抗衡，国内出版企业和国际著名出版集团差距较大。综观世界大型出版企业，都是外向性的，出版经济的依存度建立在国际资源的广泛利用上，企业的抗风险能力和国际竞争能力非常强。这些企业多为跨国公司，世界性投资，世界性生产，世界性销售。相比之下，国内大部分出版企业的依存度建立在国内市场的教材、教辅图书出版上，正在倡导实施"走出去"战略初级阶段，其级别还谈不上"国际级"、"世界级"，其规模经营和比例还相当小，尚无法形成气候。与国外大型出版企业相比较，我国出版企业的经营实力和创新能力明显偏低，多数企业普遍存在技术设备落后，运用高新技术进行选题开发、编辑加工、市场销售等专业技术开发能力低，品牌创新的资金投入有限等问题。据统计，国内多数出版企业 R&D（市场研究和市场开发上的经济投入）的投入占销售总收入的 1.38% 以下，且有逐年下降的趋势，而国际上著名的大型出版集团，如贝塔斯曼等大型出版企业在市场的研究和开发上的资金投入，占其年销售总收入的 5%～10%。

2. 遵循市场规律，树立精品意识

出版企业要遵循市场规律，对图书出版的市场格局进行立体化的探究，结合有效的市场交易点差，确定自己的发展方向，从而找到自己有能力开拓的疆域，出版自己标志性的出版物。如果全线出击，什么类型的书都做，就不可能做深做透，很难有精品产生，更不会有品牌可言。

质量是维系出版企业及其品牌的生命线。市场竞争说到底是质量竞争，以质量求生存，以质量求发展已成为共识。出版企业须进行深入分析读者的需求，分析读者年龄、学历层次、阅读心理、购买力水平等，尽可能地打造有针对性的精品图书，以优质内容赢得读者。图书不仅要有内在质量，还须对图书有全面、整体的把握，再完善的品质也要有恰当的表现形式做载体。

3. 基础的营销战略是战略营销的基础

开发品牌的同时，还须解决品牌如何进入市场，且迅速扩大市场占有率的问题。这就需要对品牌进行宣传。品牌营销的本质是品牌推广，即通过各种方式扩大品牌的知名度。只有读者的接受与认同，才能使其成为真正的品牌。出版企业在宣传图书时务必加大对本企业的品牌宣传，因为企业形象的广告宣传是深层次的，它给读者留下的印象是根深蒂固的。

人际传播是形成品牌美誉度的重要途径。因为在人际传播中，交流双方可互为传播者和接受者，由于反馈及时、交流充分、传播效果较好，在品牌传播手段上，人际传播易被消费者接受。图书销售过程离不开出版社人员与顾客的直接面谈，因此，出版社在传播品牌时要善于运用人际传播，因为良好的口碑是品牌传播的巨大力量。

对外宣传推广时，也要注意根据图书产品的特性，选用合理的营销传播媒体组合，从而提高传播效率，节省传播开支。图书产品毕竟是精神产品，大部分图书消费者在意质量本身。不顾产品质量，盲目进行广告"轰炸"，效果未必好。可行的途径是选择合适的广告媒体，有针对性地进行广告宣传。"品牌接触点传播"模式认为，"关键时刻"存在于消费者的心中，找出了这个"关键时刻"就找到了打动顾客的关键。出版企业应寻找出符合读者期望的突破口，选择适当的营销传播的工具组合，减少盲目的营销推广。有效的品牌传播不仅能树立出版企业的强势品牌形象，且能赋予品牌丰富的内涵，形成明晰的差异化风格。

4. 拓宽发行渠道，实现规模效应

目前，对于多数出版企业而言，决定其营销模式的关键因素有两个：一是渠道效率，二是渠道成本。渠道效率是指渠道能否尽快将产品提供给尽量多的目标客户；渠道成本是指企业为该渠道付出的代价，包括直接用于支付渠道的成本和间接与渠道相关的成本。与过去不同的是，出版企业在选择营销模式的过程中，品种因素对营销模式的影响在逐步降低，渠道因素在逐步强化。出版企业选择营销模式的原则之所以发生变化，很重要的原因就是供大于求的市场现实，决定企业销售业绩的重心已从品种转移到渠道上来。

在传统的渠道系统中，出版社和分销商具有相对性，各自追求个体利益的最大化，因此渠道系统内缺少凝聚力。新媒体环境下，以博客、专业论坛、SNS、微博为标志的媒介形态的发展与兴盛，昭示着商流新方式和出版经营渠道的多元化趋向。我们应充分利用新兴媒体所形成的营销渠道，发展出版分销的新业态，并进行精准营销，构建新的出版产业价值链，同时加强与传统分销商之间长远的战略性合作，充分发挥双方优势，共享资源，从而节约大量的渠道建设成本和维护成本。这样有助于形成线上线下互为补充相互促进的营销渠道，有助于出版社信息流乃至物流、资金流的畅通，也有利于分销商对渠道形成认同，从而自觉忠诚于渠道，提高商业信誉度和营销效率。

5. 加强品牌延伸，培育品牌忠诚度

品牌延伸是指企业将某一知名品牌或某一具有市场影响力的成功品牌扩展到与成名产品或原产品不尽相同的产品上，以凭借现有成功品牌推出新产品的过程。品牌延伸并非只简单借用表面上已存在的品牌名称，而是对整个品牌资产的策略性使用。品牌延伸策略可使新产品借助成功品牌的市场信誉在节省促销费用的情况下顺利进占市场。品牌延伸的目的是实现品牌整合支持体系，从消费者的品牌联想到厂商的品牌技术、服务支持形成一个整合的链条。一个好的出版品牌进行品牌延伸的办法可以有许多种，就出版品牌而言，可由低到高，呈现四个阶梯，即单本（或单套）书品牌→丛书品牌→类别品牌→出版企业整体品牌。从一本一本书着手打造出版品牌，是品牌建设的基础。

品牌忠诚度是指消费者在购买决策中，多次表现出来对某个品牌有偏向性的（而非随意的）行为反应。它是一种行为过程，也是一种心理（决策和评估）过程。品牌忠诚度的形成不是完全依赖于产品的品质、知名度、品牌联想及传播，它与消费者本身的特性密切相关，靠消费者的产品使用经历。提高品牌的忠诚度，对一个企业的生存与发展，扩大市场份额极其重要。

出版品牌，是一代代出版人辛勤培育的结果，应随着时代的进步而不断进步，如果一直吃老本，不革新，不求进取，必然会名声不保；如果只追求发行数量，不求质量，不提升品位，势必会被读者抛弃。可以说，品牌本质就是随着时代的发展而发展的，品牌需要不断地呵护和创新，通过不断适应、满足读者的需求，而创造着读者的需求。维护品牌就是要在不懈的追求中建立正确的品牌信息，让读者相信出版品牌是值得他们付出忠诚和尊重的。因此，不停地超越自我，持之以恒地打造精品才是出版业的出路所在。

随着我国由出版大国向出版强国的迈进以及"走出去"战略的实施，本土出版企业自身的弱点逐渐显露，其综合实力和竞争力远远落后于跨国出版公司。而这些跨国出版公司已在激烈的市场竞争环境中练就了自己人才、技术、资本等综合实力的营销能力。图书走出去的前提，是出版企业走出去，为此，国内出版业须认真研究和学习跨国公司的营销模式，以增强自己营销竞争的双重优势。在此情形下，进行包括出版品牌战略营销的研究意义重大。战略营销的本质在于立足现实、放眼未来，促进我国出版业发展方式的根本转变。

资源整合推动出版产业迈向新高度
——以山西出版集团资源整合为例

众所周知，金刚石和石墨是由相同元素组成，但因组织结构和排列顺序不同而生成不同物质，石墨是碳原子层状结构，层与层之间连接的力比较弱，而金刚石是碳原子连成的立体网状结构。由于组成元素相同，所以它们的化学性质相似，又由于原子的排列不同，所以物理性质有极大差异。金刚石是高硬度晶体，石墨的硬度接近于零。石墨用来做铅笔，在摩擦中被消耗；金刚石用来做玻璃刀，无坚不克。这就是"结构决定性质"。石墨变成金刚石先要放置在特殊冶炼环境中，添加微量元素，通过高温高压改变其结构，这个过程称作陶冶、熔铸，这个高温高压的熔铸过程，就是"结构重组"。通过外力，将各要素重新组织、排序，改变其原来的结构，就能生成新的系统，发挥新的功能，这就是整合所发挥的效能。

一、资源整合在集团化建设中的战略意义

2008年年初，我曾在《中国新闻出版报》上发表文章，对"经营出版"及发展必然性作了一些论述，文章发表后，曾有同行问我，是不

是出版集团搞"经营出版",所属出版单位是"出版经营"?我说,看来我这篇文章没有走偏。"经营出版"从实质上讲,就是从规模经营的角度,运用市场经济手段,对出版资源进行整合、配置与经营。也就是说,资源及其状况是经营出版的基本前提。

出版资源有广义和狭义之分。广义的出版资源是指构成出版经济活动的各种要素的集合。狭义的出版资源是指与书报刊的编辑出版活动有着密切联系的各种信息和选题资源。从出版企业来讲,资源又有内外之分。内部资源包括人力资源、技术资源、资产、资本资源等,它是企业自身优势和特长的一个根本反映。外部资源主要是企业对外联系中与其他企业或相关部门等形成的稳定关系。根据经济学原理,资源是具有稀缺性的。虽然狭义的出版资源具有一定程度的可再生性,但在大多情况下,资源是无法超越的。因而有所谓"资源决定战略"的说法。资源与战略在某种意义上可以画等号,这是非常刚性的,其中没有任何激情与浪漫主义。美国经营史学家钱德勒认为,经营企业就是以企业未来的发展为出发点,为实现企业目标和方针,对企业所拥有的资源进行分配和调整的一系列活动。由此,企业的发展与进步,其实质是企业内外各种优势资源相互融合、相互促进的结果。对出版集团来讲,集团化的过程首先就是出版资源的优化整合过程,出版资源的整合能力,决定着集团的发展潜力,资源优化整合战略,关系着集团化建设的成败。一句话:资源整合优则胜,劣则败。

(一)集团化资源整合须明确的两个概念

1. 集团≠放大机构

出版集团化的核心是追求规模效应,目的就在于通过扩大出版单位的规模,实现规模经济效益,提高市场竞争力。这个规模应指有效规模,也就是能产生实际效应的规模,而不是做简单的加法,所谓越大越经济。集团化之所以为"化",说明它有一个时间的进度,有一个质变的过程,并不是字面意义上"团"在一起即可。管理学常讲,系统的性质和功能不但决定于构成系统的要素，且决定于要素之间相互联系所形成的结构，如一个由 100 个元件组成的系统，每个元件的可靠性均是 99.99％，如果用串联的结构方式组合，那么系统的可靠性就下降到了 36.6％。我国出版集团的发展实践已经证明，简单的叠床架屋式的出版集团，由于成员之间缺乏资源上的互补性，集团自身也缺乏统一调配资源的机制，出版集团不过是多层管理的大出版单位，难以实现规模经济效益。随着我国出版集团化建设的日益深化，多数出版集团正在跳出"放大机构"的概念化窠臼，进行体制改革和管理创新，向真正的集团化发展。

2. 整合≠简单集中

我国出版集团的组建一开始采取的都是"政府主导型"的组建模式，对于我们而言，这种行政推动不仅是必要的，也是不可或缺的，这是我们起步的优势所在。因为，我们是在社会主义市场经济的进程当中提出组建任务的，当时的出版单位都还沿袭着计划经济的管理模式，所以，我们不可能像美国和欧洲国家那样，运用"市场主导"的模式完成联合、重组。需要指出的是，组建可以由政府推动，而在打破小而全格局之后的资源整合和优化，就不能再由行政主导了，必须运用市场经济的手段，由"行政捏合"到资源优化重组，充分发挥市场机制对出版资源进行合理配置的重要作用。也就是说，集团化资源整合，是具有客观性和原则性的，它不是盲目的想当然的纯主观行为，不是对出版资源的简单相加，而是对计划经济条件下单要素独进经营行为的否定。资源优化整合的过程是在市场经济的规则下，对所有业务进行的重组、整合，目的是实现出版资源的有效配置和合理使用，实现经济学界所倡导的生产全要素的联动，从而使集团的优势企业获得更大的发展空间，提升集团的整体实力和抗风险能力。

（二）资源整合对山西出版集团化建设的特殊意义

山西属经济欠发达地区，人口资源相对较少，山西出版集团组建较晚，可以说，集团组建既存在区位劣势，又没有发展先机，加之发展缓慢、人才不足等历史因素，基本没有资本积累。山西出版要实现集团化发展，须充分发挥现有优势和不断培育新的优势，须倾集团之力，用好现有资源，形成新的合力。这是决定山西出版发展的根本方针。因而，资源整合就成为我们集团组建和集团化运作的"突破口"和"着力点"。

二、资源整合战略的制定需要
把握的"三个方面"

集团化资源整合须服从和服务于集团持续发展的大目标，须从本单位和本地区的实际情况出发，须作为系统工程而与其他战略配套推进。因此，资源整合战略的制定应与以下三个方面紧密结合。

（一）要与企业的现实状况紧密结合

作为经济欠发达地区的山西出版，一直处于全国中游偏下的水平，多年以来一直呈现出资源分散、规模较小、实力较弱的特点，与先进省份乃至一些中部省份相比，还存在不小的差距，与出版产业化发展的要求相比，特别是与调整产业结构、转变增长方式的要求相比，还有不适应的问题，科技对出版发展的促进作用发挥得还不够。作为经济欠发达地区，组建集团面临的压力很大，如果不抢抓机遇，战略对路，在发展上就会更加滞后。

集团化有两条路，一是由大到强，一是由强到大。就山西出版集团而言，由于资金、技术、人才三块"短板"的制约，其阶段性的发展战略不应当是上规模，而应首先解决结构松散、资源浪费的问题，尽快形成人财物和产供销一体化的集团结构体系和运作模式。在整合战略制定过程中，根据山西出版的状况，我们着重于将提高资源的有效利用率、居弱位而发展强项、将最小化为最优作为整合的先期目标，力争先做强，后再考虑做大。

（二）要与集团的组织管理模式紧密结合

集团化企业多年来的实践表明，集团管控一直是大型集团企业的管理难题。集团成员单位的运作体现在主营业务的专业化方面，其单体运作管理固然很重要，但科学进行体系性管理控制，应是集团化建设更为重要的内容。因此，集团管控模式的合理选择是集团化目标的重要保障。按照集团对成员企业管控的紧密程度划分，当前主流观点有三种典型的管控模式，即投资管控型、战略管控型和操作管控型。投资管控是一种分权管控模式，战略管控是介于集权与分权之间的一种管控模式，而操作管控则是一种集权的管控模式。从出版行业看，贝塔斯曼、麦格劳—希尔等国际大型新闻出版发行集团的管控模式均为投资控制型，集团总部的核心职能是投资管理，重点的投资领域是出版行业或者跨介质的传媒行业。我国的出版集团经过数年的规模扩张，一些发展较好的出版集团已开始逐步向投资管控型转变，但对于像山西出版传媒集团这样底子薄的出版集团而言，投资控制型的管控模式在现阶段还难以实现，以投资控股为组织模式，以多元化产业为经营内容，处于一种介于投资控制型和战略控制型之间的管控模式。也就是说，集团主要关注主营业务的协调发展、投资业务的战略优化和协调以及战略协同效应的培育，通过对成员企业的战略施加影响而达到管控目的，即集团总部不仅是投资中心，还是主营业务的管理中心和服务中心。这样一种介于投资控制型和战略控制型之间的管控，要求集团通过优质资源的大力整合和专业化分工等，保证管理层在集团化过程中"统"得起来、"放"得下去。因此，从增强集团的实力出发，在集团化资源整合的过程中，我们把集约化、专业化、多元化、市场化经营及项目、资金作为了整合的重点领域。

（三）要与集团的发展规划紧密结合

山西出版集团组建较晚，为了迎头赶上，必须在加快发展的速度和质量上下大力气、做大文章，因此，集团化资源整合需着眼于集团的中长期发展规划，同时须与体制机制改革、经营管理创新配套推进。我们已没有时间选择孰先孰后，对我们而言，必须同时举步，并相辅相成，相互促进。因此，资源整合战略须同时理清"组建什么样的集团"、"走什么样的发展道路"和"瞄准什么样的战略目标"的问题。基于山西出版发展的现实条件，将先期资源整合的目标确定为"五个有利于"：有利于图书产品结构调整，使出版单位走专业化、特色化、品牌化道路；有利于实现"统出合力，分出活力"的集团化运作目标；有利于现代企业制度的建立；有利于"走出去"目标的尽快实现；有利于集团大型工程项目的规划实施。于是，我们将整合的原则确定为"三个坚持"，即坚持有所为有所不为的原则、坚持主动探索大胆实践的原则、坚持面向市场不断创新的原则。

三、资源整合的三个重点领域

山西出版集团的资源整合重在加强内在关联的基础上，力求形成产业内聚力，形成集群发展力，实现 $1+1>2$ 或 $1+1>3$ 的目标。具体来说主要从以下三个方面入手。

（一）以产业关联为重点，系统整合，将产品做专

首先，为避免各自为政和无序竞争，同时为迅速回笼资金，提高集团管控能力，集团成立不久，即排除各种干扰，组建了集团教材中心，将原各出版单位分散经营的教材教辅都收归集团统一管理和经营。近两年来，教材中心在对外协调、拓展市场，对内整合资源、形成合力等方面发挥了巨大作用，表现为：一是市场扩大，效益提高；二是有效降低了成本，减少了内耗，扩大了市场占有份额；三是进一步理顺了与有关部门的关系，改变了以往与教育界关系混乱的局面。教材中心组建后，各出版单位的教材教辅被剥离，由于失掉了对计划性产品的依赖，促使其加大市场产品的开发力度，进一步优化选题，提高出版物质量。2008

年1～8月，集团共出版图书1967种，其中新出图书969种，重印图书达998种，首次实现了重印图书数量超过新出图书，教材教辅与一般图书的年销售收入比例已从2006年的7∶3，转变为2007年的6∶4。资源整合一方面为集团打造教材教辅品牌、提高质量、扩大市场、减少内耗发挥了作用，更为重要的是，为集团的产品结构调整发挥了积极的促进作用。

其次，针对主导产品不明确，产业、产品结构重叠等问题，本着"集团有限相关经营多元化，业务单元专业化"的原则，围绕如何提高主导产品的核心竞争力，集团对隐性资源包括出版社的版权、发行营销渠道、声誉与品牌进行整合。所属各出版社坚持专业分工，从实际拥有和可能拥有的资源、条件出发，坚持抓重点、抓特色，加大专业出版物、特色出版物所占的比重，使其成为出版社的主流产品。各出版社开始努力寻找准确的市场定位，向专、特、精、新的方向发展。如山西人民出版社的《丧家狗——我读（论语）》、《李氏自我养生康复法》、《围棋教学习题入门》继获得2008年度全国畅销书奖后，2009年多次重印。前8个月已分别重印51200册和38600册，并连续出现在排行榜上，而且市场购买势头继续上扬。希望出版社"讲给孩子"的系列丛书。累计销售200万册，多次获得国家级少儿专项图书奖，并成功向韩国、马来西亚、法国等国家和地区输出版权。山西教育出版社的"英语学习系列"包括《薄冰英语系列》、《郑天生英语系列》等，多次再版，产生了良好的效益，已成为读者公认的英语学习类品牌读物。"中高考'一本全'系列"，平均重印8次，累计销售码洋2.3亿元，单品种最高印量30万册。三晋出版社的"家庭系列藏书"是各大新华书店的持续动销品种，也是集团近年来的长销书品牌。山西经济出版社的"经济学家自选集"丛书、科技社的"武术系列"等都引人注目。此外，集团集中力量，重点打造当代山西的"四库全书"——《三晋文库》，该书系已被列为国家重大出版品牌项目之一，获得了山西省委、省政府的高度重视。另外，集团重点支持的"走出去"工程也取得一定进展，在2009

年北京国际图书博览会上，集团引进版权 11 种，输出版权 29 种，达成版贸意向 50 余种，引进版与输出版之比为 1：2.63，真正实现了版权贸易顺差，成为集团资源整合以来版贸中的最大收获。

（二）以信息、财务资源为重点，纵向一体化整合，将企业做强

集团成立后，我们把信息资源的整合提上改革日程，在成立山西出版传媒网的基础上，用一年的时间整合了内部资源，实现了选题、作者、渠道、数据库共享。现在又将山西出版传媒网改造提升为商业运营门户网，打通了与全国、全世界的信息高速公路。2009 年在全国出版集团网站中，山西出版传媒网的点击率排在前五名以内。

为解决集团成员单位资金资产分散、效益低下、监管不力等"老大难"问题，集团挂牌之后，在广泛调研和认真规划的基础上，排除阻力，组建了集团财务结算中心。结算中心的主要职能是：保证货款及时回笼；盘活沉淀资金，集中闲散资金，提高资金的使用率；强化内部结算管理，消除成员单位之间的"三角债"；形成资金互补优势，通过合理资金运作，实现生产经营效益的最大化。结算中心成立以来，充分发挥了其监管、结算和融资的功能：第一，通过网上实时监控与结算，解决了企业内部"三角债"的难题，保证了各成员单位资金的正常运转。仅 2009 年 1～9 月，就为集团有关成员单位注入流动资金 2 亿元。第二，通过盘活闲置资金与合理安排资金，为集团教材教辅预先垫支了两个季度的购纸资金，大大降低了教材教辅的生产成本，增加了利润空间。第三，通过与银行的合作、协作，不仅保证了贷款及时到位，且有效降低了贷款利息，节约了财务成本，使全集团资金形成了互补合力，促进了规范与透明运作。

（三）以目标市场为重点，横向一体化整合，将市场做大

为打造集团新的主业效益地带，同时还组建了集团报刊中心，将原

有 13 种社办报刊统一集中到报刊中心经营管理，着力打造教育报刊品牌集群。在此基础上，拟成立山西出版报刊子集团。近两年来，报刊中心在业务资源整合方面取得了很大进展：一是进行差异化定位，避免了同质化竞争。如教辅报刊中的《学习报》、《新课程》、《小学生拼音报》在内容上各有侧重，实现了内容资源上的优势互补；二是盘活刊号资源，根据各报刊的经营情况，扶持创办新的报刊，有效进行报刊结构调整；三是实现渠道资源共享，提高资源利用率，降低了生产成本。如学习报社联合新作文、新课程两家杂志社，共同召开了发行工作会议，使三家教育类报刊社的发行与物流资源得以有效整合。此外，报刊进入书店渠道发行的探索工作已正式启动，先期在全省 10 个市店进行试点。

为改变以往市场采购各自为政、成本居高不下等状况，实现原材料采购成本的最低化和销售市场的最大化，印业公司、纸张公司和物资公司三家单位，签订了"战略联盟"协议书，在仓储物流、原料采购、社会销售上实行统一规划、统一调度和统一管理，形成了资金、资源、产品、市场的优势互补，不仅有效地化解了纸张价格快速上涨和资源紧张等一系列不利因素，而且进一步拓展了集团外部市场空间。

为进一步扩大教育图书市场，新华书店集团与山西省教育厅所属山西育人书店共同投资成立了股份有限责任公司——山西华育图书有限责任公司，由山西新华书店集团公司控股 70％，山西育人书店占有股份 30％，完全按照现代企业制度运营，取得了不凡的业绩，2007 年公司实现销售 3.7 亿元，比合作前的 2.9 亿元增加了 8400 万元，取得了可观的经济效益。2008 年公司春季销售比同期仍增长 15％以上。

此外，在集团的推动下，根据市场竞争要求，新华书店集团已与各出版社、报刊中心进行发行渠道资源的整合，报刊中心与希望社正在酝酿动漫产业的项目合作，这些均旨在有效降低集团内部交易成本，形成统一的对外竞争合力。下一步，集团教材中心要与教育社、希望社联合打造"教育在线"网，推动集团的数字化出版。

总之，在山西出版集团资源整合的实践过程中，我们做了一些积极的探索，同时也有一些切实的体悟。首先，资源整合不是单进的、独立的，它的实施必然带动集团的组织结构创新和管理模式创新，同时促进集团体制机制改革及品牌战略、数字化战略、人才兴业战略的全面开展。其次，资源整合不是一劳永逸、一成不变的，而是一个动态的过程，必须随着集团经营活动、战略选择市场情况的不断变化，及时进行调整。因此，优化资源整合是集团化建设的有效途径，是做大做强中国出版的必由之路，是集团科学发展的助推器。

分类管理：出版集团机制改革的新探索
——以山西出版集团为例

挪威盛产的沙丁鱼，是欧洲人的传统美食。

很久以前，挪威人从深海捕捞的沙丁鱼，总是还未及上岸就纷纷死去。为了能带着活鱼上岸，渔民想尽了各种办法，比如减少鱼槽内鱼的数量、增加更新海水的次数等，但均收效不大。直到有一天，渔民想到让沙丁鱼保持游动的办法。他们把沙丁鱼的天敌——鲇鱼放进了鱼槽。在鲇鱼的追逐下，沙丁鱼拼命游动，激发了内部活力，从而活了下来。这就是人们常说的"鲇鱼效应"。它显示了这样一个事实：活力源于竞争。

增强出版业发展的活力，是出版体制改革的根本目的。纵观十几年的改革实践，其基本思路是：通过管办分离，使原有的出版单位成为一个走向市场的能动主体。改革的主要道路是：以市场引导企业，通过优化资源配置，节约经营成本，生产适销产品，从而提高企业的经济效益。经过多年的改革探索，特别是出版集团化建设的大力推进，出版企业的经营行为可以说已具备了与市场经济体制相适应的几个基本条件，如追求利润最大化，以市场信号作为产品生产、投资经营决策的基本参数等。然而，生产经营模式市场化的确立，只是解决了企业日常的投入与产出的决策问题，企业内部的管理与监督机制并没有真正以市场为导向发生"化学反应"。这一方面表现为，政府各部门对企业监管的责权利不相统一，行业管理部门握有企业的业务审批权，人事部门掌有对企业管理者的任免权，计划部门握有企业的投资权，财政部门享有企业收益权，企业赢利时各司其权，企业亏损时各辞其责。另一方面，也是更为重要的表现是，资产管理者、资产经营者和企业员工之间缺少一个有效的制衡机制，企业的内部机制没有产生"鲇鱼效应"，没有发生活力激增的本质变化。因此，出版业要建立起真正的社会主义市场经济体制，仅仅依靠完成出版单位体制转换的外部变革是不够的，还需出版企业从内部机制上进行根本性的改革，即管理制度创新。

一、出版集团管理制度目前需着重解决的两个问题

（一）传统官本位思想与级别管理导致的活力不足

受传统体制影响，我国一直以确立行政级别的方式管理出版单位，不管大小，一律享受处级待遇。集团转企改制成为有限责任公司后，集团公司作为母公司，对各子公司行使出资人权利，依法考核子公司负责人的经营业绩；各出版单位作为子公司，定位为经营中心、利润中心和成本中心，对母公司投入的国有资本承担保值增值的责任。这种统分结合的管理模式旨在有效促使集团成员单位迅速实现"化学反应"，形成集团整体合力。然而，即使是转企后的集团公司，多数依然沿用层级式管理模式，所属单位的行政级别色彩和观念仍旧浓厚。由于受级别管理的限制，绩效考核作用得不到有效发挥。如A、B两个出版社，A出版社每年赢利百万以上，而B出版社则连年亏损，资不抵债。然而由于级别相同，两个单位的直接责任人和员工所享受的福利待遇及各项优惠政策并无差异。这种以行政级别为杠杆的管理机制，极易形成各所属单位

的直接责任人争当社长、总经理等官本位意识和权力意识，存在着较之于经营效益更看重单位行政层级的现象，从而导致集团的各种激励制度流于形式。这样的后果是，优秀出版单位的积极性、创造性受到挫伤，而落后的出版单位则享受着政策的优惠，小步慢跑，最终掣肘了整个集团的发展。

（二）平衡分配机制导致的资源浪费

在集团化管理中，如何整合与平衡所属单位的资源分配，一直是集团管理的难点问题。目前多数集团均实施绩效考核管理办法，但对于集团所确立的考核目标，所属单位往往从本企业利益出发，对集团目标的实现，多数以资源分配的倾斜为条件。但集团的资源毕竟有限，权力也不可能无限制下放，不可能满足所有所属企业的要求。与此同时，由于平衡管理的影响，行政级别相同的所属企业相互攀比，要求享受相同的待遇及占有等量的资源。在这种情况下，集团资源分配一旦失衡，势必造成集团内部矛盾滋生、集团控制力相应失效的局面。而长期的平衡分配机制带来的后果是，发展良好的出版单位享受不到更多更好的资源，难以持续深入发展，无法做大做强；经营不善的出版单位难以利用好手中的资源促进发展，导致宝贵资源的浪费。据报道，美国的一万余家出版社，都时刻处在生生死死的滚动发展之中，几乎每天都有出版社被兼并或倒闭，又有新的出版社注册。正是在优胜劣汰的市场竞争中，新成立的出版社不断为出版业的发展注入新的活力，美国出版业的发展保持着新鲜的活力和良好的发展势头。

集团与所属企业之间、企业与企业之间，存在着诸多复杂的利益关系，集团化运作的成效，取决于集团对这些利益关系的宏观把握。当前，出版体制改革进入后改制阶段，如果说前期的改革，重点完成了出版单位的企业注册、建立董事会、完善法人治理结构、人员身份转换等体制改革任务，那么后期，则应将改革的重心转移到与体制相配套的内部管理机制的创建上来。2010 年，山西出版集团借鉴行之有效的企业管理经验（海关、工商部门），彻底取消了所属单位的行政级别，对所属企业进行分类管理，在内部机制改革方面迈开了探索的步伐。

二、分类管理的基本内容

分类管理是指集团通过建立综合评价指标体系，对照相应行业评价标准，以投入—产出分析为基本方法，对所属企业（子公司）特定经营期间的赢利能力、资产质量、债务风险、经营增长以及管理状况等进行综合评判，以评判结果为依据，将企业纳入不同的类别，并按照不同类别的相应管理办法对所属企业实施管理的企业监管制度。

分类管理有如下几个特征：

第一，差异化。集团根据对成员单位的综合绩效评价，设置 A、B、C 三个管理类别，对成员单位进行分类，并对成员单位的管理类别予以公开。针对适用不同管理类别的成员单位，制定相应的差别管理措施，其中 A 类成员单位适用相应的便利措施，B 类成员单位适用常规管理措施，C 类成员单位适用严密监管措施。

第二，动态化。企业类别的认定不是一成不变的，根据企业的发展状况做出相应的调整，与绩效考核的频率相对应，集团对所属企业级别的调整年限为一年。期限届满，集团对各成员单位的类别进行重新审核。

第三，相对稳定化。集团对所属企业的分类标准和对应管理模式在特定阶段呈相对稳定状态，这样做的目的是有利于所属企业经营思路与发展战略的长期推行和及时完善，有利于集团整体上持续稳定发展。

三、分类管理的目的

（一）业绩考量——去行政化

分类管理的一个关键问题就是改变了所属企业的价值评价标准，不再以人事部门的界定为标准，而代之以赢利能力、资产质量、债务风险、发展潜力以及管理状况等企业发展的基础指标为标准。旨在使所属企业的主要负责人，不再比政治待遇，不再从个人晋升通道出发，去考虑企业发展的各种问题，而更加关注企业的发展前景和成长空间，更加关注市场的变化和经营战略的跟进。集团分类管理试行一年以来，所属企业干部的思想观念活了，能够正确地对待职务的浮沉、岗位的变化和收入的增减，理解、支持并积极参与集团的各项改革，迸发出强烈的创业激情。

（二）扶优促劣——去均等化

分类管理的一个重要举措是对平均分配出版资源的现象彻底革新，不再以所属企业的行政级别为分类管理的依据，而代之以企业所对应的等级进行差异化分配，并对不同类别的企业提供不同的战略指导。如在通过产品结构调整做强出版主业的战略背景下，集团支持并鼓励 A 类成员单位通过跨媒体、跨行业、跨地区和转型发展，努力实现"主业强劲、辅业发达"的战略目标；B 类成员单位坚持走专业化、特色化、品牌化、规模化发展道路，使自己的生产经营质量、规模和效益不断迈上新台阶；C 类成员单位坚持走改革、创新、自立、自强的企业发展道路，不断提高市场产品的开发质量，提高市场销售规模与收益，使自己发展成为有一定创新能力、竞争实力的市场主体。在资源分配和奖励激励上，也鲜明体现出差异化原则，如对于 A 级成员企业，集团在年度预算、资金信贷、职工待遇、办公设施的配置等各方面给予优惠及政策倾斜。同时，根据成员企业的分类管理排序，由 C 至 A 逐步加大优先或优惠力度。分配与奖励的差异化，使所属企业固有的惯性或惰性体制被打破，企业的直接负责人，不再从索要资源出发去对待集团的考核指标，而更加注重如何依靠自身的力量去挖掘资源和有效利用资源，这无疑又为新的经营管理思想的诞生及实践打开了通道。

（三）刺激竞争——去静态化

分类管理的根本目的就是促进所属企业自身产生发展的压力和动力，从而在集团内部形成良性竞争态势。集团对于 A 类企业给予物质、精神激励及各方面的优惠，对于 C 类及以下企业加大监督及控制的力度，促使企业在竞争中求生存、谋发展。目前，集团内部竞争态势已经形成，所属企业的竞争意识、危机意识、责任意识明显增强，争先创优蔚然成风。

四、实施分类管理需要把握的两个重点问题

（一）分类标准的确立要充分研究所属企业的发展状况

分类管理蕴藏着集团从全局出发，对不同类别企业发展战略进行指导的思想。从一定程度上讲，分类管理是集团战略思路得以贯彻执行的有力推手，而这一战略指导能否顺利实施的关键在于，是否把准了企业的发展脉络。因此，分类标准确立之前，需对所属每个企业的发展状况进行全方位的分析。不仅对企业的资源现状、产品结构、企业文化现状、经营管理状况进行深入研究，还需重点对企业现有产业的关联性、发展前景及事业空间、战略推行可能出现的问题等，进行从宏观到微观的细致把握，使分类标准更加符合所属企业的实际和集团整体发展的

要求。

（二）要确立紧密结合企业特性的差异化管理措施

集团公司面对不同资源层次、产品结构、发展水平的子公司，合理地设计针对不同企业的考核目标并使之认同，是分类管理的难点问题。统一考核指标，往往没有考虑到处于不同发展阶段的企业个性，按个性化考核，又容易导致集团管控不力。因此，结合企业特性与集团关键要求达成考核平衡，是制定分类管理制度应重点把握的问题之一。此外，在集团化管理战略下，对于不同类别企业的管理，不能搞"一刀切"，要立足企业个性，体现差异化，如对于发展较为成熟的子公司即 A 类企业，应采取以指标管理为主的方式，为其提供必要的政策及资源支持，使之具有持续赢利的可能性；对于处于成长或培育阶段的子公司即 B 类企业，应以扶持为主，集团的管理目标不是使其赢利，而是重在使其做强，集团通过参与其重大战略决策、协助其外部资源的挖潜及经营管理体系的构建，促使其增强自身实力，扎实成长壮大；对于衰退期或经营不善的企业即 C 类企业，应以监控为主，重在监控其减少亏损，提高资产价值。

当前，出版业所处的内外环境发生了前所未有的变化，随着出版企业市场化运作程度的日益深化，各出版集团转企改制的顺利完成，集团内部管理机制的创新对企业的发展将产生越来越重要的作用。因此，选择更为合理、科学、有效的管理方式显得极为迫切。分类管理作为集团公司管理方式的改革创新，没有现成的经验可以应用，需要我们在实践中去发现探索，在运行中创造经验。山西出版传媒集团的分类管理制度也是初级的，尚有不少疏漏和不足需要及时调整，有待在摸索中逐步完善，使之逐渐趋于成熟。

第三编

出版创新论

构建符合科学出版要求的编辑诚信体系

一、编辑诚信的必要性

编辑工作是以信息的传播为目的，以选择和加工为特征的社会文化活动。编辑诚信是指编辑在工作过程中，主动适应科学出版的要求，履行法定义务和道德义务，诚实不欺、言而有信，不虚伪矫饰；在当前传媒业竞争日渐激烈的新形势下，倡导构建符合科学出版要求的编辑诚信体系具有非常重要的现实意义。

从传播媒介的发展演变来看，从原始人类语言传播的诞生到文字传播的发明、印刷传播的创造，再到模拟式电子传播（电报、电话）的出现、当代数字式电子传播（数字式技术、网络技术、多媒体技术）被广泛应用，可以说，每一次传播媒介的发展变化都给人类的生活带来了翻天覆地的变化，对人们的思想观念产生了重大影响。正如美国传媒学者弗莱德里克·俞所言："传媒形成了人格，形成了社会。"随着当代网络技术的普遍运用，网上传播以其"几无约束"的媒介优势后来居上，与报纸、杂志、广播、电视渐成抗衡之势。而且，随着网络文化的广泛深入，处在信息、知识爆炸时代的媒介受众将面临更大的选择困惑，他们无法在不同媒介的信息中选择正确信息，更无法面对不同媒介针对同一信息却意见完全相反的观念引导。可以说，面对一个空前丰富的媒介信息时代，人们却更多地表现为一种理解困惑与阅读疲乏。在现代出版中，编辑是信息传播过程中的"把关者"、"守门人"，坚持诚信原则，对于纷繁复杂的信息处理能够去芜存精、臧否适度，是确保媒介公信力、确保信息传播有效性的重要手段，也是文化传播能够达到"以科学的理论武装人，以正确的舆论引导人，以高尚的精神塑造人，以优秀的作品鼓舞人"这一目的的主要方法。

对于中国的传媒业，尤其是新闻出版业来说，从计划经济的宣传工具，到市场经济的文化产业，从一种经济依附型的行业，变为独立自主的经济实体，在这种前所未有的挑战面前，新闻出版业在探索中一步一步走向市场化的竞争。特别是加入 WTO 后，一些习惯于国际化文化产业运作的文化集团，正步步进逼中国的文化市场，文化竞争力问题已经日益紧迫地摆在人们面前。市场经济是一种契约经济，其核心指向便是诚信。我国著名经济学家吴敬琏先生讲过这样一段话："信用是现代市场经济的生命，诚信是企业进行商业活动的必备要素，市场需要诚信，市场经济讲究诚信，搞市场经济重在诚信！"对处于经济属性急剧变化中的出版传媒业来讲，诚信是一种相当重要的竞争力，编辑是出版传媒的主体，诚信更是其最为重要的职业操守。

有学者把编辑称为"社会传媒的工程师"①。现代编辑是以传播现代文化、塑造现代文明为职业的知识分子群体。著名图书策划人安波舜曾这样评价编辑："一个好的编辑，能够包装一部作品；一个更好的编辑，能够包装一名作家；一个最好的编辑，能够包装一种思想。"编辑的素质高低关系到作品成败、作家优劣、思想高下，关系到文化传播链能否环环紧扣。"人无信不立，国无信不国。"在编辑的个人素质中，诚信不可或缺。编辑诚信不仅是塑造自身良好形象之关键，更是构成媒介品牌的重要因素。曾以《京华烟云》、《吾国与吾民》、《生活的艺术》等作品名满天下的林语堂先生，便是以他诚实的文字与思想团结了一帮志

① 刘幼琼：《论编辑的良知与责任》，载《编辑之友》2002 年 S1 期。

同道合、文气相通的朋友，编辑出版了在现代中国颇有影响的《论语》、《人间世》、《宇宙风》等期刊读物。邹韬奋先生办报刊，在对待作者、选择文稿上一丝不苟，"凭质不凭名"，以此赢得了广大作者的信任，确保了丰富的稿源和优质的稿件，进而提升了报刊的质量。

由此可见，无论是从传媒发展演变的历史、出版产业化运作的现实，还是作为出版传媒业品牌构建最为重要的构成因素，作为传播主体的编辑，在文化传播中坚持诚信都具有非常重要的意义。

二、编辑诚信的具体表现

诚信是金。诚于心而信于人，诚是本质，信是诚的外在表现。贯穿于文化传播过程的编辑诚信，又有其具体的含义指向。

（一）文化自觉与编辑诚信

文化自觉，是指生活在一定文化中的人对其文化有"自知之明"，知晓该文化的诞生、形成过程，知晓该文化所具有的特色和优势，了解该文化所存在的缺陷和不足，了解它在世界文化中的地位和作用，了解它的未来发展方向和发展趋势。[1] 文化自觉的目的在于加强对文化转型、文化选择、文化积累、文化创造的自主能力，以适应新环境、新时代。

21 世纪的中国文化，首先面对的是境外文化的冲击与挑战，由于经济全球化带来的资本自由流动和信息传播的自由交流，文化商品、文化形态也突破了区域国界的限制，在与本土文化的碰撞之中逐渐被社会大众识别、理解甚至接受，与之形成反差的很可能便是传统文化的淡化

---

① 刘曙光：《全球化与文化自觉》，载《山西大学学报》2002 年第 5 期。

甚至缺席。如何对具有五千年文化传承与积累的中国传统文化进行保护与承接，如何面对全球化背景下世界各国的文化政策、文化运动和文化产业对本土文化的渗透，就需要每一个文化传播者作出客观理性的智慧选择。

鲁迅先生在《拿来主义》一文中，曾形象生动地描述了对于外来文化的三种态度："如果反对这宅子的旧主人，怕给他的东西染污了，徘徊不敢走进门，是孱头；勃然大怒，放一把火烧光，算是保存自己的清白，则是混蛋；不过因为原来是羡慕这宅子的旧主人，而这回接受一切，欣欣然的蹩进卧室，大吸剩下的鸦片，那当然更是废物。"① 这一番妙论精辟地说明，对于外来文化顶礼膜拜、拾其牙慧、心存畏惧、退避三舍或视若仇雠，必欲除之而后快的态度都有失公允，正确的态度应当是"要拿来"，"要或使用，或存放"，让"宅子成为新宅子"。② 鲁迅先生的这一席话，不仅形象生动地指明对于外来文化的态度，而且非常中肯地指出：对于传统文化妄自菲薄、妄自尊大都缺乏理性与客观，都不是一种正确的选择。

为此，对于编辑这样的文化传播者来说，文化自觉的过程，实质上是建立一个什么样的文化价值判断的过程，只有基于客观、公正、真实前提下的文化理解与传播，编辑才有可能完成文化积累、文化选择、文化创造的宏大工程，而客观、公正的文化价值观的形成需要编辑不虚伪矫饰。换句话说，编辑的文化自觉只有在诚信的基础上，才能做到既无愧于具有五千年文明荟萃、瑰丽灿烂的传统文化，又能坦然面对同样广博丰缛、智慧卓越的外来文明。"各美其美，美人其美，美美与共，天下大同"，费孝通先生对于文化旷达真诚的态度，应该成为每一个文化传播者的行动准则。

① 鲁迅：《且介亭杂文》，人民文学出版社1973年版，第29页。
② 鲁迅：《且介亭杂文》，人民文学出版社1973年版，第30页。

（二）学术尊严与编辑诚信

学术以其客观、公正、科学、独立、真实、严谨的精神受到尊重与敬仰；学人以其论是非不论利害、论顺逆不论成败、论万世不论一生的卓越品格而备受社会大众信赖。然而，时下的中国社会，正是从封闭走向开放，从计划经济走向市场经济，从农业文明走向工业文明，从重伦理走向讲法理的社会转型时期，各种思想观念相互碰撞冲击，社会浮躁之风渐起，商业投机心理日重，原本恬淡从容的学术界也变得熙熙攘攘、利来利往，出现了许多腐败现象，如泡沫学术、剩饭新炒、粗制滥造、假冒伪劣等。而这种种腐败现象的表现形式，几乎都涉及书、刊、报的出版。从这个意义上讲，在这种种学术腐败的产生过程中，编辑自有不可推卸的重要责任。

"学术腐败的结果，等于号召人们放弃一切道德良知，蔑视科学与文化。"[①] 而学术一旦失去道德良知、科学精神、文化崇尚，便失去其存在的价值，学术尊严也就成了一句空话。春秋笔法，道德文章，这是每一位文化传播者应秉承的文化精神。面对学术腐败，编辑诚信应具体化为坚持真理的大无畏精神，坚持客观标准，在人云亦云的市井言论中能保持清醒的认知，在权威巨著面前也能不失明辨是非的睿智，不趋从于世俗，不依附于权势，还学术以自由、纯粹的境界，维护学术特有的高贵、尊严地位。

在学术腐败面前的编辑诚信，还必须具备尊重知识、学习知识、运用知识的意识和能力。"知之为知之，不知为不知"，也是一种诚信。有人做过统计，19 世纪知识的陈旧周期为 80～90 年，19 世纪末到 20 世纪初缩短为 30 年，近 50 年缩短为 15 年，现在有些知识陈旧周期已缩短为 5～10 年。积累知识、更新知识是编辑作为书刊生产的总工程师应

① 杨玉圣：《为中国学术共同体的尊严：学术腐败问题忧思录》，载《社会科学论坛》2001 年第 10 期。

该具备的技能，惟其如此，才能具有足够的判断新知识、新思想的能力，面对新的文化现象，能够做到不保守落后，不固执己见，把知识真正的神奇魅力有效地传播给社会大众，促进知识的普及与文明的进步。

（三）媒介信誉与编辑诚信

出版传媒作为社会大众沟通的纽带与桥梁，发挥着非常重要的作用，并在漫长的发展过程中，逐渐建立起自己的信誉体系。可以说，正是媒介自身的客观公正、诚实无欺，才使得社会大众对媒介产生了信任与依赖。

然而，在媒介的发展过程中，由于信息传播的偏差而产生的媒介失信现象时有发生。拿破仑第一次复辟，对他从厄尔巴岛反攻至巴黎的过程，巴黎的报纸有过如下报道："科西嘉的怪物在儒安港登陆"、"吃人魔王向格腊斯前进"、"篡位者进入格勒诺布尔"、"拿破仑占领里昂"、"拿破仑接近枫丹白露"、"陛下将于今晚抵达自己忠实的巴黎"……伴随着拿破仑军队大踏步走向巴黎的脚步声，巴黎的媒介也在忐忑之中匆忙调整自己的态度。在中国的"文化大革命"时期，媒介数量锐减，出版陷于停滞，到"文化大革命"最为灾难深重的 1970 年，图书只有4889 种、杂志 21 种、报纸 42 种。[①] 这些少得可怜的媒介基本上都在重复着一种声音，因而形成了牢固的舆论控制氛围，使一个具有十多亿人口的国度，进入一种宗教般的虔诚与虚幻状态。请看选自"文化大革命"时期《中国妇女》一则"9 岁小孩热爱毛主席"的封面说明：邢台地区发生地震，9 岁的小女孩马平国腿部受了重伤，妈妈来抢救她的时候，她说："先别管我，快把毛主席像取出来。"当她看到毛主席像边上被砸破了一点时，便伤心地哭了起来……30 多年后的今天，重新展读这些文字，那种阅读体验的复杂性很难用几句话说得清楚。针对一个特

---

① 黄升民：《中国广告活动实证分析》，北京广播学院出版社 1992 年版，第 19 页。

别的社会变化时代，硬要去强求媒介的客观公允甚至前瞻性，这确实没有体现出"理解之同情"，但是，也正是从这些特别的事例中，我们才能深切地体会到媒介公信失却对于社会大众将会产生什么样的后果。

在出版传媒异常发达的今天，媒介信誉已成为媒介保持竞争实力，赢得社会大众，树立媒介品牌，实现科学发展的重要手段，而媒介信誉的确立，要靠包括编辑在内的媒介使用者来完成，换句话说，媒介使用者个体的诚信，是形成媒介整体诚信的重要保障。为此，基于出版传媒方面的编辑诚信，首先表现为面对传媒信息时，应坚持客观真实的工作原则，尊重事实，表现事实，这是编辑的立人之本，也是媒介生存之本。其次表现为坚持对社会大众正确思想的指导作用。在1998年前后，"法轮功"借助各种传媒工具，对一部分人进行舆论驯化、控制、引导，从而在中国大地上演了一出出愚昧、邪恶、癫狂的闹剧。从传播的意义上反思"法轮功"现象，我们不得不承认，"法轮功"的活动之所以如此猖獗，与传媒不无关系。宣传这一邪教的图书、音像资料甚多，个别出版社给钱就出，客观上助长了其成长，最终造成了极坏的社会影响。这一惨痛的教训，应当成为一种警戒。对于编辑及其他文化传播者来说，正确的舆论导向永远是落实科学出版观应该恪守的行业准则。再次表现为拒绝媒介炒作。"媒介炒作"实为一大恶俗，不仅败坏媒介声誉，而且扰乱受众视听。然而，时下媒介炒作已成为某些"策划高手"利用媒介的最佳方略。歌星、影星在炒作，企业的产品在炒作，文化产品也在炒作。对于编辑来说，能够坚持全局观念，求真求善，明辨是非，在自己的职权范围内严格禁止此类现象的发生，当是对编辑诚信的最好实践。

（四）责任意识与编辑诚信

出版传媒是在社会发展中产生并为其服务的工具，传播先进文化的责任与使命是出版传媒的生命力所在。出版传媒的责任包括对社会、对他人、对媒介自身的责任。在出版传媒对他人的责任中诚信尤为关键。因为人的集合形成了社会，出版传媒只能存在于社会之中，出版传媒在与大众的传播沟通中能够坚持诚信，承担相应的责任，大而言之，是对社会尽责尽信，小而言之，是对媒介自身尽职守信。

随意浏览一下图书市场就会发现，现在的图书五花八门，应有尽有，甚至无中生有。图书内容更是涉及人们生活的每一个层面，为每一类读者提供阅读文本，为每一种生活进行了可圈可点的陈述，为每一种思想进行了是非臧否的记录。依托于图书市场的繁荣，一些平庸之作甚至污秽之作也大肆招摇，满足一部分心猿意马读者的低级阅读趣味。在这种情况下，出版传媒对于读者的责任淡化为投其所好甚至信息误导。著名编辑家叶圣陶先生堪称编辑的楷模，他曾说："我们要诚恳地以平等的态度对待我们的读者，给他们必要的条件，让他们成为有益于社会的人……我们要有所为有所不为。有所为，就是出书出刊物，一定要考虑有益于读者；有所不为，就是明知对读者没有好处，甚至有害的东西，我们一定不出。这样做，现在叫做考虑到社会效益。我们决不为追求经济效益而不顾社会效益，我们决不肯辜负读者。"有所为有所不为的选择，需要编辑的诚信。在出版传媒成为一种文化产业进入市场的运作过程中，编辑不应该成为文化商人，只重利益不重道义，而应该对读者恪守提供科学、有用、真实信息的传播原则。

在编辑进行文化传播的具体工作中，一方面要服务于读者，另一方面要服务于作者。如果诚信缺失、诚信失范，作者队伍及稿源的数量和质量都会降低，进而导致消费群体的缩减和市场占有率降低，甚至影响传媒业的生存发展。为此，编辑在与作者交往的过程中，要坚持原则，信守承诺，对于稿件的取舍标准，要一以贯之，不发"关系稿"、"人情稿"、"职称稿"等。与此同时，要有"为人作嫁"的奉献精神，认真面对每一个作者的选题、每一件作品的出版或发表。

体现在文化自觉中的编辑诚信，是客观公正的科学精神、兼容并包的人文情怀；体现在学术尊严中的编辑诚信，是坚持真理的科学态度、厚德载物的文化累积；而贯穿于媒介信誉中的编辑诚信，则表现为不因循苟且的媒介品格、不媚世媚俗的传播勇气；而基于责任意义中的编辑诚信，则是一种承担，承担为读者提供优秀作品、为作者畅通沟通渠道、为媒介严格信息传播、为社会文明传承导航护驾的任务。因此，编辑诚信不仅是一个理念，而且是一系列具体的工作实践与行为规范。

三、构建编辑诚信体系

诚信作为品德修养和行为规范，对于作为"文化传播工程师"的编辑具有非常重要的作用，为此，构建符合科学出版要求的编辑诚信体系具有现实紧迫性。

（一）道德教育是诚信养成的前提

诚信是传统道德的支柱。中国传统思想文化，儒道法墨多元并存，百家主张各有不同，然而，却把"诚信"作为共同的道德标准。一部2万字的《论语》，"信"字出现了38次，可见儒家对诚信的推崇。一部汪洋恣肆的《老子》，却对"诚信"充满了庄严敬畏。"轻诺必寡信"，表明老子对诚信的认真与执著，而"信者吾信之，不信者吾亦信之，德信"的思想，又表明老子倡导诚信的决心与信心。《墨子》对"诚信"更有独到的见解，"行不信者，名必耗"，不按诺言行事，名声必然败落；"言不信者，行不果"，说话不算数，行动不会成功。凡此良言箴规，无不为诚信教育提供了有益的启示。

现代诚信是维系市场秩序的经济伦理，是维系社会公共秩序的公民道德，它已渗透到社会生活的方方面面，具体到人们工作中的每一个环节。2001年4月16日，朱镕基同志在视察新建的国家会计学院时，以四字勉励广大师生："不做假账"；同年7月，"诚信"被当做一个必须

认真作答的作文话题，摆在了全国 450 万名考生的面前；中国加入
WTO，要和 142 个经济实体发生贸易往来……凡此种种，无不凸显了
诚信在现代社会中的重要作用。

传统的诚信意识与现代社会的诚信实践，形成了诚信文化的道德教
育内容。把这种表现人类精神的具有永久通约性的"公德"承接下来，
以此来培养编辑诚信，当不失为一种有效的方法。

（二）法制建设是编辑诚信的重要保障

法律是消除无序状态或预防无序状态的首要的、起经常作用的手
段。在我国的《民法通则》中，将诚实信用作为民事活动应当遵循的基
本原则。《反不正当竞争法》也将诚实信用作为基本的法律原则。法律
的意义在于权威性与公正性。编辑进行的是文化传播工作，涉及社会生
活的方方面面，依法行事不仅有助于编辑诚信养成，更主要的是为编辑
诚信提供了现实土壤。为此，构建完善的文化传播方面的法律制度与法
律规范，是编辑诚信能够产生社会效益的关键。目前，我国新闻出版立
法的呼声渐高，那么，编辑诚信的内容也应该作为其中的一个重要议
题，用法律的名义赋予编辑诚信以神圣与威严，不仅有利于出版产业的
科学发展、有利于大众传播的规范有序，而且有利于编辑自身的工作
实践。

健全各种文化传播规则是编辑诚信的具体方法。诚信是对以各种规
章制度所体现的社会契约关系的承认和自觉遵守。[1] 只有建立一套健全
完善的出版传媒规范，编辑诚信才有制度可遵循、有标准可执行。在这
一问题上，一些出版传媒企业已经开始行动。据有关资料介绍，黑龙江
日报报业集团已出台了《黑龙江日报报业集团采编人员十条禁令》，集
团十报两刊一网站的 488 名采编人员都签订了书面承诺，从而确保传媒

---

① 侯元斌：《论出版诚信》，载《出版参考》2003 年第 3 期。

形象能够得到有效维护。具有 100 多年品牌历史的商务印书馆，也对自己的出版态度进行这样的宣传："我们是文化建设者，而不仅仅是商人；我们提倡实事求是，而不是夸张和误导；我们提倡社会责任，而不是攫取社会财富……"这种体现在出版工作各个环节的出版精神，对于出版社的品牌形象战略无疑具有重要作用。

需要特别说明的是，建立出版传媒规范，一个不可或缺的内容是建立失信制裁制度、信用记录和评价制度，通过这些制度，让不讲诚信的编辑感到压力和出局的危机。

如果说道德教育是一种意识渗透和思想养成，那么法制建设便是制度保障，而一系列的传播规则便是行动的指南。处于传播枢纽地位的编辑，其诚信的根本在于对社会大众文化传播的认真负责。但是，其诚信行为能否一以贯之，还在于通过道德教育的内化以培养诚信意识，通过法制建设的强化以建立大众传播的诚信制度，通过具有可操作性的行业规范以确保编辑诚信能够落实。总之，我们要努力探讨、构建符合科学出版要求的编辑诚信体系，只有如此，才能保证出精品、创名牌，才能在当前激烈的国际竞争中立于不败之地。

建立中国特色科学出版的书评体系

在党的十七大报告中，胡锦涛同志站在新世纪新阶段中国社会发展的历史高度，对推动社会主义文化大发展大繁荣作出了全面部署，提出了新的更高要求。报告明确指出，要大力发展文化产业，繁荣文化市场，增强国际竞争力。运用高新技术创新文化生产方式，培育新的文化业态，加快构建传输快捷、覆盖广泛的文化传播体系。作为中国先进文化的重要组成部分，中国出版业无疑在中国特色社会主义文化建设中肩负着更为光荣而艰巨的使命。应该说，经过改革开放 30 年的发展，当前我国的出版产业在图书的策划、编辑、出版、发行中已经基本形成了自己的特色和规模，并在新世纪日益得到完善。但随着这种特色和规模的完善，一个不容回避的事实也摆在了广大出版人面前，那就是对于图书产品的宣传远远没有被纳入一个科学的体系之中，尤其是对于图书宣传起着直接作用的书评，更往往在我们整个的出版战略中被有意无意地忽略，完全没有发挥出它本应有的巨大作用。在今天全国人民兴起社会主义文化建设的新高潮中，我们有必要对书评在科学出版乃至整个中国特色社会主义文化事业中的地位和作用进行新的、深入的思考。

一、对书评概念理论的再认识

（一）何谓"书评"

书评（Book Review），顾名思义，就是评论或介绍书刊的文章。在中国古代的文化活动中，书评一度是与文评纠缠不清的。这是因为作为文章载体的"书"，那时候并没有完全获得自己的意义，文化人对于"书"的关注，实际上在很大程度上还是对于图书内容的关注，而这样的认识甚至直到现在也并不鲜见。造纸术的发明为人类的文化活动带来了巨大转折。据史料记载，唐代丹阳进士殷璠，在其选编的影响久远的《河岳英灵集》中，开始采用为所选诗歌加配简短批评的编辑方式，并直接启发了后人在图书生产方法上的创新。如宋人在刻印图书时把书中内容与总批、眉批、夹批、圈点等批评形式结合起来，成为中国古代出版史上一个具有里程碑意义的事件。不过，随着社会的发展和人们文化水平的提高，这样一种文评/书评一体的观念开始发生动摇，因为一些文化人除了对书中的内容感兴趣外，他们对于图书的形式似乎更充满了某种近乎偏执的喜爱，于是，对于图书版本的甄别以及对于不同版本图书优劣的评价，也就出现在人们的文化活动中。正是因为版本评论者和版本评论的出现，书评才真正脱离了单纯文评的束缚，具有更为开放的发展空间。这时候，书评关注的对象已不仅仅是书中内容的好坏，它们更负有对图书形式、版次、装帧、纸张、印刷、作者甚至藏书家传承一类的责任，并在客观上对图书的传播起着某种宣传作用。到了近现代，在传统的版本书评的基础上，书评有了更进一步的发展，不仅已经成为一种独立的文章体式，而且逐渐形成自己的写作规范，而大量的职业或半职业的书评人的存在，更在很大程度上为书评的写作提供了必要的保证。我们看到，在中国现代文化史上，众多"书话"的出现使书评"短、平、快"的特点越发显露，而鲁迅、茅盾、阿英、唐弢等一批文化人对于"书话"的青睐，则直接影响了后来文化人参与书评写作的热情。书评对于图书的宣传作用越来越明显，并日益成为公共关系活动中一种必不可少的桥梁与纽带。

（二）书评的文化承担与职责

每一个国家、民族都有属于自己的文化精神，在这种文化精神形成和发展的过程中，作为知识载体的图书所起的作用毋庸置疑，而书评作为对一个时代知识产品的理解与批评，也对于民族文化精神的形成与完善起着不容忽视的作用。不过在中国古代，由于图书流通渠道的局限，许多图书未能在较短的时间内获得很大范围的流通，所以人们对于知识的接受也较为缓慢。一些文学批评与版本书评（包括书目、序跋、提要、读书记等）虽然对于图书的传播起到了积极的促进作用，但图书流通渠道的不畅通，在许多时候让这些早期的书评不得不处于自说自话的状态，它们本应有的对于历史文化的承担责任也并没有更多地显现出来。现代社会则完全克服了这一障碍。出版技术的提高和信息手段的日益丰富，使图书的出版、制作、流通获得了前所未有的机遇，不仅单位时间内出版的图书成百倍千倍地增加，而且一本书从选题策划到编辑加工再到进入市场的时间也大大缩短，甚至在十天八天内完成一本书的整个出版过程，也不再是某种可望而不可即的"神话"。在这样的情况下，书评在文化发展中的作用被越发凸现出来。它不仅肩负着在很短的时间内把新出版的图书推介给读者的重任，更需要在众多的图书中分出良莠、作出判断，最终为民族文化精神的发展与完善发挥自己的作用。这个时候，书评已经不再是游离于图书之外的某种"学问"，而是与图书息息相关的一种存在——引导图书生产与流通、沟通作者与读者、判断知识与立场、褒贬真善美与假恶丑，并进一步在这样的工作中赢得属于自己的地位，在对于民族文化精神的历史承担中建立自己的知识体系。

（三）书评是科学出版中不可缺少的一环

在科学发展观的指导下，走出一条具有中国特色的科学出版之路，是我们出版人的共同追求。毫无疑问，图书生产作为科学出版中最重要的组成部分，其产品的性质、结构、道德取向将直接关乎科学出版的顺利进行。因此，我们必须看到，科学出版的关键是"科学"，只有这一出发点把握好了，我们的出版工作才能够健康地发展。现代出版业中，出版企业重视对于产品的广告宣传已经为人所共知。一些图书产品甚至尚处在制作加工阶段，其强大的广告宣传工作就已经展开，这为该产品未来的市场走向铺设了必要的舆论通道。不过需要注意的是，这样的广告宣传尽管对于产品的市场预期有一定的作用，但由于它是发生在产品进入市场之前，而且多数是以出版企业的利润回报为出发点，所以这样的宣传在某种程度上并没有获得相应的产品支撑，甚至广告内容与产品"风马牛不相及"的情形也时有发生。而书评则很好地避免了这种问题的产生。抛却那些缺乏立场、一味吹捧或恶意攻讦的书评不谈，真正的书评必然会从图书产品本身出发，理性地作出自己的判断。它们会自觉地摒弃广告话语中哗众取宠的成分，把自己的关注点集中在图书本身，对图书产品进行客观的、独立的、学术的、价值的、社会道德的关注，并进而对这些产品进行肯定或否定，为图书进入市场后的走向产生积极的引导作用。另外，由于书评本身所具有的比较功能，它可以在更大范围内关注到某一类型的图书产品在市场中的需求或饱和程度，对出版企业的产品开发、市场风险具有提示作用，为科学出版提供了来自"一线"的信息。因此，作为沟通图书与读者的桥梁，书评在科学出版中占有重要的地位，它已经成为科学出版中不可缺少的一环。忽视书评的作用，科学出版的"科学"二字将会被大打折扣。

二、书评在科学出版中的重要作用

(一) 现代出版业需要什么样的书评

既然书评是科学出版中不可缺少的一环，那么现代出版业中需要什么样的书评就显得尤为关键。以下简要谈谈现代出版业需要什么样的书评。

1. 具有社会道德责任感的书评

现代出版业的特征之一，就是以经济效益和社会效益相统一、把社会效益放在首位为根本。要追求社会效益最大化，出版企业就需要成为一个有理想、有抱负、有责任感的文化企业，在建设和发展民族文化精神的实践中作出自己的贡献，多出好书，多出精品，为广大读者提供充足的精神食粮。而书评就需要围绕这样的产品展开自己的工作。对于优秀的图书，从内容、作者、制作、读者等多个角度，畅所欲言，进行必要的总结和引导，让作者在主题选择、写作书稿时选好"点"，让出版单位在选题策划、书稿组织时把好"关"，让读者购买图书、进入阅读时获得"识"。只有做到这些，出版企业才会根据市场的需求及时总结、调整自己的出版思路，推出更多更好的图书产品，并在客观上促进书评自身的健康发展。

2. 总结成败得失的书评

书评的任务除了关注图书内容的好坏外，还在于从更大范围内对图书进入流通领域的情况作出快速反应。在市场经济条件下，出版业必须按照产业特征、市场规律、文化建设的需要来经营、管理和发展，这就要求书评能够紧跟市场的节奏，对于相关的图书进行从点到面的分析，这其中不仅涉及选题开发、编辑加工、发行流通等图书进入市场的一切环节，更要担负起比较、甄别、总结经验教训的任务。对于图书进入市场后的成败得失的总结，是现代书评有别于传统版本书评的特点之一，也是现代出版业中书评工作的一个重点。

3. 具有独立精神的书评

市场经济条件下一个鲜明的特征，是货币往往表现出不可思议的强势力量。因此，有关书评被货币支配的情形也就屡有发生。现代出版业是一个以出版物市场为基础，不断提高出版物生产、经营和服务，实现永续发展的文化产业。那么，书评就需要对市场上的图书产品进行客观的、具有独立精神的观照，以便为出版产业的永续发展提供准确的市场判断。时下我们经常会听到人们对于书评的批评，其核心指向就是不少书评失去了本应有的主体性，在公众面前完全丧失了可信度。在这样的情况下，要充分发挥书评在现代出版业中的作用显然是不现实的。

4. 坚持学术立场的书评

有关书评的学术立场问题是一个老生常谈的问题。之所以会成为一个问题，是因为不少貌似具有学术立场的书评，在实际写作中往往会脱离学术实际，变成一种书评人的自言自语。造成这种局面的原因不外乎两点：一是书评人对于所评图书心存顾虑，不论是来自作者的还是出版单位的压力，都让他在该实话实说的时候选择了"顾左右而言他"，甚至不惜违心说一些连他自己都感到脸红的话；二是书评人出于某种原因，对于要谈论的图书根本没有仔细阅读，仅从图书的标题、目录甚至他的一些"知识储备"就展开了对于图书的点评，这样的书评要么是隔靴搔痒，要么是离题万里，又怎么会具有真正的学术精神呢？

5. 形式活泼、富有文采的书评

这些年，我们的图书不断地生产，相关的书评也在不断地出现，但真正能够从内容到形式都让人称道的书评却少之又少。造成这样局面的原因，大概与书评人的非职业化、非学者化有关。其实，一篇好的书评不仅应对所评图书内容有很好的把握，而且它本身也应该具有自己的特色：形式活泼、富有文采。关于这一点，鲁迅、唐弢等大家的书评文字可以给我们更多的启发。想想我们周围充斥的那些文字艰涩、面目可憎的书评，又怎么会引起读者更多的阅读兴趣呢？近年来，随着出版产业的飞速发展，图书生产规模的不断加大，读者对于优秀书评的渴望也与日俱增。如果书评真正能在形式上有所创新，在文采上有所突破，那么书评才会真正被读者喜欢，它也才能真正在读者与作者之间架起文化与知识的桥梁。

（二）书评对社会主义文化建设的推进作用

胡锦涛同志在党的十七大报告中强调，在时代的高起点上推动文化内容形式、体制机制、传播手段的创新，解放和发展文化生产力，是繁荣文化的必由之路。作为中国特色社会主义事业的重要组成部分，中国出版业在全面建设小康社会的伟大征程中肩负着重要的历史使命。而作为科学出版中不可缺少的一环，书评对于社会主义文化建设同样起着不容忽视的推进作用。出版业要紧紧把握跳动的时代脉搏，离不开书评所提供的信息；图书生产要坚持正确的方向，离不开书评的引导与监督；作者、读者间进行文化的交流与碰撞，离不开书评所扮演的纽带与桥梁角色；社会主义核心价值体系要深入人心，离不开书评的潜移默化作用。从某种意义上说，书评的最终目的就是要在图书生产中实现宣传员与监督员的功能。一方面，它要把优秀的文化产品推介给广大读者，加快优秀的文化产品传播的速度，让所有的人都能接受优秀文化的熏陶，让人民共享文化发展的成果；另一方面，它也要对不断生产的文化产品进行监督，对于那些背离社会主义发展要求的作品给予毫不留情的批评，引起图书生产者的警醒，从而保证我们的文化战线坚持为人民服务、为社会主义服务的方向以及百花齐放、百家争鸣的方针，创作出更多反映人民主体地位和现实生活、群众喜闻乐见的优秀图书精品，并进而推进文化创新，增强文化发展活力，在社会主义文化建设中发挥重要的作用。

（三）书评对优秀图书产品的传播起推动作用

党的十六大以来，我国的出版业取得了巨大的发展成就，有资料显示，近年来我国每年出版图书 23 万多种，平均每家出版社年出版图书近 500 种。在如此众多的图书中，不要说一般的读者，即使是一些专业的出版人，要迅速分辨出优秀的图书也是相当困难的。因此有人感叹，书店里众多的图书已经让人失去了正常的判断力。同时，这又是一个图书产品"速朽"的时代，大量的新书不断地涌向市场，相应地，也有大量的准新书被残酷的市场淘汰，而那些稍稍有点"年纪"的旧书，更是在本已拥挤不堪的书店里毫无立锥之地。在这样一种情形下，如何能让读者快速、准确地找到他们渴望已久的好书，就成了困惑出版企业、图书销售企业的一个棘手问题。与现代社会发展相适应的广告当然可以起到一定的作用，但问题是广告本身常伴有的虚假性与夸大其词，已经让读者对它们失去了足够的信任。失去公信力的广告已不再是"包治百病"的良方，这样，书评的作用将被进一步放大。我们知道，离开具体的图书，书评将失去应有的意义。因此，书评总是与每一本（种）图书密切联系在一起的。对于那些优秀的图书，书评必须发挥自己的宣传、推介功能。对某一种图书快速作出客观、公正的评价，引导读者在浩如烟海的图书中找到"这一种"，就成为书评最紧要的任务。尤其是在优秀图书进入城乡，丰富农村、偏远地区、进城务工人员的精神文化生活方面；动员全社会共同做好青少年思想道德教育工作，为青少年健康成长创造良好的社会环境方面；大力弘扬爱国主义、集体主义、社会主义思想，以增强诚信意识，加强社会公德、职业道德、家庭美德、个人品德建设方面，书评更承担着别的文化形式难以替代的责任。但同时，如果书评真正能够最大化地发挥出自身的能力，在作者、出版企业、读者之间充分发挥桥梁与纽带的作用，那么它对于优秀图书产品的传播，也将起到巨大的推动作用。

（四）书评有助于现代出版产品结构、评价体系的调整与完善

在人们所熟知的出版业中，选题、组稿、编辑、出版（包括印刷）、发行是几个必要的步骤。一本（种）书从确定选题到进入书店，也就完成了上述整个流程，出版企业的工作也就告一段落。而对于图书进入市场与读者见面之前的这一时间空白，上述流程似乎关注得并不多。我们知道，出版产业繁荣的标志，就是两个效益的全面提高；而两个效益的全面提高，则最终落实在图书的发行码洋以及它带给读者的文化水平的提升。其中前者是显性的，后者是隐性的，但它们作为缺一不可的指标，共同彰显了出版企业在文化建设和推进中的努力。与过去的出版相比，现代出版产业更加注重在"经营力"与"管理力"方面共同发挥效力，力求在科学出版的道路上，最大化地提高出版企业的经营水平与管理水平。这样，研究图书产品进入市场与读者见面之前的这一空白点，扩大对于图书产品的宣传力度，并进而促进图书更快、更好地被读者接受，就不仅成为考察图书流通速度、广度的重要一环，同时也改变了传统出版中不重视图书产品宣传、经营的状况。毫无疑问，在加强对图书产品的宣传工作中，书评发挥着举足轻重的作用。作为图书宣传最重要的手段之一，书评不仅收复了广告丧失公信度之后留下的失地，而且很好地弥补了发布会、签售等活动的"一过性"效应，成为沟通出版企业与读者关系的重要桥梁。同时我们必须看到，对于现代出版产业而言，经营出版的理念要求出版企业具有与之相配套的经营手段，而这样的手段恰恰是评价现代出版产业时所必不可少的。作为现代出版企业宣传策略中的"常规部队"，书评已经不再是对于某种图书的滞后的评判，而是在整个企业的经营活动中扮演着极其重要的角色。好的书评不仅对具体的图书产生作用，而且对于整个图书产品的未来走向起到了总结经验教训、提示风险的作用，进而对现代出版产品结构、评价体系的调整与完善发挥着巨大作用。

三、重视书评须处理好几个方面的关系

（一）组织书评与图书整体宣传

对于一个富有活力的出版企业来说，对图书产品进行整体宣传不仅是一项十分重要的日常工作，而且也体现着该企业在竞争日益激烈的市场中的应变能力与适应能力。当今社会正处在一个信息爆炸的时代，每天推向市场的图书不计其数，为了能让读者在短时间里找到他们需要的图书，同时也为了能使自己在瞬息万变的市场风云中立于不败之地，现代出版企业迅速启动整体宣传计划就显得十分迫切。就目前而言，出版单位通常采用的图书宣传方式包括广告、书评、书讯、新书发布会、签名售书等。在这其中，除了书评有可能是读者在阅读图书之后，自发把自己的所思所想写出来发表外，其他几种宣传方式基本上均由出版单位来组织，并作为图书宣传工作的一部分被纳入一个阶段的整体宣传体系之中。事实上，书评对于图书宣传所起的作用往往不容低估。作为一种营销策略，出版单位组织书评的工作十分重要。这不仅因为书评拥有广告、发布会、签售等难以匹敌的低成本、长效应和可操作性，而且其"无形的销售"，更容易使读者接受。尤其是那些来自权威作者的书评，对于普通读者更有一种指引作用。因此我们注意到，一些品牌出版社，通常都设有负责组织书评的专门部门，并把组织书评的工作提高到整个经营战略的高度来做；同时，对于那些负责组织并亲自去写作书评的编辑人员，一般都会按照其组织、撰写书评的数量以及这些书评所发表报刊的级别折合一定的工作量，给予相应的奖励。

（二）书评与图书

对于一本（种）即将上市且有足够的市场前景的新书来说，出版单位对其进行整体的包装、宣传是非常必要的；而对于那些学术性较强、读者面相对较窄、旨在进行文化积累的图书来说，宣传时选择成本较低、效应持久的书评，就显得更为合理。我们知道，任何一家出版单位，在一定的时期内都会有它的工作重点。那么，对于那些非重点的工作、非重点的图书，是否就可以不管不问呢？当然不是。在图书宣传中，围绕那些时效性很强，旨在迅速占领市场的"畅销书"，就需要集中全部力量，综合运用多种宣传手段，即便是采用书评的宣传方式，也需要"集束"推出，给人一种铺天盖地的印象，以达到"吸引眼球"的目的。组织这样的书评，实际上更多的是体现出版单位的一种宣传策略，因而在具体操作中主要强调角度新和数量多。相反，对于以追求社会效益为主、凸显学术价值的"长销书"来说，出版单位组织书评就不仅仅是一种宣传策略的体现，更肩负着"辨章学术"的高深层任务。这样的书评发表出去，如果能引起学术界正常的学术论争，那么更会起到"一石二鸟"的作用。因此，出版社在组织这样的书评时，就要尽可能约请相关领域中的专家、权威，这样不仅可以增加该图书的分量，更可以提升出版单位在学术界、读书界、思想界的地位，无形之中完成整个出版单位的形象建设。我们知道，良好的社会效益给出版企业带来的可能是品牌和巨大的无形资产，是未来更大的发展，因而对于这样的书评，出版单位在日常的工作中应该给予更多的关注。即使是读者自发写作的书评，出版单位也应该想方设法与作者取得联系，并表示感谢。这样一来，不仅拉近了出版单位与读者的距离，也获得了更多的出版资源。

（三）书评人与作者、策划编辑

在很多情况下，书评人与作者、策划编辑是两对矛盾体。对于书评人写作的书评，多数作者、策划编辑可谓是"爱恨交织"。这是因为，一方面，作者、编辑希望自己写作、出版的图书在市场上引起足够的反响，不仅可以增加图书的知名度，获得更大的发行码洋，同时好的书评也可以帮助作者、编辑对于已出版的图书进行跟踪、研究，为图书的再版修订、完善提供好的意见和建议；但另一方面，作者、编辑又常常对书评人犀利的文字心怀恐惧，他们担心那些不留情面的书评会为图书的市场走向带来反作用，因而在实际工作中，作者、编辑对于书评人，尤其是那些自觉的书评人往往敬而远之，甚至有个别情绪激烈的作者公开宣称，他对于所有的评论文字从来都不以为然。事实上，这实在不是一种正常的关系。对于现代出版业而言，书评人与作者、编辑一样，都是现代出版体系中不可缺少的主体。处理不好书评人与后两者的关系，将直接影响出版企业多种工作的展开。书评人与作者、编辑之间的矛盾之所以会凸现，是因为长期以来我们已经习惯了碍于人情的"温和批评"。而所谓"温和批评"，与其说是一种批评，毋宁说是一种变着法儿的说好，其结果是表面上大家一团和气，但对于作者水平的提高、出版企业选题的把握，却没有任何实质性的帮助。鉴于这种情况，就要求我们的作者、编辑在实际工作中心态要好，不要害怕书评人给我们指出问题。对于那些有见地、有水平的书评人，我们应该给予足够的尊重：只有相互间的关系处理好了，作者、编辑、书评人的目光都集中在图书上，我们的出版事业才会向更好的方向发展。

（四）自然书评与组织书评

自然书评是相对于组织书评而言的。对于现代出版企业来说，组织书评是其整个图书宣传体系中必不可少的一部分，而自然书评则更是求之而不得。在很大程度上说，一本（种）书推向市场后，能够引来自然书评的关注，无论从哪个角度而言，都是好的。在当今图书生产如此快速的情况下，读者不仅能从浩如烟海的图书中选出你出版的"这一种"，而且还进行评价，形成文字，予以发表，出版企业和相关编辑应该感到高兴才对。但凡有经验的出版人都会有这样的体会，一本书出版后，如果市场反应平淡，缺乏各方面的关注，那么这本书未来的市场走向可能就危险了。因此，对于自然书评，现代出版企业应该给予足够的重视。当然，这种重视不是因为人家关注你的书、评价你的书，更主要的是要从这些书评所提供的信息中得到启示，以便下一步工作有的放矢地展开。与广告、新书发布会、签售等宣传手段相比，组织书评显然成本低、效应久，但真正组织到好的书评也不是一件轻而易举的事。有时候出版单位因为掌握的书评人资源有限，或者书评人碍于某种情面不愿"实话实说"，出版社就很难组织到有价值的书评。但相比较而言，那些自然书评则不仅完全出自读者的阅读体会，能够提供客观的、有价值的信息，而且还不需要出版单位花费任何成本，更何况如果该自然书评的作者就是某学术领域的专家，那么与这样的专家建立长期的、稳定的关系，不仅有助于类似工作的再度展开，而且还可以扩大作者资源队伍。想想我们有时候为了找到一个合适的作者不得不花费无数的精力，现在人家主动向你"示好"，你又怎么能让这样的机会白白地溜走呢？在组织书评与自然书评两者之间，从科学出版的观念出发，应大力提倡自然书评。

四、建立中国特色科学出版的书评体系

（一）建立全新的书评体系

在科学发展观的指导下，实现中国出版的科学发展，就需要建立全新的书评体系，为走出一条有中国特色的出版之路添砖加瓦。在这样的时代大背景下，建立全新的书评体系就显得尤为迫切。充分发挥书评在现代出版业中的引导、评价、监督作用，不仅是中国出版业持续、稳定发展的重要保证，而且具有深化文化体制改革，完善扶持公益性文化事业、发展文化产业、鼓励文化创新，营造有利于出精品、出人才、出效

益的环境的战略意义。全新的书评体系的建立，不仅要求政府和出版企业高度重视，在工作中出台相应的制度和措施予以保障，更需要全社会共同努力，形成一支高水平的书评人队伍，在出版业的诚信建设、品牌战略中发挥应有的作用，并进而在质量、效益、速度等多方面促进中国出版业又好又快地发展。

（二）专业书评阵地的营造、维护

1. 政府、出版企业对书评高度重视，形成完善的保障体系

全新的书评体系的建立，是中国出版业目前面临的大事，它将彻底改变传统出版中书评不被重视、书评不起作用、书评缺乏组织的状况，为优秀文化成果的快速传播、为读者对于优秀文化成果的选择、为出版企业的改革发展确立新的指针。因此，对于全新的书评体系的建立，政府和出版企业应给予高度的重视，有针对性地出台相应的制度和保障措施，实现书评在社会主义文化建设与科学出版中的健康发展，并最大限度地发挥它所承担的文化责任。在实际工作中，不论是国家新闻出版总署，还是各出版集团、各出版社，都应该把全新的书评体系的建立，放到科学出版的高度上来认识，放到社会主义文化建设的高度上来认识，真正保证书评有健康的发展空间。

2. 专业书评阵地的营造、维护

建立全新的书评体系，专业书评阵地的营造、维护是摆在我们面前最为迫切的工作之一。近些年，我国书评类报刊在逐渐增加，但相对于不断增加的图书出版量而言，仅有的报刊还显得远远不够。以专业书评刊物《中国图书评论》为例，该刊 2007 年第 1 期发表文章 35 篇。该刊为月刊，每年出版 12 期，那么平均一年的发稿量大约是 420 篇。在这420 篇文章中，一些是围绕同一本（种）书而展开，抛却这些主题重复的因素，可能涉及的图书还不到 400 本（种），而我国一年出版的图书总量是 23 万多种。通过这样的比较，我们就可以清楚地看到书评阵地

的匮乏程度。除《中国图书评论》外，目前开设有书评栏目（包括专版）的专业报纸有《中国新闻出版报》、《中华读书报》、《中国图书商报》、《文汇读书周报》等，专业刊物有《读书》、《书城》、《书屋》等，而且这些报刊在思想界、读书界都享有不错的口碑。但需要看到的是，这些报刊不仅读者面局限，而且个别刊物因为经营的困难一度面临停刊的危机（如《书城》），这就不能不让我们再一次陷入深深的思考之中。书评阵地除了需要营造之外，维护同样马虎不得。如何维护？首先是坚持独立的办刊（包括栏目）方针，让刊发的书评真正发挥作用，同时也为这些刊物（栏目）正身。第二，增加必要的投入。投入是事业成功的前提，在当今讲究投入、产出的年代，没有投入要想产出无异于"痴人说梦"。投入当然需要多方面的努力，包括财政支持、刊物自筹、出版企业出资等多种途径。第三，读者的支持和监督。读者的支持当然不是体现在资金层面的，但刊物拥有不错的读者量绝对是对办刊者的最大鼓励。专业书评阵地的营造和维护，最终还得靠读者来完成。

3. 加大投入，为书评发展开拓更大的空间

市场经济条件下评价一个企业成功与否的标准之一，就是有关投入与产出的考察。在一般情况下，一定的产出总是与一定的投入成正比的。对于书评的发展而言，必要的投入更是不可缺少的。政府、各出版集团、各出版企业适当地加大对于书评事业的投入，不仅有利于全新的书评体系的尽快建立，而且对于出版产业结构的调整，也具有重大的意义。这种投入一方面是资金和人才的投入，另一方面是书评环境的建设。前者好理解。资金是保证，人才是根本。资金到位了，一支高水平的、专业的书评队伍才能更快更好地建设起来，我们的书评事业也才能更加欣欣向荣，社会主义文化事业的发展也才更有推动力。而书评环境的建设，不仅指整个学术界、读书界要关注书评，重视书评，形成一种阅读书评、写作书评、评价书评的良好文化氛围，而且还要求我们出版界为书评的发展提供更多的阵地，要有更多的专业的、非专业的报刊发表书评，关注出版，关注我们的社会主义文化建设。总之，我们只有像

关注公益事业那样关注书评，像支持公益事业那样支持书评事业，全新的书评体系才会更快地建立起来。

4. 策划编辑书评意识的增强

策划编辑在图书出版中起着非常关键的作用，可以说，他们对于图书出版中的每一个环节都了如指掌。对于一本优秀的图书，只有做到全程策划、全线营销，才可能取得全面收获。如前文所述，目前多数出版社都设有专门的部门负责图书的宣传工作，但具体到某一本（种）书，要让这些宣传部门全部了解，并有针对性地制定出具体的宣传办法，也是不现实的。因此，策划编辑书评意识的增强就显得十分必要。首先，策划编辑对于手中图书的内容及其作者非常熟悉，对于相关领域的学科发展状况也有一定的了解，因此容易对该图书的学术价值有一个合理的判断，进而才会清楚哪些图书上市后需要书评的协助，哪些图书仅靠书评还不能起到很好的宣传作用。其次，发动图书作者周围的人写作书评，无论如何要比找一些"生手"更有针对性。大家都清楚，即便是职业的书评人也有不熟悉的学科范围，更何况是那些被临时抓来的充当"枪手"的外行呢？策划编辑有意识地重视书评，能够有效地避免不少书评"疯言疯语"的尴尬。再次，策划编辑书评意识的增强，有助于对自然书评及时作出反应。报刊上发表的一些书评并不是出版单位自己组织的，但这些书评客观、中肯，话能说到点子上。这些书评不仅对于图书起到了宣传作用，更为编辑提供了难得的信息反馈。毋庸置疑，一篇这样的书评远比十篇无关痛痒的文字更有助于编辑的下一步工作。此外，策划编辑书评意识的增强还有更多的好处，比如书评人队伍的建设、作者资源的扩大等，所有这些，都是缺乏书评意识的编辑在工作中无法相比的。

5. 摆脱某些书评严重"失位"的问题

人们对于书评的诟病由来已久，最主要的原因是长期以来书评失去了本应有的尊严，缺乏独立性。尽管各种报刊上还是多多少少有一些书评发表，但其中多数并不能提起阅读者的兴趣。这些书评要么出于某种原因赞歌一唱到底，要么隔靴搔痒、前言不搭后语，真正具有思想穿透力、敏锐洞察力、学术建设性的书评可以说是少之又少。即使一些书评人试图努力突破这种尴尬的境地，但受到自身文化水平的局限，他笔下艰涩的文字和单调的语言，又让他的实践陷入另一种窘迫之中。书评在事实上已经成为可有可无的东西，又如何能要求它们发挥应有的作用呢？要摆脱某些书评严重"失位"的状况，人们观念的变化相当重要。书评不仅仅是针对某本（种）具体的书发言，它甚至会涉及一个学科的发展状况以及相关的多个学科领域。就书论书的书评不会是好书评。好的书评应该是信息含量丰富、语言生动活泼、体例富有变化的书评，应该是体现书评人学术立场、思想观点，一针见血但有时候又温文尔雅的书评，应该是客观、公正，不受任何风气左右的书评。也只有这样的书评，才会让人怦然心动，才会引起读者的关注。可以不客气地说，缺乏思想、立场，隔靴搔痒的书评不仅不会提起普通读者的阅读兴趣，即便对于所评图书的作者、编辑而言，也没有任何的吸引力。对于严肃的作者和负责任的编辑来说，书评的最高境界不是文字，而是观点。那些严重"失位"的书评之所以面目可憎，就在于它们极力"藏拙"的时候反而"欲盖弥彰"。如果书评也像广告那样日益丧失了公信度，还有什么能在出版企业与读者之间真正架起沟通的桥梁？

6. 专家学者型书评队伍的建设

书评人的专家化、学者化一直受到众多人的关注。长期以来书评不能令人们满意的原因之一，就是缺乏高质量的书评写作队伍。在现代文化史上，鲁迅、茅盾、阿英等名家都对书评写作表现出浓厚的兴趣，并有过很好的实践，这不仅因为他们重视书评在图书传播中不可替代的作用，而且他们本身都从事过编辑、出版工作，对书评写作的重点有很好的体会，因而写起来就能得心应手。但近些年来，学者们似乎对书评写作的兴趣日渐减少，因为书评写作不仅需要长时间的阅读，劳心费神，而且书评这样的作品又不符合当今学术评价体系设置的规范，即便写出来也是"出力不讨好"，因而书评也就离专家、学者们越来越远。这样造成的结果是，一方面专家、学者对刊物上发表的书评越来越不满意，另一方面他们又不愿躬身开一时风气之先，书评的前景也就越来越黯淡。因此，要建立全新的书评体系，让专家、学者们尽快回到书评写作中来，就成为一个紧要的任务。当然，完成这样的任务不仅仅是专家、学者的个人问题，而是涉及当前我国文化评价体系的方方面面。这就需要全社会共同努力，一起为书评队伍的专家化、学者化提供必要的环境与条件。前几年，出于学术民间化的思考，吉林大学邓正来教授创办了学术集刊《中国书评》，在刊物征稿启事中明确提出学术性是采用稿件的主要标准，并把文学评论与书评区别开来。几乎出于同样的考虑，北京大学陈平原教授主编的同人刊物《现代中国》，也把大量的版面留给书评，并亲自写作了不少既体现学术性又富有文采的书评文字。这种有别于专业出版刊物对于书评的关注，无疑对于书评的繁荣作出了积极的贡献。

当然，建立全新的书评体系不可能一蹴而就，也绝非少数人就能完成，这需要我们在长期的文化实践中付出更加艰苦的努力。当前，中国出版业正面临着前所未有的机遇和挑战，在科学发展观的指引下，不断深化体制改革，加快实现出版产业化，努力追求中国特色社会主义科学出版的崇高境界，才是我们今后一个时期的中心工作。在这个过程中，发挥书评在科学出版中的重要作用，建立全新的书评体系，也就自然成为我们整个工作的题中应有之义。

塑造教辅图书科学出版的新理念

科学发展观是以胡锦涛同志为总书记的党中央以邓小平理论和"三个代表"重要思想为指导,进一步总结我国社会主义现代化建设的历史经验,从新世纪、新阶段党和国家事业发展全局出发提出的重大战略思想和指导方针,是推动经济社会全面发展、加快推进社会主义现代化建设必须长期坚持的重要指导思想。

出版作为社会主义精神文明建设和文化建设的重要组成部分,作为我们党重要的思想舆论阵地,只有切实落实科学发展观的要求,才能形成以人为本,全面、协调、可持续的发展局面,才能走向和谐发展的新局面。在出版领域贯彻落实科学发展观,就是要形成和坚持科学出版的理念;坚持正确的出版导向,注重"两个效益",走内容创新和专业化、特色化、品牌化之路;不断满足人民群众日益增长的精神文化需求,实现出版的可持续发展。

教辅图书出版作为图书出版工作的有机组成部分,在教辅图书出版工作中贯彻科学发展观,就是要坚持"以读者为中心,服务教师教学,服务学生学习"的出版宗旨,以满足广大师生教育阅读需求为出版目的,不断提升教辅图书的质量,及时用优质的教辅产品满足不同区域、不同层次教师与学生的教育阅读需求,帮助广大教师与学生实现人生价值和理想。

一、教辅图书出版实践科学发展观的现实意义

（一）在教辅图书出版中实践科学发展观，是由其在出版工作和教育工作中占有的重要地位决定的

百年大计，教育为本。教育关乎我国社会和经济发展的命脉，是提高综合国力的基础，上至国家下至个人，无不对教育充满期望。按照图书市场需求的塔式结构，启蒙读物及基础教育读物处于塔式结构的最底层，是需求量最大的部分。教辅图书属于基础教育读物的范畴，既具有图书的共有特征，肩负着培养民族精神、塑造民族灵魂、提高民族素质、彰显民族特色的光荣任务，又与教育，特别是基础教育有着最为密切的关系，承担着为青少年这一未来主人翁群体、为对青少年进行教育培养的教师群体提供图书服务的重要任务，承担着为他们提供精神食粮、文化产品的光荣而艰巨的任务，其重要性是不言而喻的。教辅图书是为提高教学水平、完成教学目标的一种不可或缺的课程资源，只要有教育就有教辅图书。基于教辅图书在出版工作中和教育工作中占有的重要地位，在两方面承担着的重要任务，它的发展必须是健康有序的、又好又快的，这一点决定了其发展必须以科学发展观为指导。

（二）在教辅图书出版中实践科学发展观，是由其在出版产业中占有的重大比重所决定的

从参与教辅图书出版的企业数量来看，目前全国570余家出版社中，90％以上有教辅图书产品；从年生产品种来看，教辅图书要占到全国年出书总品种的1/2左右；从码洋贡献上来看，有资料显示，2003年和2004年图书出版产业30％左右的实际码洋和销售收入都来自教辅图书市场。业内人士要求"改变出版产业对于教材、教辅图书的过度依赖"的共识，从另一个角度说明了教辅图书在出版产业中占有重大比重

的现实。随着基础教育改革的深入，虽然教育理念、教育政策和教材都发生了变化，教辅图书的内容和形式有了新的变化，但是我们必须清楚地认识到，绝大多数学生依靠现有的教材是很难达到较好的学习效果的。况且，考试制度还会长期存在，教辅图书作为一种不可或缺的课程资源，它的存在仍然是有必要的，广大师生对它的需求还是很大的，而且这种现象在短期内不会发生根本性的转变。所以说，教辅图书出版企业能否做好教辅图书产品的开发，稳定和规范教辅图书生产，维护和开发好教辅图书市场，对其未来的发展是有重大影响的。

（三）当前教辅图书出版中存在着诸多严重制约其发展的问题，是与科学发展观的要求不相符的

在经历了 20 世纪七八十年代的教辅图书饥渴期和 90 年代的市场成熟期之后，教辅图书市场似乎正逐渐走向饱和、衰退和混乱。基础教育改革、教材版本的多样化、"一费制"、"减负令"、考试的地方化以及出版资源重组等因素加剧了教辅图书市场的震荡。甚至有业内人士指出，随着书业以外资本的涌入、出版社和民营书商持续扩张形成的产品滞胀以及"农民军"在销售市场的强势冲击，教辅图书市场已然迅速告别"黄金时代"，进入了前所未有的"寒冬"。

教辅图书市场目前存在的问题概括地讲主要有：第一，产品创新缺失，"同质化"现象严重，图书品种多，品牌少，导致市场供求严重失衡，滞胀现象出现，泡沫化倾向初现。据有关资料显示，2004 年全国出书 20.8 万种，而教辅图书就超过 9 万种，接近 1/2。而这其中各种"作文大全"、"优秀作文"多达 1300 余种，"目标检测"有 600 余种、"单元试卷"有 400 余种，但能称得上品牌教辅的却极少。第二，成本加大，利润下滑。随着"一纲多本"政策的推行，各地区可以根据自身需要自主选择教材，出版者要满足不同地区的教辅图书需求，就要配合多种教材出版相应的教辅图书，教辅图书品种随之大量增加，而单本书

的发行量却相对减少，总印数被多个单品种平摊，导致开发成本不断加大，利润却急剧下滑。第三，编校差错离谱。新闻出版总署近几年连续组织了几次大范围的图书质量抽查，但结果均不尽如人意。部分教辅图书不同程度地存在知识性差错、文字错误、语法性差错、答案有差错、未做技术整理遗留的差错、引用原文出现的差错、表述不妥引起的差错、正文字号偏小等质量问题，个别图书甚至因质量问题被强行召回。第四，盗版猖獗，且屡禁不止，反有愈演愈烈之势；暗箱操作、教育腐败、商业贿赂问题严重，教辅图书出版成为社会焦点；大打折扣战、拖欠图书款、无理由退货等导致教辅图书市场秩序混乱，种种问题使这个市场变得更为复杂。

究其根源，根本性的问题在于，大多数出版社的教辅图书编辑活动是"站在出版的立场看教育"，编辑活动的核心是出版，工作的着眼点和出发点并不是教育问题，也就是说对于教辅图书市场的考察和分析、选题的策划和确立、出版计划的制订和执行、营销发行工作的开展等各个环节，都是围绕出版工作展开的，所以就不可能对教育发展有很强的洞察力，目前的教辅图书出版或是对轰轰烈烈的基础教育课程改革视而不见，或是忽视了教育的产业发展，直接导致教辅图书产品滞后于教育发展。要解决这一根本性问题，就必须在科学发展观的指导下，在教辅图书出版中努力实践科学发展观，主动由"站在出版的立场看教育"的工作模式转向"站在教育的立场看出版"。

按照营销学对于图书产品的概念确认和组成部分的划分，图书产品是通过交换能够满足读者精神需求和利益的有形物体及无形服务的总和，它包括核心层、形式层和延伸层三个部分。核心层是指图书产品提供给读者的实际效用或利益，是读者需求的中心内容；形式层是指图书产品的具体物质形态，包括图书的载体类别、品牌、包装、封面、插图、开本等，是核心层的表现形式；延伸层是指图书产品的各种附加利益的总和，是整体图书产品提供给读者的一系列附加服务。教辅图书出版工作要"站在教育的立场看出版"，就是从图书产品的核心层、形式层到延伸层的生产，都要围绕教育，围绕广大读者——教师、学生进行，按照教育改革的需求，按照教师、学生的切实需求来开展。要确保出版理念不落后于教育理念，至少紧跟教育理念。

二、教辅图书出版实践科学发展观的内涵

（一）在教辅图书出版中实践科学发展观，要以最大限度地满足不同层次、不同条件的师生的多样化、多层次的阅读需求为出版目的

出版教辅图书是教辅图书出版的基本任务，教辅图书出版就是要以不断推出的图书产品最大限度地满足广大师生的阅读需求，这包括三个层面的内容：

第一，从总体上讲，要最大限度地满足广大一线学生和教师的教育阅读需求。教辅图书出版的根本目的就是要以不断推陈出新的图书产品，满足学生和教师这一目标读者群对于教辅图书的需求，为他们顺利完成学习、教学提供文化产品支持。

第二，从产品结构方面讲，要满足广大一线教师和学生的不同深度、不同广度、多样化、多层次的阅读需求。要针对教辅图书市场不断细化，广大师生的需求呈多样化倾向，不同层次、不同条件的师生对于教辅图书的不同需求的状况，积极提供解决方案，以不断创新、不断丰富更加具有针对性的教辅图书产品，从不同角度和不同深度去满足广大师生的需求。

第三，从读者范围方面讲，要充分考虑城乡差异、地域差异的因素，考虑不同学生不同的学习能力和身体条件，重视满足广大农村地区、边疆少数民族地区、城镇低收入地区师生的需求，重视满足学习困

难学生、有特殊需求学生、获取信息困难师生的需求。特别要认识到，教辅图书在广大的农村欠发达地区和特殊教育领域还有开发空间和需求。对于以上两类读者群的教辅图书策划，如果能在充分调研的基础上，选择恰当的内容和载体形式，合理定价并辅以有效的营销手段，一定会取得较好的社会效益和经济效益。

（二）在教辅图书出版中实践科学发展观，就是要以最大限度地及时提供最优质的教辅产品为出版方向

1. 要不断提升教辅图书质量，缩短图书生产周期，以优异的质量和良好的时效性满足市场需求

作为"内容产业"，质量是图书的生命，教辅图书出版企业要把质量当做教辅图书出版的头等大事而常抓不懈，首先要保证其内容的科学性和准确性。这既是主动落实科学发展观的要求，更有其现实原因。要认识到，教辅图书和一般图书一样，当读者发现图书有质量问题时，购买的可能性就会降低。当读者发现购买的图书存在严重的质量问题时，通过人际口碑传播等途径，他们会形成一股集群力量来对付这个问题。面对日益挑剔的买方市场，教辅图书的优异质量是取得竞争优势的重要因素之一。

时效性是图书价值实现，特别是教辅图书价值实现的重要保障。教辅图书要符合教学实际，在图书生产时就必须考虑出版的时效性。教辅图书出版的时效性，既体现在要使最新的政策精神、教学成果在图书产品中及时体现，更体现在对生产周期的严格要求上。要用制度和技术手段保证教辅图书生产过程的流畅性，按照教材出版发行的要求去严格要求教辅图书的编写和生产。

只有教辅图书质量得到保证，生产周期得到保障，教辅图书产品及时出现在师生面前，实现了良好的社会效益和经济效益，教辅图书出版才能走上良性循环的发展道路。这是教辅图书出版在科学发展观指导下

实践科学出版观的基础性工作。

2. 要不断扩大优质教辅图书的品种，以"精品图书群"树立企业形象，展现企业风格，形成企业品牌

综观国际出版集团近年来的出版实践，市场的竞争首先表现为品牌的竞争，众多的出版集团正是基于各自在某些出版物上的质量优势、规模优势和特色优势，在国际市场上占据着霸主地位。品牌代表着消费者的一种内心认可，是一种无形的资产，是产品生产企业最宝贵的一种核心竞争力。在市场竞争中，强势品牌能提供更多的竞争优势。如在价格竞争中，优质品牌能对出版者提供保护作用；在进行品牌延伸时，品牌企业的新图书容易被使用者接受，容易进入新的产品市场。因而，从增加核心竞争力的目标出发，我国出版企业，包括教辅图书生产企业，应从品牌建设入手，加大内容创新的力度，靠品牌赢得读者，赢得市场，赢得竞争，赢得人才。一个出版社如果长期没有形成自己的品牌书，没有创造品牌社的目标，就好像是没有出版灵魂，企业也会因缺乏竞争力而无法发展、前进。

在教辅图书出版中实践科学发展观，就要自觉主动地走出"教辅图书技术含量低，并不存在品牌，也不需要品牌建设"的误区，要认识到品牌建设的重要性，认识到品牌对于教辅图书出版企业发展的重要意义，不断推进教辅图书品牌建设工作，打造企业品牌形象。

教辅图书品牌建设可以从产品品牌和企业品牌两个层面进行，创立产品品牌，形成"精品图书群"，是打造企业品牌的前提，企业品牌的建设是以产品品牌的建立为基础的；而企业品牌的塑造又有助于已有产品品牌的巩固和新的产品品牌的树立。教辅图书出版企业有自己的品牌战略，要分析自身实力，认清主攻方向，站在教学发展的前沿，对学科教学创新活动进行规划和组织；要立足读者需求，积极面向市场，进行内容深刻、范围广泛的内容创新活动，努力为读者提供高质量的文化产品，并从表达形式上创新为市场所能接受的形式；要积极调整产品结构，形成企业的出书方向、出书特色，不断扩大品牌教辅图书数量，努

力形成单个图书的优质品牌、系列图书的重点品牌、大型重点图书品牌项目，并注意图书品牌的维护。此外，还可以通过其他图书品牌的建立塑造企业品牌，以此带动教辅图书品牌的建立。而教辅图书出版企业品牌的建设则要通过一个或数个优良教辅图书品牌的支撑，形成企业出版风格，扩大企业的市场影响力，提高企业的利润实现率，最终完成企业品牌的塑造。这是教辅图书出版在科学发展观指导下实践科学出版观的根本性任务。

（三）在教辅图书出版中实践科学发展观，就是要最大限度地为培养人、成就人服务，以帮助广大师生实现人生价值和理想奠定良好的基础为终极目标

基础教育是传统教育，是科学传统和道德传统的教育，是帮助青少年继承科学、文化及道德的"社会基因再造工程"，是培养人的事业。素质教育是依据人的发展和社会发展的实际需要，以全面提高全体学生的基本素质为根本目的，以尊重学生主体性和主动精神、注重开发人的智慧潜能、注重形成人的健全个性为根本特征的教育。

教辅图书以素质教育的要求为指向，直接服务基础教育的重要性质，决定了在教辅图书出版中落实科学发展观，就要自觉、主动地以培养人、成就人，帮助广大师生实现人生价值和理想作为教辅图书出版的终极目标。具体地讲，第一，要让教辅图书成为服务教育改革、促进教育科研成果转化的重要载体，在推动教育改革、引领中国教育未来发展上承担起不可推卸的义务和责任；第二，要将教辅图书出版与教育改革的精神和实践联系起来，在选题策划、内容编制中落实好新课程"强调学生的自主学习，除了培养学生的知识与技能外，格外注重学生学习的方法与过程，将学生学习的过程与方法作为课程的主要内容，将学生情感态度与价值观的培养列为学习活动的重点"的要求；第三，要将教辅图书出版和一般意义上的图书出版区别开来，更注重其社会效益，更注

重其教育功能、文化传承功能，等等。这是教辅图书出版在科学发展观指导下实现可持续发展的主要目的。

三、在教辅图书出版中贯彻实践 科学发展观的具体措施

与其他图书的出版流程一样，教辅图书的出版也是由选题策划、编辑生产、营销宣传三大部分构成的有机整体。在教辅图书出版中实践科学发展观，就是要将科学发展观的理论要求贯穿于教辅图书出版三大组成部分的各个环节。

（一）选题策划：编辑工作的支点，实践科学发展观的原点

1. 要积极应对市场变化，科学地确立工作重心

要积极应对教辅图书市场的变化，就要对国家的有关文件精神深刻领会，不断学习；要密切关注教育部门有关课程改革的方针、政策以及措施，把握教育发展的新方向，将选题策划、读者对象确立和市场定位建立在准确把握相关教育政策、信息的基础上。同时，还要关心教学改革的实际情况以及教学资源的开发与运用等问题。

随着基础教育改革的不断深入和素质教育思想的不断加强，教辅图书固有的出版理念已发生动摇。在选题策划中实现科学出版，积极应对市场变化，就要做好以下几个方面的工作：第一，从选题策划理念上说，以往的以"应试教育"为核心的教辅图书策划方法亟待改进，要转换到以"素质教育"为中心的出版思路上来，不断策划以培养学生的良好素质、全面促进学生发展为目标的全新的教辅图书；要改变传统教辅图书围绕应付考试、诠释教材、梳理知识点和为升学提供"题海"的功

能定位，格外重视学生学习方法的培训，注重学生情感态度与价值观的培养。第二，从选题策划实践方面讲，就是要把教辅图书出版的目的转变到提高学生的综合素质上来，除了培养学生的知识与技能外，要着重开发提高读者素养、能力，对开拓读者的思维有益的图书。优秀的教辅图书不应该仅仅是练习册，它应该能很好地体现课程改革的新理念，对课堂教学改革形成一种凭借和推动功能。第三，从选题策划的范围上讲，随着读者层次的多样化，教育的外延和内涵均有所扩张，教辅图书不能仅仅面对学校教育，更要涉猎"大教育"领域，使生活常识教育、科普教育、文化素质教育等均成为教辅图书出版新的内容选择，出版企业要注意这方面选题的策划。

2. 要加强市场培育和内容形式创新，拓宽教辅图书的市场空间

面对市场现状，要想在教辅图书领域有所作为，就要确立创新观念，用差异化和个性化取代"同质化"，通过坚持"新、特、精、专"的发展思路，形成自己的出版特色和出版个性，不断创建和巩固图书品牌和企业品牌，在市场上获得竞争优势。教辅图书创新不仅包括产品创新，还包括新市场的开拓。其中，产品创新包括选题创新、图书类型创新和载体形式创新等。

选题创新也就是内容创新。教辅图书选题创新大致包括这样几个类型：根据市场情况自主开发新选题，先于其他企业行销并占领市场；在市场调研基础上的选题高级模仿创新；围绕企业在长期出版实践中形成的产品、渠道、市场等方面的优势开发新的选题等。在教辅图书选题创新过程中要注意克服以下四个方面的问题：一是只注重满足广大师生的现有需求，却忽略主动引导、创造和激发他们的新需求；二是不注重市场调查，只凭经验感觉和捕捉"热点"来满足广大师生的需求，闭门造车；三是偏执于广大师生需求的反应和满足，忽视竞争对手的威胁；四是过分注重市场导向，以为市场机会就是企业的机会，忽视本企业的编辑出版能力和长远规划。

教辅图书类型有多种，类型创新就是要根据不同类型图书的市场饱

和度和发展前景作出相应的判断和应对策略。具体地讲，同步类、专题类、试卷类、"教材全解"类、工具类、中高考类图书在市场上品种繁多，接近饱和；参与操作型图书发展较快，值得介入；"衔接型教辅图书"、"新理念评价型教辅图书"、"网络支持型教辅图书"尚为市场盲点，发展前景较好，有待开发。

载体形式创新既包括现有载体形式中的装帧设计、用纸包装等方面的创新，也包括新的载体的应用。新的载体如电子书、数字学习机、电子书包等。目前，电子书包已经在国外学校使用，所有的教材内容都包含在电子书包内，这有力地冲击着传统的纸质教材和教辅图书。电子词典方面，国内卡西欧电子词典包含了 9 本词典的内容，"诺亚舟"系列学习机包含了 9 门课程，汇集了多个学科全国名师制作的课件、试题和网络辅导资源，并且可以不断更新、下载。

市场创新就是要积极开拓"区域化出版"等新的图书市场和出版形式。区域化出版既可以是出版社单方面为满足特定区域市场需求，策划生产专供图书产品，也可以是出版社与当地教育部门合作，打造适合当地市场需求的图书产品，使新产品在该区域具有绝对的影响力。市场创新还可以是新的图书出版领域的开拓。当前，随着"大教育"观念的深入人心，生活常识教育、科普教育、文化素质教育读物市场需求量逐年上升，这些领域理所应当成为教辅图书出版新的扩张方向。

（二）编辑生产：编辑工作的重点，实践科学发展观的基石

1. 要抓好教辅图书作者队伍和专业编辑队伍的建设

科学发展观指导下形成的科学出版观，要求出版工作坚持"以人为本"的理念，树立人才兴业的战略思想。"功以才成，业由才广"，未来的竞争是人才的竞争，有了人才就有了智慧，有了智慧就有了创新的资本。具体到教辅图书出版人才队伍建设，就是要抓好"内容人才"——

作者队伍的建设和"技术人才"——编辑队伍的建设。

强调作者队伍建设，是因为图书出版是"内容产业"，作为内容提供者、选题策划的具体落实者，作者的重要性不言而喻。没有高水平的作者，就不会有高水平的出版物；没有一批高素质的稳定的作者群，就不可能造就一家名牌出版社。可以说，作者是出版社的"衣食父母"。教辅图书作者不仅要满足出版工作对作者的各项要求，而且基于教辅图书直接服务于基础教育的特殊性，教辅图书作者必须有崇高的使命感、高度的责任感，必须熟悉教育政策、熟悉教改动态，对所从事学科的教学要极其熟稔，要保证所编著的图书科学、准确地体现课程改革的最新动态，体现学科最新研究成果，对学生学习方法、技能的提高提供最有力的支持。所以说，要在编辑工作中切实落实科学发展观，就要从作者队伍建设抓起，将作者队伍建设作为重要任务和经常性工作来抓，加大资金投入和感情投入，以优厚的经济条件和良好的服务吸引作者、团结作者；对现有作者定期进行相关业务的培训，将最新教育信息、学科动态及时提供给他们，支持他们的研究、写作；建立后备作者资源信息库，及时将了解到的各级教研员、教师的信息整理添加到信息库中，为选用合适的作者提供保障。

编辑队伍的建设之所以重要，是与编辑工作所处的地位密切相关的。在由编辑、印制、发行三个环节所组成的整个出版活动中，编辑是图书生产的组织者，是连接作者与读者的桥梁与中介，编辑工作完成质量的优劣，将直接影响到出版活动中其他环节工作的正常开展，并进而关系到出版企业的生死存亡。教辅图书以素质教育的要求为指向，直接服务于基础教育的出版性质，决定了教辅图书编辑队伍建设尤其重要。要建设一支高素质的教辅图书编辑队伍，需要注意以下几个方面：第一，要注意编辑人才的凝聚，建立健全人才引进机制，严格筛选、考核，尽可能在人才的选择上做到最优化；第二，要利用各种方式，加强编辑队伍思想建设，加强教辅图书编辑使命感和责任感的培养；第三，要建立完善的专业培训机制，创造条件，如调研、进修和参加专业的学术研讨会等，让编辑有专业学习和提高的机会；第四，要加强教辅图书编辑对教育政策、教改动态的敏感性，对所承担编辑学科专业知识、学科动态和学科科研人才、教学人才掌握的全面性，自觉将成为优秀编辑、"学校外的教育家"作为职业目标。另外，要加强教辅图书编辑对印制、发行等环节基本知识的学习，使其完成从"编辑专业主导型"向"全能出版人"的转化。

2. 要用有效的手段确保教辅图书质量

图书质量是个综合的概念，包括图书内容与形式相统一的整体质量。图书质量是出版社生存和发展的命脉，是创造良好社会效益和经济效益的重要保障，也是打造优质品牌图书的基础。目前，教辅图书的质量令人担忧，质量问题既有内容方面的，还有表达形式上的。从编校质量来看，在新闻出版总署组织的 2006 年全国教辅图书质量专项检查中，抽检的 790 种图书中不合格图书有 64 种，占总数的 8.1%，形势不容乐观。此外，其他方面的质量问题也呈上升趋势。

要保证教辅图书的质量，至少需要做到以下四点：第一，要认识到图书产品生产不同于一般的商品制造，它是精神产品的生产，要提高教辅图书生产各环节从业人员的责任感和质量意识。第二，要严格执行图书质量管理的有关规定，如《图书质量保障体系》、《图书质量管理规定》，严格履行稿件三审责任制、责任校对制、"三校一读"制、成批装订前的样书检查制等制度。第三，要加强对教辅图书出版从业人员的专业技术培训、新技术培训，提高从业人员的技术水平。第四，推广先进技术，如应用校对软件，对内容质量进行把关；借鉴国际通行的质量管理标准体系，如引入"ISO9000 族标准质量管理体系"，对选题策划过程、编辑校对过程、出版印刷过程、发行储运过程的质量加以控制。

3. 要加快教辅图书出版的速度，缩短教辅图书的出版周期

当前，数字技术的广泛使用正在对出版业的发展产生深刻的影响。要加快教辅图书出版的速度，出版企业要从以下几方面做好自己的工作：

首先，要加快出版业运作方式从传统手工工作方式向信息化、网络化的重大转变。要做好教辅图书出版管理的信息化、网络化，实现管理的动态化，加快出版速度。

其次，要从教辅图书生产的源头——稿件环节强调质量意识、时间观念、效率意识，为各生产环节的顺利进行作好铺垫，并对各环节的生产时间加以监控，提高准确率，避免重复劳动的可能性，以提高各环节工作效率，从而提高整体工作效率，缩短出版周期。

再次，要借助高新科技的手段，如新一代编辑出版业务管理系统（PMIS）、新的高效准确的排版录入软件和稿件网络传输技术，提高教辅图书出版速度，缩短教辅图书的出版周期。

特别要强调的是，在加快教辅图书出版的速度、缩短教辅图书的出版周期的同时，要科学地处理好生产速度与图书质量的关系，把握好两者之间的平衡关系，两个方面都要抓好，既不以放弃图书质量为代价，追求单纯的出版速度；也不以强调质量为借口，影响图书的出版速度，影响图书的时效性。

（三）营销宣传：出版工作的重点，实践科学发展观的关键

1. 要主动以合理的手段、理性的营销，规范经营、规范竞争，净化市场、培育市场

发行是实现图书价值的唯一途径。但是按照《中小学教辅材料管理办法》的要求，各级教育行政部门和其他有关部门不得以任何形式强迫学校订购，中小学不得组织学生购买，发行部门不得向学校征订或随教材搭售一切形式的教辅资料。教辅图书要由学生自愿购买。但是面对庞大教辅图书市场"蛋糕"的诱惑，暗箱操作、"潜规则"、商业贿赂现象时有发生，中小学教辅图书市场因长期的无序竞争而变得混乱。教辅图书的质量直接关系着我国教育的水平和结果，进而影响国家的未来，如

何建立更有序、有效、健康的教辅图书市场成为整个行业都在思考的问题。

教辅图书出版企业在发行环节实践科学发展观，首先就要主动保护和规范教辅图书市场。同时要充分认识到规范教辅图书市场经营活动的必要性和紧迫性，正视当前经营活动中存在的问题，从自身做起，严格遵守现有的法律、法规，支持发行联合体、发行工作委员会等行业自律机构、专业协调机构的工作，规范经营、规范竞争，以培育市场、净化市场，在健康、规范的市场中合理竞争，最终在竞争激烈的市场中站稳脚跟。

2. 建立有效的教辅图书营销宣传模式

按照传播学的理论，图书营销宣传是要以恰当的传播媒介和传播方式，将想要传播的内容，在第一时间准确地传达给"受众群"，以让"受众"第一时间获得图书信息为宣传目的。图书的营销宣传涉及几个要素，即"受众群"、传播媒介、传播形式、传播内容等。具体到教辅图书营销宣传就要做好以下几个方面的工作：

第一，确立教辅图书信息的"受众群"。教辅图书的目标读者首先是有教育阅读需求的学生、教师；其次，学生家长也是教辅图书出版特别应该关注的群体。这是因为学生没有独立的经济来源，独立选择能力也比较差，购买教辅图书时往往需要家长陪同，甚至由家长代为购买，而且广大家庭对于教育越来越关注，在教育投资方面的比例在逐年攀升，家长们对于教辅图书也是十分关心的。另外，从广义上讲，教辅图书经销商也应该被算作教辅图书的"受众群"，他们也应在第一时间得到出版企业最新的图书出版信息。

第二，根据教师、学生、家长和经销商的经济条件、阅读习惯等的不同，有针对性地选择传播媒介和传播形式。在传播媒介的选择上，可以是平面媒介，如教育类报刊；可以是广播电视媒介，如专业教育频道、教育类电视节目；还可以是网络媒介，如通过 QQ、MSN、E－mail 等网络通信工具发布信息。在传播形式的选择上，可以是书评、连载、采访、书讯，或者简单的海报，但都要有针对性。如投放广告时，针对教师群体的，要选择《中国教育报》、《中国教师报》等；针对学生群体的，要选择《英语周报》、《语文报》、《少男少女》等；针对经销商的，要选择《中国图书商报》、《中国新闻出版报》、《图书出版发行研究》等。此外，根据教辅图书的不同类型，在投放时间上也要进行细分，如中、高考前四五个月投放中、高考复习类图书广告，假期里投放下一学期同步类图书广告等。

第三，要积极关注和借鉴新的营销宣传形式，比如上面提到的通过QQ、MSN、E—mail 等网络通信工具和教育类专业网站发布教辅图书新书信息；再如联合当当网（www. dangdang. com）、卓越网上书店（www. joyo. com）、中国图书网网上书店（www. bookschina. com）等，这些网上书店都有专门的教辅图书栏目，可利用它们提供的网络展示平台和灵活快捷的结算方式，进行教辅图书的网上销售；另外，还可尝试"出版移动行销"的模式。所谓出版移动行销，就是将传统的纸质书籍通过相应的视听软件编辑成手机电子书，在手机增值服务领域创造收益，实现纸质书籍销售和手机下载订阅双向赢利的一种图书营销方式。根据教辅图书类型的不同，可以将试读内容、答案部分制成电子书，供手机下载订阅；其他，如加入发展迅速的"图书营销联盟"等。图书营销联盟是方正 Apabi、全国多家出版社、书店、网络共同打造的立体化图书信息网络，旨在为读者提供便捷、准确的查书、买书服务。

总之，有效的教辅图书宣传模式就是通过恰当的传播媒介，以恰当的传播形式，将有针对性的传播内容，准确地传递到教师、学生、家长和经销商那里。

3. 要建立完善的服务保障体系

由于教辅图书产品在品种、质量、价格上的同一性，竞争在某种程度上更聚焦于服务质量，服务的优劣成了图书营销成败的关键因素。只有全面导入师生满意战略，一切营销服务活动以师生需求为中心，以实现师生自身的价值为导向，树立全面为教育服务、为教学服务、为学习服务的理念，以广大师生读者"百分百满意"为目标，教辅图书出版企业才能逐步建立完善的服务保障体系。完善的服务保障体系还应该包括为销售商提供的"一揽子"服务。

所以说，完善的教辅图书服务保障体系，不仅仅是完成图书售后及时退换、认真处理销售商和读者咨询等任务，还应该包括针对读者的服务内容、针对销售商的服务内容等的完整的、系列的体系。针对读者的服务，比较平常的做法是销售图书时附赠课程表、幸运卡、测试卷等。值得关注和借鉴的是一些国际教育出版商的做法。著名国际教育出版商培生教育（PearsonEducation）新近在北美推出了"辅导中心"（Tutor-Center）服务。学生购买该公司的教材后，可以再花25美元购买注册卡，注册后即可享受"服务中心"提供的服务，可以通过电话、传真、电子邮件向中心提问。另外，中心还提供交互式网络的服务：经提前预约后，学生可与辅导中心的老师进行交流、答疑。目前，国内的一些大型教育出版企业也在积极探索以网络技术支持的专家与师生读者间的互动式服务，这将是今后教辅图书服务的新方向。除此之外，还应该通过读者俱乐部、读书活动、调研活动设法与一线师生建立互相信任的关系，树立出版社的优良品牌，在巩固老客户的基础上发展新客户，增强出版社的永久竞争力。

在针对经销商的服务方面，教辅图书与一般图书的营销服务区别不大，都应该包括售前、售中、售后三项服务。售前服务包括制定合理的价格政策，向代理商提供最新的课程改革信息和动态，对他们进行培训；售中服务包括及时供货、调货，派专人指导经销商铺货，发放宣传资料等；售后服务则是指及时补货、收集客户反馈意见等。

教辅图书出版企业不能太短视，只看到眼前的利益，而要考虑到做什么才能扩大图书的影响力，要建立完善的服务保障体系，以期在巩固现有的市场占有率的同时，促进产品的长远销售，同时也能带动其他图书的销售。如此，方能在出版中将科学发展观的具体要求落到实处。

4. 要努力完成出版企业"从教辅图书出版商到基础教育资源服务商"的角色转换

首先，我们要明确这样几个概念：出版商、教育资源、基础教育资源。出版商，也就是图书内容的提供者和制作者。关于教育资源的定义比较多，一般来讲，它是指蕴涵着教育相关信息的各类信息资源，有狭义和广义之分。狭义上讲，教育资源仅仅指用于教学过程及教学评价与管理的教材、课件、辅导资料、参考资料、习题集、试题集、工具型资料、教学标准与过程规范等，这些教育资源的特点是具有一定的教育价值。广义的教育资源还包括教育新闻、招生信息、教育类广告等资源。基础教育资源就是指服务于基础教育领域的教育资源，既可以是数字化的，也可以是非数字化的。

教辅图书出版企业要完成"从教育图书出版商到教育资源服务商"的角色转换，类同于从"站在出版角度看教育"向"站在教育角度看出版"的转换，是一种出版理念的转换。为了实现这种转变，教辅图书出版企业首先要最大限度地提供丰富的内容产品，最大限度地满足广大师生的教育阅读需求；其次，要为教师教学、学生学习提供全套的整体解决方案，提供完善的、全程的服务。换句话说，就是提供丰富优质的基础教育增值服务。通过创造极大丰富的教育资源产品和服务，最大限度地满足广大师生的教育需求，使得教辅图书出版企业不仅仅是一般意义上的图书出版商，仅仅通过图书的制作、销售获取经济利益，而是成为包括图书产品、其他教学产品和教育资源、教育服务为一体的资源提供商。

教辅图书出版企业和从业人员，要认识到落实科学发展观的必要性和紧迫性。只有将科学发展观的各项要求落实到教辅图书出版的各个环节，教辅图书产品才能更加贴近教育实际，才能真正满足广大教师与学生的阅读需求，教辅图书出版才能走上健康有序、又好又快的发展道路，教辅图书出版企业才能提升竞争力，实现突破"红海"进入"蓝海"的最高战略目标。

培育少儿报刊科学发展的新思维

我国的少儿报刊从 20 世纪 80 年代恢复创办以来，发展极其迅速，目前，全国有各类少儿报刊 500 余种，编辑及各类工作人员数万人，已成为我国报刊领域一支十分活跃的力量。随着市场经济的完善和报刊市场化程度的加强，少儿报刊的发展遇到了许多新问题，一些曾积极指导少儿报刊向前发展的理念已显得陈旧过时，少儿报刊必须在科学出版观的指导下，经历一场理念上的革命性演进。只有这样，才能确保我国的少儿报刊又好又快地健康发展。

一、树立品牌意识，打好 21 世纪品牌战

营造品牌是现代报刊面向市场从事产业化经营过程中必须经历，也必须完成的一个阶段，特别是在市场经济日臻完善的 21 世纪，名牌将成为市场的主体，报刊的品牌形象将直接决定着报刊在市场竞争中的命运。纵观我国少儿报刊发展的历史，我们不难发现，我国少儿报刊恰恰没有经历过这个极其重要的阶段。目前，在全国几百家少儿报刊社中，很少有大张旗鼓地提出并真正花大力气实施名牌战略的，在读者心目中能称得上名牌的少儿报刊实在难以寻觅。所以，品牌意识的淡薄已成为影响我国少儿报刊发展的一大关键问题，而忽视品牌

建设的阵痛，各报刊社都已深深体味。2000年，教育部的一纸中小学生减负令使各少儿报刊的订数全面下滑，下滑幅度竟达20％之多，降幅之大令人震惊。细究其原因，我们可以发现，我国少儿报刊恢复创办的时期，正是我国应试教育大力发展的时期，所以，少儿报刊在恢复创办伊始就置身于浓厚的应试氛围之中，"应试"服务成了绝大多数报刊的工作重心。因此，在少儿报刊的整体格局中，学习辅导类报刊占据了绝大多数，因为只要有利于学生"应试"，报刊就能得到教师、家长乃至孩子们的欢迎，而且不完善的报刊市场也使各报刊社无须实施名牌战略，只要依托于一些教育主管部门，就可以建立起相应的发行网络，报刊便得以顺利发行。随着素质教育的实施和市场经济的建立，少儿报刊的这种发展模式的弊端日渐凸显。一方面，从应试教育模式下解放出来的孩子们的阅读需求和自主意识逐渐增强，他们热切地期待，也在积极地寻求能真正满足其阅读兴趣的名优读物；另一方面，日渐规范的报刊市场也在呼唤能满足孩子们多种兴趣的名牌出现，以引导市场竞争的公平进行，促进报刊市场的健康发展。而吃惯了教辅饭的少儿报刊社却难以割舍对学校教育的依恋情结，漠视少儿报刊市场的新动向，忽略报刊应有的品牌塑造，热衷于花大力气巩固和强化多年营造起来的教育主管部门—学校—教师这一发行网络，变着花样搞教辅，加大折扣促发行。这样发展的必然结果是增加读者的失望感，造成大量读者流失。所以当教育部的减负通知下发后，随着集体组织征订力量的削弱，少儿报刊的订数大幅下降也就在情理之中。少儿报刊社一定要从中吸取教训，以清醒的头脑来认识名牌在现代市场中的地位，去除浮躁心态，不为眼前利益所惑，潜下心来，认认真真补好品牌营造这一课，扎扎实实打好21世纪的品牌战，实现科学发展。

当然，少儿报刊要实现科学发展，营造品牌是一项艰巨而又复杂的工作，需要付出艰苦的努力和大量的投入。首先要制订好名牌发展规划，明确各阶段的发展目标及实施细则，以此来指导具体工作，确保品牌建设的有序进行。其次要严把质量关。这里所说的质量不仅仅是文字质量，而是全面质量，因为这才是名牌的生命。报刊社要给自己的报刊准确定位，认真地分析自己的报刊是办给哪个年龄段的孩子看的，满足孩子哪方面的需求；并要经常深入市场，了解自己的竞争对手在干些什么，他们的竞争优势有哪些，哪些读者还较少被关注，哪些内容还被他人忽视，哪些手段还可以利用，我们的报刊还有哪些不足，等等。在不断解决这些疑问的过程中，提高自身的办报办刊质量，形成自己的报刊特色，从而不断地吸引读者，积极地塑造读者。当然，高质量的报刊还离不开高质量的稿件，所以一定要团结一大批高水平的作者，从而为营造名牌提供源源不断的优质稿件。第三，要实施人才发展战略。因为人才是名牌的资本，只有拥有一支稳定的精通业务、爱岗敬业、勇于创新的人才队伍，报刊的品牌才能做大、做新、做久。各报刊社都要积极地吸引人才，努力地培养人才、发掘人才，大胆地使用人才，建立一套使人才脱颖而出的用人机制，为报刊的长远发展提供坚实的人才保障。第四，要重视品牌的整体设计，认真搞好品牌的宣传与推广。美国哈佛大学教授罗伯特·海斯说："15 年前企业主要在价格上竞争，现在是在质量上竞争，将来将是设计上的竞争。"我们要充分重视设计在营造品牌中的重要性，因为名牌不光要有名牌的内在素质，也要有名牌的外在形象。外在形象包括报刊标志、主打广告语、报刊社所具备的现代企业精神、核心领导人的形象风格等。这些都需要精心设计，使其更精更美，在读者心中更具魅力，更富吸引力。而宣传和推广品牌形象是营造名牌的重要环节，各报刊社一定要设计好切合自身实际的宣传和推广方略，充分利用现代媒体的宣传优势，制造出应有的轰动效应，使自己的品牌深入人心，引导读者消费好自己的品牌，真正做到科学发展。

二、树立完整的少儿报刊发展观，使少儿报刊 走上良性发展的轨道

一般来说，报刊的出版包括编辑、印刷和发行三个组成部分。但是，随着我国市场经济的建立和发展，现代报刊在从事产业化经营的过程中，生产过程除了编、印、发之外，又加上了广告业务的延揽。而且随着市场经济的发展，广告在报刊中的地位日益突出，广告收入将逐渐成为报刊利润的直接来源，维系着报刊的生存和发展。目前，在美国就某一家报刊而言，发行收入约占报刊总收入的30％左右，广告收入约占60％；在日本，发行收入约占报刊总收入的40％，广告收入约占50％；在我国，经营比较好的、影响比较大的报社，其收入的基本构成大概是发行收入占32％、广告收入占65％、其他收入占3％。现代传播理论认为，广告收入在报刊业经营中所占的百分比已成为报刊业市场化程度的一个重要标志。所以，随着市场经济的完善，广告在报刊中的地位将日渐突出。编辑、印刷、发行、广告已成为承载现代报刊稳步发展的"四个轮子"，四轮驱动，缺一不可。以此来审视我国的少儿报刊，我们可以发现，我国的少儿报刊是不完整的报刊，因为当前我国的少儿报刊社大多没有开展相关的广告业务，有些报刊社虽成立了广告部，但每年的广告收入不足报刊总收入的5％，收效甚微，形同虚设。究其原因，观念的陈旧是根本。因为传统观念一直认为消费是成人的事，向孩子宣传商品，引导孩子消费是不利于他们成才的。其实，随着市场经济的发展，少年儿童消费已成为社会经济的一个重要增长点。既然有那么多商品需要孩子们消费，我们的报刊为何不能向孩子们介绍一下商品，引导孩子们去正确消费呢？关键是要转变观念，观念转变了，我们就会发现，对孩子们来说，许多广告内容同样具有新闻性、知识性、趣味性和教育性。只要我们针对孩子们的特点，去认真设计，广告对孩子们的成长也是大有裨益的。如：食品广告，可以介绍食品的营养价值、食用

方法等，以此来对孩子们进行健康教育和科技教育；玩具广告，可以介绍玩具的设计原理以及玩法的新奇，从而启发孩子们思考，引导孩子们去创造；等等。这样的广告既可以带来良好的经济效益，又可以收到良好的社会效益。广告收入增加了，就可以降低报刊的定价，既可以扩大发行，又可以减轻学生和家长的经济压力。所以，重视广告工作，积极开展广告业务，是现代社会发展对少儿报刊提出的具体要求，也是少儿报刊面向市场求得生存和发展的必备条件。但是，重视广告工作，将广告纳入少儿报刊出版的具体过程，并不能说我们已经具备了完整的少儿报刊发展观。因为完整的发展观不仅要求构成其发展过程的各个要件应齐全，更重要的是各要件要密切配合，互相促动，协调发展。具体地讲，就是编辑人员要具有发行意识和广告意识，即在编辑过程中，报纸应增加哪些栏目、减少哪些栏目，报道重点应做哪些调整，既要从满足读者精神需求的角度进行考虑，又要与发行及广告部门一起从给报刊社带来经济效益的角度加以思考。印刷部门要站在服务读者、促进发行、增进广告业务的高度去搞好本职工作，使报刊的内容得以完美地体现。发行人员要与其他各部门密切联系，既要充分了解报刊的内容，明白报刊的特点，以便及时准确地向读者进行宣传，同时也要将读者对报刊在编、印方面的意见和建议及时反馈给有关部门，以便作出相应调整，取得读者的信赖。广告部门要与其他部门密切配合，使广告内容有机地融入报刊之中，使报刊社走上科学发展的轨道。

三、探索新途径，建立适应时代
发展的经营管理机制

综观今日世界，经济的市场化、市场的全球化、世界的多极化趋势日益明显，科技和竞争已渗透在生活的方方面面。面对飞速发展的新时

代，少儿报刊必须走出自我封闭的狭小区域，积极学习和借鉴国际报刊发展的新经验，努力探索适合我国少儿报刊科学发展的新途径。只有这样，才能在日渐开放的报刊市场中求得生存和发展。

（一）向集团化发展

目前，我国的少儿报刊虽然品种繁多，但基本上是一报（刊）一社，从各报刊社的规模来看，大的还不够大，小的又太小，在市场经济条件下，抵御市场风险的能力明显不足。因此，在新的形势下，我国的少儿报刊要想有大的发展，绝不能继续搞"小而全"。而应该适度集中，向集团化发展，以参与全球出版竞争的远见卓识来组建少儿报刊的"联合舰队"，从而引导我国的少儿报刊业向高层次发展。在这方面，国外同行已远远走在了我们前面，在近百年的集团化发展进程中，他们在管理模式、经营策略等方面积累了丰富的经验，也取得了丰厚的社会效益和经济效益，其规模之大、实力之强，令我们叹服。如果不及早补好这一课，我们将被人家远远地抛在后面，在经济全球化进程日益加快的今天，这不能说不是一个危险的信号。所以，正确认识我国少儿报刊的现状，着眼于我国少儿报刊的发展与未来，以那些知名度高、影响大、实力强、人才多的报刊为龙头，按照优化组合的原则组建我国的少儿报刊集团，充分发挥集团的人才、资本以及品牌优势，集中管理，规模经营，高效运作，这是时代发展对我国的少儿报刊业提出的具体要求，也是我国的少儿报刊业走向世界的必由之路。

（二）走多元化经营之路

市场经济的建立，为我国报刊业的发展提供了极其广阔的市场。但是，一报（刊）一业的现状，使各社都在苦心经营自己的报刊，却从不涉足其他产业，从而贻误了市场发展的良机。最突出的表现是有些经营好的报刊社，虽积累了巨额资本，但由于产业单一、投入空间小，造成了资本闲置，而一些与报刊发展密切相关，完全可以利用报刊带动发展且极具发展潜力的产业，如少儿文化产业（包括少儿文化、艺术、体育培训、少儿影视制作、少儿用品开发等）却无人问津，从而坐失进一步壮大自身实力的良机。所以，我国的少儿报刊业一定要充分利用市场经济给自己发展带来的大好机遇，在抓好印刷、发行、广告三大主项经营的同时，一定要积极动脑，向相关行业发展，从而增强自身实力，增强抵御市场风险的能力。

（三）朝数字化信息服务迈进

21 世纪是科学技术飞速发展的世纪，信息传播技术的日新月异，将大大改变人们接受信息的方式，使大家获取资料与信息的途径更加便捷。这对我们传统的纸介质报刊来说无疑是一个巨大的挑战。早在 20 世纪 90 年代，伴随着互联网的高速发展，网络电子出版物的出现，令我们大开眼界。与其相比，传统的纸介质出版物暴露出与生俱来的诸多弱点。而且，从世界范围来看，网络出版发展之快、势头之好也令我们吃惊。随着信息技术的迅猛发展，传统的纸介质出版物在相当范围内让位于新兴的电子出版物已成为不争的事实。因此，面对飞速发展的新时代，我们的少儿报刊一定要高瞻远瞩，跳出现有报刊经营的小圈圈，跟上信息技术发展的步伐，在经营好纸介质报刊的同时，积极参与到相关的数字化信息服务领域，为在数字化环境中生存打好基础。

总之，新的世纪对我国少儿报刊的发展提出了新的挑战与机遇，我们必须以全新的视角来审视我国少儿报刊的现状与未来，以参与未来国际出版竞争的远见卓识来构建我国少儿报刊科学发展的全新理念，并以此来指导我们的具体工作，为我国的少儿报刊早日走向世界打下坚实的基础。

发挥少儿报刊的教育功能

在整个社会转型期，在社会主义市场经济和民主法制还不完善的情况下，少儿报刊如何更加充分地发挥自己的教育功能，尚需我们进一步深入研究。

一、少儿报刊的教育功能

（一）为社会的健康发展服务

第一，爱党爱国教育。少儿报刊是党直接面向少年儿童的宣传教育阵地之一，对少年儿童进行爱党爱国教育是其必备的功能之一。少儿报刊以积极向上的定位、图文并茂的形式，通过对祖国大好河山的介绍、对英雄人物光辉事迹的宣传、对共产主义理想的歌颂，能够对少年儿童形成潜移默化的爱党爱国教育，在少儿幼小的心灵中埋下爱党爱国的种子。

第二，人生观和价值观教育。少儿报刊一方面用热情的笔调宣传和歌颂真、善、美，使少年儿童能够认识、发现并珍惜真、善、美；另一方面又用锋利的笔锋去揭露假、恶、丑，使少年儿童能认清并反对假、恶、丑。尤其在现阶段，对少年儿童进行崇尚科学、健康成长的教育，帮助青少年树立正确的人生观和价值观尤其重要。而且少儿报刊在歌颂科学的进步、揭露邪恶的反动本质时，所用的图文并茂、生动活泼的形式，更符合少年儿童的心理和生理特点，使少年儿童更易于接受。

第三，法制道德教育。法律知识教育，会使小读者从小树立法律意识，认识到法律的威严，懂得一个人在社会上应遵守的行为规范，懂得利用法律的武器来维护自己的合法权益，弘扬中华民族的传统美德和共产主义道德，有意识地培养自己的道德观念和道德习惯。凡此种种，可以起到维护社会长治久安、提高青少年法制和道德水准的作用。

第四，政策教育。党和政府每一阶段都有其工作重点和大政方针，宣传这个重点和方针政策，取得少年儿童的理解和支持，是少儿报刊的一大任务，也是其教育作用的体现，尤其是宣传党和政府的少儿政策，更能使少年儿童感受到党和政府的温暖。

（二）为少儿读者的健康成长服务

在新时期，一个健康成长的少年儿童应该懂得如何学习、如何做人、如何生存、如何创新。少儿报刊在这方面的教育功能也是显而易见的。

1. 学会学习

现代社会发展迅猛，知识更新速度加快。少年儿童作为未来社会的主人，要想适应社会的发展，把握社会发展的方向，不仅要知道学习什么，学会不断更新自己的知识，还必须学会如何学习。少儿报刊肩负的责任，就是提供科学有效的学习方法，对少年儿童进行学习方法方面的科学的、系统的训练。

2. 学会做人

少儿报刊在这一方面的教育功能，主要通过对少年儿童进行思想品德教育和理想教育，引导少年儿童学会如何做人、做一个什么样的人。这一内容体现在除专业性极强的文章之外的所有文章、美术作品等中。

综合新闻类报刊对政治新闻、社会新闻等的采访报道，知识类报刊对本行业专家、名人的采访报道，都能通过言论、事实和形象使小读者受到思想品德教育和理想教育。我们常常看到《中国少年报》、《少年报》等综合类少儿报刊对先进人物事迹的宣传、报道，可促使少年儿童向先进人物学习，进而树立起为人民服务、为共产主义理想献身的高尚情操；《语文报》、《学习报》等专业类报纸结合知识学习和读者谈理想、谈人生的文章，都能给少年儿童以良好道德品质的引导。少儿报刊往往以少年儿童易于接受的形式激发他们对生活的热爱、对人生的追求，引导他们做对社会有用的、高尚的人。

3. 学会生存

主要表现在三方面：一是健康教育。人体知识、锻炼方法、心理咨询知识、营养知识等的传播，可以使小读者了解基本的健康知识，从而在生活中自觉加以运用。二是生存技能的教育。少儿报刊通过介绍基本的生存知识、劳动知识和劳动技术（如小发明、小制作等），训练他们适应社会及动手的能力，提高他们的生存技能，改变过去高分低能的现象。三是提高少年儿童的社会实践能力。少儿报刊通过一些社会实践性栏目的设置和诸如小记者活动等参与性活动的倡导和组织，不仅可以大大激发少儿读者的参与意识，还为少儿读者提供了参与社会实践活动的指导和机会。

4. 学会创新

知识经济时代的合格人才必须有较强的创新能力。少儿报刊不仅传播基本的科学文化知识，培养小读者认识事物的能力，还介绍创新的经验，刊登创新的方法，培养创新的思维，训练他们分析问题、解决问题的能力，使他们从小就具有创新精神和创新意识。

少儿报刊为社会的健康发展服务和为少儿读者的健康成长服务的两个作用是相辅相成、互为促进的。少年儿童的健康成长是社会的需要，也是社会延续和发展的基础；而社会的延续和发展归根结底又是为了使每一个社会成员都能受到良好的教育，最大限度地发挥各自的才能，去创建幸福的生活。

二、发挥少儿报刊教育功能的编辑对策

第一，作为一个少儿报刊的编辑，应重视少儿报刊的教育功能，重视内容的筛选。当好"把关人"，是每个从事少儿报刊编辑工作者的天职。欧美传播理论中有"把关人"的说法，编辑就是报刊的一个很重要的"把关人"。作为教育媒介的少儿报刊，刊载什么、不刊载什么，提倡什么、反对什么，必须态度明确、旗帜鲜明。这对于"染于苍则苍，染于黄则黄"的少儿读者来说，显得尤为重要。这就要求少儿报刊的编辑同人，严格稿件筛选标准，做好"把关人"。筛选的标准是什么呢？有利于少年儿童的健康成长，是编选少儿报刊内容最基本的一条标准。共产主义、爱国主义思想的宣传，英雄模范人物事迹的介绍，自然科学和社会科学知识的传授等，凡是有利于少年儿童树立正确的人生观和世界观，引导少年儿童健康向上的内容都应该刊登。反之，庸俗、无聊、腐朽、暴力甚至黄色的东西，则是少儿报刊应该坚决摒弃的。

第二，重视栏目策划。一张报纸、一份刊物，都是由许多栏目组合起来的。如果栏目策划得不好、不成功，那么这份报刊就不会受到读者的欢迎。实践证明，凡是成功的少儿报刊都非常重视栏目的策划：有的采用课本中的名人来主持栏目，如《孔乙己辨字》等；有的请当代名人来主持栏目，如《于漪信箱》等；有的报刊的编辑们干脆从"幕后"走到"前台"，亲自主持自己版面中的栏目，如《知心姐姐》等。这样就使许多枯燥的栏目、文章活了起来，拉近了编辑和读者的距离，受到了大家的好评。

第三，重视形式的生动活泼。好的内容要辅之以好的形式，才能使报刊的宣传教育作用发挥得最好。兴趣在少儿的知识接受过程中是一个

起关键作用的因素。版面缺乏生气、文章体裁单一、可读性差、成人化倾向严重等，都很难引起小读者的兴趣，起不到应起的教育作用。基于此，我们的少儿报刊从封面、装帧、版式到文章写法等各个方面，都应当生动活泼，并富于少儿情趣。比如《中国少年报》上的《小灵通广播电台》，《小学语文报》上的《董浩信箱》等，很吸引人，为小读者所喜闻乐见。

第四，重视开阔读者的视野。这主要体现在内容的新鲜和知识面的广泛两方面。无论是新闻综合类报刊，还是专业性较强的知识类报刊，都应该全方位地扩展视角，给读者提供最新鲜最广泛的信息和知识，最大限度地发挥报刊信息丰富和传播快速的优势，开拓读者的视野。新闻综合类报刊在其传播新闻的同时，要重视各种知识性内容的传播，科技文化诸方面的内容都可以而且有必要加以涉猎。如专业性较强的知识类报刊在传播知识的同时可以加强辐射性，以本学科为中心扩展开去，对于和本学科有关的内容都加以重视和登载，体现文理渗透、大文大理，比如在语文报刊中开设《语文和百科》栏目，介绍语文和数学、自然、音乐、美术等学科的联系，如此才能使订阅专业性知识类报刊的读者不致囿于单一学科，眼界不至于狭窄，给小读者建立科学的知识结构打下基础。

最后，重视读者的参与，让少儿报刊成为少年儿童学习生活中不可缺少的一部分。如设立读者评报专栏，随时收集小读者的意见和建议，并进行有针对性的改进，以增强小读者的参与意识；开设解疑答难或生活指导专栏，解答小读者学习生活中的问题和难题，指导小读者正确地、健康地学习和生活，使少儿报刊成为少年儿童无声的老师和朋友。

重视少儿报刊广告运作的策略取向

少儿报刊广告在概念上具有两种含义。其一是指少儿报刊围绕自身的发行、组稿、形象展示、品牌识别等进行的广告活动，它的目的在于促进广大读者对本报刊的深入了解、良好认知，达到树立品牌知名度、美誉度，扩大发行量的目的。其二是指一些广告商主要运用少儿报刊所进行的广告活动，其目的在于把商品或相关信息进行有针对性的传播，进而引发少年儿童及特定人群对某一品牌的认知，最终促进购买行为或培养潜在消费群体。本章研究的少儿报刊广告，是指它的后一种含义。

一、少儿报刊广告运作的现状

从媒介的生存现状来看，广告是媒介产业化的必要手段。我国的媒介变革，从计划经济下的宣传工具，到市场经济下的信息载体，媒介承担的信息传播任务越来越重，而媒介自身的经济供给却由国家承担变为自主经营。"现代报业产业化经营的全部秘密在于：一方面，它以低于生产成本的价格向读者出售服务的有形物——报纸；另一方面，它又向广告商出售服务的无形物——报纸的传播能力和影响力，并最终完成报业运作过程中的价值补偿和价值增值。"

从我国少儿报刊自身的经营发展情况来看，"小富即安"的观念必须彻底改变。近年来，少儿报刊数量增长较快，这些少儿媒介因为具有针对性、专业性、知识性、趣味性而受到广大小读者的欢迎，经营状况都很不错。但是，必须清楚地看到，随着传媒业国际竞争的日趋激烈，国外的相关媒介势必要进入中国市场，与国内现有的少儿媒介争夺市场份额。我国的少儿报刊经营状况良好的一个主要原因，就是国家税收政策的优惠倾斜，国家对教育类和少儿图书、报刊的税收优惠政策以及国内相对宽松、稳定的市场，在客观上支持了它们的发展。少儿报刊要想保持竞争优势、发展优势，必须树立"完整的报刊"经营观，即同时注重信息服务质量与传播效能，在注重提高办刊水平质量的同时，加大广告经营开发的力度，以此积累资本实力，加快发展速度，提高刊物的竞争实力。

从生产商的实际情况来讲，儿童的消费市场是一种客观存在，儿童商品的大量生产，势必会形成丰富的儿童商品消费信息。为了进行有效的信息传播，生产商肯定要开展广告活动。如果禁止对儿童进行广告活动，那他们只能把目标受众锁定在儿童的家长身上。据一份调查资料显示，孩子在家庭消费中的平均影响力（即意见参与和作出购买决策）已超过 25%，在与儿童生活密切相关的消费品方面，孩子的平均影响力约在 60%。可见，儿童在自己的消费行为方面，应是"keyman"，即"对最后决策产生影响的人"。

其实，无论对于儿童还是成人，广告都是一柄双刃剑，在传播产品信息的同时，也会随之产生如鼓励过度消费、倡导物质崇拜等负面影响。但这并不是作为一种传播行为的广告的错，关键的问题在于如何运用广告。对于儿童广告，一个比较公允而行之有效的办法是，在一定的规则之下进行广告运作，少儿报刊广告自然也在其中。

二、少儿报刊广告运作应坚持的原则

（一）遵守行为规范、法律准则

现代广告运作已有逾百年历史，一些规则也在广告实践中产生并得以逐步完善，国内外儿童广告的管理也积累了相当丰富的经验，并形成了相应的法律准则。如英国的广告法则之一《广告标准和实践》中，"广告与儿童"法规规定产品广告不得有意使用儿童喜闻乐见的，但其结果却有害儿童身心健康的方式；不得利用儿童的轻信和模仿意识；不得误导儿童对产品的价值认识等。我国在 1995 年 2 月 1 日实施的《中华人民共和国广告法》也在第 8 条明确规定，广告不得损害未成年人的身心健康；而在 1994 年国家工商行政管理局通过的《广告审查标准》中，对儿童广告有可能涉及的方面，都制定了具体详细的执行标准。这些儿童广告规则，或者作为可资借鉴的经验，或者是必须依法践行的广告法规，都对涉及儿童广告运作的各方面提出了严格的限制与要求，广告活动应该以此为准绳，规范地进行儿童广告运作。

（二）坚持社会效益、经济效益同强共赢原则

广告的最终目的是为了销售，广告所追求的是经济利益。但对于儿童广告来说，因为目标受众的特殊性，广告商应该把社会效益摆到非常重要，甚至是高于经济效益的地位来对待。儿童是我们的未来，是我们的希望，是力量的承接者与传递者，关注儿童便是关注人类的持续健康发展。为此，广告商在进行儿童广告活动时，应该具有自觉的公益意识，应该担负起培养、教育儿童的社会责任。

（三）坚持短期利益与长远利益相结合的原则

广告商进行广告活动的一个重要目的就是要加速商品流通速度，以便占领更为广阔的消费市场。因此，广告效果的即时性永远是他们追踪的目标。然而，据有关资料显示，培养一个名牌，除高科技产品外，一般需要十几年或二十多年的时间。而这段时间，正是一个人从儿童期成长到成人的阶段，成长到有独立购买能力的阶段。一个人在童年时代好奇心强、记忆力好，一旦对某一事物发生兴趣，便会有相应的频繁的记忆发生，进而产生持久的记忆效果。广告商应正确理解产品的品牌培养过程，合理运用儿童的心理认知特点，把儿童作为一个潜在消费者来对待，这实际上也是一种具有长远战略眼光的有效投资。

（四）坚持求真至善的创意原则

真实性是广告的生命之本，是广告能够与社会大众有效沟通的前提。至善的意义则在于广告运作要坚持人文情怀，赋予广告关爱与友善的内容，使孩子们在接受广告信息的同时，能体会到产品与服务给予自己的呵护与体贴。至善的意义还在于广告信息要倡导积极健康的消费观与价值观，让孩子们通过广告能够获得信心鼓励与力量支持。

三、少儿报刊广告运作的策略选择

少儿报刊包括报纸与期刊两大类媒介，与电视、广播相比，具有持久性、反复性、可读性、针对性等特点。持久性意味着信息可以长期保存，反复性意味着信息可以在不同的时空多人共享，可读性是指信息在被阅读过程中的可理解性，而针对性则是指少儿报刊的读者范围比较稳定，主要包括少儿本人、少儿的家长、老师及研究人员等，其中最主要的读者人群是少儿。这一分析说明，从媒介特点、读者对象来说，少儿报刊的广告活动应该有独特的优势与传播效果，问题的关键是广告商如何在广告信息与少儿报刊之间寻找到最佳契合点，以取得良好的传播效果。

（一）突破观念误区，拓宽广告资源

与少儿衣食住行、学习游戏等丰富多彩、创意新颖的物质产品相比，少儿报刊中的广告信息就显得非常单薄与贫乏。笔者曾对《少年日报》、《家庭教育时报》、《小学生》、《中外童话故事》、《新作文》、《青少年日记》、《活动》、《儿童时代》等数十种少儿报刊的广告进行过抽样调查，结果发现，这些媒介的广告大致包括以下四种类型：第一是关于媒介自身的广告宣传，如征文比赛的通知、读者俱乐部的成立、征集报徽刊徽、媒介组织的活动等，这是少儿报刊最为常见的广告活动。第二是关于文化用品的广告。这一类型主要包括书籍广告、音像资料广告、学习用具广告等，这也是少儿报刊最主要的广告信息。第三是食物广告，在《动动》、《儿童时代》两本杂志上，有"高乐高"、"奥利奥"、"乐百氏"的产品广告。虽然这类广告还比较少见，但是，商家开始选择少儿报刊，说明他们对此类媒介已有了一定的认识。第四是企业形象广告宣传，这一类广告更为少见。只是在《儿童时代》的封底，有上海丽婴房婴童用品有限公司的形象展示。上述情况表明，少儿报刊的广告资源还没有被充分地开掘，造成这一状况的原因在于媒介自身缺乏清晰的广告意识，广告主对少儿报刊的广告价值没有全面的认识。为此，对于少儿报刊这一特殊的媒介来说，必须充分认识其广告价值，并进行全方位的广告运作，力争涉及少儿生活方方面面的商品信息，都能借助少儿自己经常接触的媒介展示，进而取得良好的广告效果。

（二）利用媒介特色，营造互动网络

互动是传播活动成功与否的重要标志。互动的意义在于少儿读者能够接受呼唤，回应广告商的倡议与号召。这是广告商进行少儿报刊广告行动的真正开始，也是少儿报刊能否作为一种广告媒介为广告主所用的实践检验。太原市圣戈文化事业发展有限公司独家代理《英语周报》的各版广告，曾成功地把"天生赢家"（珠海天生赢家有限公司）、"润信"（深圳润信通电子有限公司）两种复读机，借助《英语周报》进行了有效的广告推广，使这两种品牌在广大少年儿童中树立了良好的知名度。据企业有关人士透露，这种产品在宣传之后的销售量比没做广告之前提高了 3 倍左右。不仅如此，在推广复读机的同时，他们还配套发行了英语磁带，像清华大学音像出版社出版的《踏踏实实学英语》（钟道隆著）就是利用这种"捆绑广告"的形式，找到了很好的卖点。从《英语周报》到复读机，再到英语磁带，最终到广大少儿读者，这一营销活动成功的原因，就在于广告对媒介科学有效的开发。

（三）加盟栏目制作，树立品牌形象

少儿报刊中优秀的特色栏目永远能够吸引广大小读者的注意。对于广告商来说，通过加盟栏目来吸引小读者的注意力，也是不同于直接广告诉求的另一种隐性广告表现。在《小学生》（2003 年），有《山西省少年儿童"做小小旅行家看山西好风光"知识竞赛试题》的栏目设计，它一方面激发少儿读者对山西旅游文化的认知兴趣，另一方面也把《山西青年报》红马甲报刊网络直投有限公司的业务内容进行了介绍。创意栏目有无限广阔的题材范围，体现在一些少儿报刊中，如《智力快车》、《童话秀》、《知心吧》、《作文新星座》、《日记百花园》等，各种生动有趣的栏目设计，对于广告商来说，如果能参与这些栏目的制作，或自己根据产品内容并结合媒介特点推出新的栏目板块，在一个相对稳定的周期内推出自己的产品或企业广告，能够在广大少儿读者中形成良好的品牌形象识别，是培养品牌忠诚感的有效方法。

（四）倡导唯美情怀，吸引少儿读者

"美是事物的一种特质，它使人的感官和理解感到快乐和愉悦。"审美活动是能够吸引、鼓舞人们的一种情感体验。对于少年儿童来说，一切美好、新颖、独特的形象都会吸引他们的视线，一切富有美感的思想与品德都会对他们产生良好的教育意义。因此，相对于成人广告，儿童广告更要注重表现形式、表现内容的美感，以此来达到良好的广告效果。像一些印刷精美的少儿读物，往往能给予孩子们更多的阅读兴趣，激发他们更多的阅读期待。

少儿报刊广告活动是一个还没有被引起足够重视与利用的有效媒介，与中央电视台近千亿的广告收入、《北京青年报》几个亿的广告收入相比，一些比较好的少儿报刊一年一百多万元广告收入实在是少得可怜。为此，希望人们关注研究少儿报刊的广告运作，树立完整的少儿报刊发展观，提高我国少儿报刊的竞争力，使它们能够物尽其用，发挥出最大的媒介价值。

第四编

地方出版论

大力推进"六个转变"促进
山西出版又好又快发展

当前，山西出版业进入了一个重要的战略发展机遇期。大型集团的成立和文化体制机制改革的推进，为山西出版改革过去计划经济体制下的运作模式，真正走企业化、产业化发展道路，真正建立现代企业制度，按市场化运作，实现做大做强的产业化目标，提供了良好机遇。现在，我国改革开放已经向纵深阶段推进，以胡锦涛同志为核心的党中央提出了科学发展和构建社会主义和谐社会的重大战略思想，这无疑为山西出版业的改革发展提供了新的指导思想和发展道路。面对国内外出版形势，山西出版业要实现集团化、产业化的战略目标，必须把发展作为第一要务，全面梳理山西出版的发展轨迹，尽快形成科学合理的发展思路，认真探索稳步有效的发展途径，从根本上消除制约山西出版发展的体制机制障碍，顺应发展趋势，积极主动发展，在改革中寻求突破，在突破中获得发展。为此，我们提出了大力推进"六个转变"的发展战略，即积极推进思想观念的现代化转变、稳步推进体制机制的企业化转变、大力推进产品结构的市场化转变、合理推进优质资源的集约化转变、着力推进人才队伍质的转变、努力推进经营管理的科学化转变。

一、"六个转变"发展思路的提出

（一）"六个转变"的提出是科学发展观的根本要求

党的十六届三中全会明确提出要树立和落实科学发展观，即"坚持以人为本，树立全面、协调、可持续的发展观，促进经济社会和人的全面发展"。科学发展观的根本要求是统筹兼顾，本质和核心是坚持以人为本，目的是要实现经济社会又好又快的发展。

出版业树立和落实科学发展观，就是要在科学发展观的指导下，在出版实践中努力形成科学出版观，并结合行业实际与特点不断完善科学出版观，使之成为符合科学发展要求的健全合理的理论体系，从而为出版业的可持续发展提供理论指导。

当前，我国的出版业正在进入一个重要的战略发展时期，但同时也是一个各种矛盾凸显的时期。对于任何一个出版企业的发展而言，这一时期都是一个极为关键的历史阶段。发展好了，可以顺利实现产业化建设的目标；发展不好，就可能会引起出版企业的经济衰退，一蹶不振，甚至陷入恶性循环的"贫困陷阱"。山西作为出版资源相对贫乏、经济发展相对落后的省份，出版集团的组建相对于全国明显滞后，企业实力相对于全国平均水平明显偏弱，发展的要求更显紧迫而必要。能不能加快发展，不仅关乎事业的兴衰，也关系到企业的存亡。只有加快发展，迅速增强实力，提高竞争力，才能在无比激烈的市场竞争局势中处于主动地位，立于不败之地。因而，尽快改变思维方式，把握现有机遇，发挥比较优势，转变工作作风，改进工作方法，提升经营水平，就成为每一位有责任心和紧迫感的山西出版人的现实要求，成为每一个山西出版企业必须面对并着力解决的时代课题。

（二）"六个转变"的提出是山西出版业实现科学发展的需要

经过三十年的改革开放，山西出版业已经初步建立起社会主义市场经济体制，市场在资源配置中的基础性作用正在得到充分发挥，在一定程度上实现了资源配置的效率。但是，应该看到，出版发展环境和条件变化的日益激剧，也更加凸显了山西出版业原有出版体制与不断发展变化的经济基础和体制环境不相适应的问题。山西出版领域在许多方面仍然停留在传统体制的模式上，仍然习惯于用计划经济的手段管出版、办出版。一些掌握大量国有出版资源的单位，其出版实践从根本上讲还游离于市场经济体制之外，缺乏活力和竞争力，在多种所有制共同发展的情况下，个别出版单位被"边缘化"，有的甚至难以为继。山西出版业从根本上讲，市场经营的能力还不够强，资源配置的质量还没有显现，人才素质没有有效提升，整体实力较为薄弱，改革和发展的任务艰巨而迫切。

山西出版业要实现科学发展，首要的根本性任务就是立足实际，切实解决当前发展中存在的不全面、不协调的问题，而能不能为解决现实问题创造必需的条件，为发展提供明晰的战略思路，是能否真正以解决问题为突破实现发展的前提。据此，山西出版要实现全面发展的目标，就不能依旧束缚在原有的发展思路中，也就是说，"发展要有新思路"。必须根据出版发展的特点和规律，适应社会主义市场经济发展的要求，加快形成有利于促进自身体制改革、有利于提高产品竞争力和企业经营能力的战略规划，以此为指导，尽快发展壮大自己。舍此，无其他捷径可走。

（三）"六个转变"的提出是从更高的理论层次上解决发展问题的必然结果

总结出版业发展的实践经验，我们可以得出这样的结论："不同的发展理念决定不同的发展思路，不同的发展思路决定不同的发展模式，而不同的发展模式又会产生不同的发展结果。"从山西出版业发展的轨迹看，有些问题不断反复出现，而且还成为越来越严重的新问题，例如，产品结构不合理和比例失调的问题一直存在，两个效益不能很好地协调兼顾的问题反复出现，人才匮乏和竞争力差距的态势日趋扩大等。这些情况告诉我们，仅仅制定一个个相对独立的战略方针还是不够的。这些战略方针必须具有总体上的系统性和内在的关联性，必须立足于山西出版业的现实需要，必须以科学的发展理念作指导。改革开放以来，山西出版业经历了从计划经济向市场经济、由孤立封闭向相对开放的几大转变，在这些艰难的转变过程中，对于每一个相继出现的个别问题，大多只能提出"头痛医头，脚痛医脚"的阶段性、零散性对策，解决问题的方式也由于带有一定的局限性和片面性，而往往不能从总体上满足整体发展的根本要求。当前，出版业的形势发生了较以前更为巨大的变化，出版的产业化发展战略和体制改革的现实需要，要求我们必须首先从理论上明确关于"发展"的正确概念，彻底纠正单纯将经济增长等同于发展的认识，形成引导山西出版业实现又好又快、健康、可持续发展的健全、合理的理论指导体系，从而为破解发展中遇到的各种问题提供理论钥匙。

二、推进"六个转变"，实现科学发展

（一）积极推进思想观念的现代化转变

山西出版业相对落后的根本原因就在于思想观念滞后和改革开放不足。思想观念转变的速度，决定着事业的发展速度。因此，我们在具体工作中，绝不能轻视思想观念的变革，而应将主要精力放在操作层面上。近年来，山西出版界的思想认识水平较以前有了显著提高，特别是企业管理者在思想观念上已经自觉地与改革发展的形势接轨，在经营思路上融入了许多新的理念。但是从整体上讲，提高广大职工特别是一些老同志的市场化意识和企业化观念的任务仍然较重，还应不断加强改革和市场观念的宣传力度，努力推进思想观念的现代化转变。

在思想观念的转变过程中，要注意将观念更新的重点放在牢固树立新的出版发展观上来。为此，要不断深化对出版发展方向和发展动力的认识，在思想认识上重点处理好改革与发展的关系；要从根本上扭转职工的消极情绪，在为什么改、如何改以及改革要达到的目的、实现的效果等方面多做阐释工作；要让广大从业者认识到，发展总是在一定的经济体制下运行的。当前出版实践出现的诸多矛盾，已经成为制约出版业发展的重要因素，究其原因，从根本上讲就是体制的问题。正因为如此，当体制越来越成为发展的障碍时，就必须通过改革来排除障碍，为发展扫清道路，因而改革便成为发展的手段和动力。另一方面，发展既是改革的目的，又是进一步改革的基础，二者互为因果、互为条件。要通过深入细致的宣传教育工作，积极引导职工坚决冲破一切妨碍出版发展的思想观念，坚决改变一切束缚出版发展的做法和规定，坚决革除一切影响出版发展的体制弊端，做到思想上不断有新解放，理论上不断有新发展，实践上不断有新创造。

在将思想观念逐步推向现代化的转变过程中，要努力做到用改革来凝聚人心，尊重基层群众的首创精神，激发干部职工的改革热情，使广大出版工作者成为改革的主人。要注重提高改革方案的科学性，加强改革措施的协调性，妥善处理各方面的利益关系。为此，推进思想观念的转变还要牢牢把握"五个结合"，即将思想观念的转变与党的先进性教育结合起来，与体制机制改革结合起来，与重塑市场主体结合起来，与发展战略结合起来，与企业文化建设结合起来，使思想观念的转变不仅具有明确的方向性，还要体现出过程的科学性。

（二）稳步推进体制机制的企业化转变

按照中央关于深化文化体制改革的精神，当前出版业深化体制改革的主要任务就是坚持以体制机制创新为重点，在关键环节上实现新突破。所谓关键环节主要指以下方面：一是重塑出版市场主体。要加快推进国有经营性出版单位的转企改制，增强微观主体的活力，这是出版体制改革的中心环节。要按照建立现代企业制度的要求，完善法人治理结构，盘活国有出版资源，有条件地进行股份制改造和兼并重组，实现低成本扩张，打造一批有实力、有竞争力和有影响力的国有或国有控股的出版企业和企业集团，使之成为出版市场上的主导力量和出版产业的战略投资者。二是完善市场体系。要打破按部门、按行政区域和行政级次分配出版资源和产品的传统体制，打破地区封锁、条块分割的市场格局，加快建立健全统一、开放、竞争、有序的现代出版市场体系，促进出版资本、人才、技术在更大范围内合理流动，完善流通体制，提高出版产品和服务的市场化程度。三是改善宏观管理，加快建立党委领导、政府管理、行业自律、企事业单位依法运营的出版管理体制和富有活力的出版产品生产经营机制。

从山西出版业的实际谈体制改革，应该坚持循序渐进、逐步推开的原则，既要积极，又要稳妥；既要坚持早改革早主动，又要充分考虑企业经济发展的不均衡性，充分考虑不同单位的性质和功能，一切从实际出发，实事求是。山西出版业的市场开发和培育相对落后，因而体制改革不可能一蹴而就，必须实施分步走的改革发展战略，当务之急是稳步推进体制机制的企业化转变。在转变方向上，一是重塑出版企业的市场主体，突出出版企业在市场中的地位与作用，需要集团化经营的要集团化，需要专业化经营的要专业化，应该转制的企业要加快转制的步伐，清产核资，明确产权，出资人到位，资产经营责任制落实，使企业真正成为市场的主人。已完成转制的企业，要按照现代企业制度的要求加快公司制度的改造，完善法人治理结构，有条件的加快产权制度的改革，符合条件的可以上市。二是再造出版企业的组织功能。首先是要解决好出版企业的特色定位，因为没有好的符合自己发展的特色与定位，在竞争激烈的市场中就无法生存；其次要设计自己的发展战略，包括长期战略、近期战略、产业战略、品牌战略等。三是赋予出版企业更大的权力与自由，鼓励出版企业以资本为纽带，通过兼并、联合、重组等方式做大做强，从而成为中国出版市场的主导力量。

需要指出的是，山西出版业在转企过程中必须贯彻"有所为有所不为"的方针。要通过体制机制改革，发展壮大一批，转制搞活一批，关闭淘汰一批。要采取积极措施，做强几个优势企业，使改革成效好、效益实现率高的单位快速发展起来；对于目前经营状况困难的单位，先给予一定的扶持，帮助其通过转制搞活内部经营；对在三年内扶持难以奏效的，应该果断予以关闭淘汰，防止其成为山西出版业快速发展的掣肘力量。

（三）大力推进产品结构的市场化转变

经过数年的调整，山西出版业在产品结构上已经有了较为明显的改观，市场图书和外向型图书的比重有了一定程度的提高。但是应该看到，山西出版业在效益实现上过分依赖教材、教辅的局面依然严重，以主业抗风险的能力还很薄弱，因而，结构调整的首要任务是大力推进产品结构的市场化转变。

在产品结构的市场化转变过程中，山西出版业重点需要解决的问题是，正确处理好专业发展与多元经营的关系。从世界经济和产业组织发展的规律来看，多元化经营和专业化经营是两条并行不悖的主旋律，多元化经营追求的是一种范围经济，通过多元化的业务匹配和功能耦合来降低成本，提高竞争力，通过多领域投资来降低风险；专业化经营追求的则是一种规模经济，通过专业分工并做强专业板块来实现递增效益，从而提高核心竞争力并建立自己的竞争优势。关于多元化经营与专业化经营的选择，大家比较普遍的看法是：从出版集团的层面来考虑，鼓励出版集团横跨出版业的诸多领域（包括传媒领域），向多元化发展；从集团所属企业层面考虑，则提倡专业化发展方向，把业务集中到某一类内容的出版物上，从而形成专业优势和竞争力。就国内出版业的现实情况而言，出版集团多元化发展战略已初现端倪，专业化经营成功的案例也有目共睹，关键的一点，是要符合各地区出版业发展的实际。从山西出版业看，出版的专业化、特色化优势并不明显，远没有形成规模性强势主业。因而，应首先立足于走专业化、特色化的道路，警惕陷入盲目多元化发展的陷阱，努力在优势专业上实现做大做强的目标。当然，我们肯定多元化发展的思路，但多元化的前提是做强主业，如果主业不强，多元化势必对企业发展产生掣肘作用。因此，山西出版业首先要集中人力、财力、物力围绕主业求发展，采取科学有效的经济手段和投资方式增加出版的特色化、专业化优势板块。要着力培养几大图书品牌，使之成为出版的利润之源；要高度重视"走出去"战略，把引进、输出版权作为重要工作之一，不搞形式主义，不做表面文章，扎实推进，务求实效，要在实践中不断总结经验，在总结中不断提高版贸质量，提升三晋文化的宣传效果。

结构调整是一项大的工程，调整工作也是检验各单位领导执政能力的一个重要方面。结构调整这篇文章做好了，就会切实提高出版单位的"造血"功能，使山西出版业走上良性发展的道路，否则做强就是一句空话。

（四）合理推进优质资源的集约化转变

集约化经营是集团的重要战略规划和经营方略。整合资源、盘活人才、调整结构在发展规划中具有非常重要的战略地位。出版集团成立后，进行优质资源的整合理应成为山西出版业的重要任务，因为，如果整合不好，就等于集而不团，就形不成优势互补和1＋1＞2的效果。

一是积极进行出版资源的整合。当前，出版优质资源已呈现出向经济文化发达地区倾斜之势。从地域上看，山西隶属于中西部地区，从经济上讲，又是经济欠发达省份，出版资源本身相对薄弱、稀缺，而"北京经济"与地方经济市场争夺的态势已经拉开,北京等地的许多出版社不断向全国大中城市进军,并建立了多种形式的销售和信息机构,利用这些常设机构在当地展开组稿、策划、产品推广等活动,在扩张中培育和扩大市场半径。与此同时,越来越多的地方出版社把选题策划、市场营销的触角也伸向了北京和上海,而且有的地方出版社也出现了把一般图书的营销策划的重心向北京转移的趋势,充分利用北京丰富的作者资源、信息资源、交通便利和人才资源等优势,开展组稿以及市场营销等活动。这种竞争态势,在一定条件下打破了在计划经济条件下形成的市场分割,贸易壁垒的格局已逐步减弱,拓展了各自资源整合的空间,提高了出版资源的利用率,在建立统一、开放、有序的出版物市场方面走出了重要一步,也成为21世纪出版业发展最为明显的特征。

出版业已经进入了一个资源整合时代,对出版资源的挖掘、利用和开发,已经成为出版业发展的决定性因素。出版社要做强做优,形成规模,并不单单取决于有多少资源、有多久历史,而取决于能否创新资源整合的思路,拓展资源整合的空间,在更为广阔的空间中挖掘、调剂、链接资源,把丰富的社会资源转化为出版社可开发和可利用的资源。出版业要避免出版集团集而不团,就要在资源整合和加强内在关联的基础上,形成产业内聚力,形成集群发展力,真正做到统出合力,分出活力。

出版经济在一省国民经济的份额不可能做得太大,但可以四两拨千斤。其支点在于出版经济相对于国民经济的其他门类更具有文化影响力,这就是出版经济的核心竞争力。出版产业作为知识密集型的产业,在一省的经济社会文化中的影响力,是其他产业不可比拟的。出版业在文化体制改革中要走在最前列,只能前进,不能后退,因此可以说任重而道远。

二是合理进行有形资产的融合。有形资产包括固定资产、流动资产、长期投资等,这里主要强调固定资产的整合。集团所有的固定资产都属于国有资产。按照中央体制机制改革的要求,对国有资产的经营必须取得出资人的授权。就山西出版集团而言，山西省人民政府授权集团行使经营权的前提是：摸清资产底数，整合有形资产，同时要确保国有资产的保值增值。

三是市场资源整合。进行市场资源整合，就是要针对书刊出版印刷产业链面临的共同挑战，通过各相关单位结成联盟的方式，改变以往市场采购中各自为政、成本居高不下等状况，实现原材料采购成本的最低化和销售市场的最大化。如面对教材生产周期严重压缩、纸张供应十分紧张的情况，山西出版集团旗下的印业公司、纸张公司和物资公司三家单位结成战略联盟，在仓储物流、原料采购、社会销售上实行统一规划、统一调度和统一管理，形成资金、资源、产品、市场的优势互补，不仅可以有效地化解纸张价格快速上涨和资源紧张等一系列不利因素，保证了集团内部的纸张正常供应，而且进一步扩大了集团外部市场空间，最大限度地降低内部交易成本，杜绝内部恶性竞争。作为利益共同体，以印刷业务的发展带动纸张、物资供应的发展，纸张和物资两公司实行错位经营，并整合库房及市场等资源，最大限度地占领本省及周边地区的印刷业务及相关原辅材料市场份额，为做强印刷和物资供应"两大板块"奠定基础。

四是有效进行财务资源的整合。这是资源整合的一个重要方面，从山西出版业的现实情况看，财务资源整合的主要任务，第一是保证货款及时回笼；第二是要盘活沉淀资金，集中闲散资金，提高资金的使用率；第三是要强化内部结算管理，消除集团成员单位之间的"三角欠债"；第四是要形成资金的互补优势，实现资金运作和生产经营效益的最大化。

出版产业化的发展，要求每一个单位的领导一定要首先努力成为精通财务工作的合格经营管理人，特别是在经营投资中要体现投资评估分析和相关的经济学考量。就图书的出版而言，第一，要有单本书的财务和市场分析，这样才有利于判断图书的赢利水平。因为对多个出版社来说，书号是有限的，每个书号要产生多大的效益要做到心中有数。第二,要有总盘的投资分析,即出版社年度选题的投入和产出的量,要有预算和评估及投入和产出的概念。第三,要对出版社的盈亏平衡点做到心中有数,要搞清楚一个年度选题计划是在平衡点之上还是在平衡点之下,人力、物力、财力是否能够支撑以及这些资源如何利用。只有这样才能弄清选题的可行性,才能正确评估选题的市场效应,提高选题的实现度。第四,要及时对上一年度的选题进行回顾总结,进行结构分析和绩效检查,建立问责制度。年度选题的评价体系是传统出版的薄弱点,要将选题作为一种投资来管理,这既是一种新的价值判断方式,也是一种业务模式的创新。这种创新有利于实现选题从过去的模糊管理向量化管理的转变,有利于建立有企业特色的管理体系,有利于提高主业对国有资产的保值增值率。

五是努力进行发行资源的整合。要实现社店一体、社店对接、分工协作的图书发行态势,力争在较短时期内建立起整个山西出版业的大物流、大发行平台,依托这一平台,把山西的好书发向全省、全国。发行资源的整合、图书物流中心的建设,对山西出版业实现跨越式发展具有十分重要的意义,应该加快建设实施的步伐。

六是大力进行数字化、信息化资源的整合,搭建起高效率的数字化平台。第一是汇总各出版社及集团外部的作者、选题、书稿、出版等信息资料,为图书和报刊的选题策划、作者组织、项目决策等提供线索和参考。第二是汇集各成员单位及外部的批发中盘、销售终端及市场渠道、客户网点等信息资料,为集团成员单位市场销售决策、运作提供线索和参考。第三是汇集成员单位及社会各种人才资源和人力资源信息,为各成员单位的人员选用、招聘提供线索和参考。第四是及时发布集团及各成员单位的各种信息,促进集团内部信息的沟通和交流。

数字化、信息化资源的整合结果直接关系到出版业的生产效率,整合得好,就能使山西的出版产业呈现出信息流、物流、商流、资金流"四流"畅通,作者数据库、出版物数据库、营销数据库"三库"完备的科学、快速发展态势。

（五）着力推进人才队伍质的转变

人才是最宝贵、最重要的战略资源。出版业的发展，关键是人才。根据山西出版业人才资源的现状，应该本着"用好现有人才，稳住关键人才，引进急需和顶尖人才，培养未来人才"的原则，培养、吸引、凝聚省内外、国内外优秀人才，全方位、多层次加强队伍建设，实现山西出版业人力资源由量向质的转变。

1. 从整体上努力形成结构合理、素质全面的出版人才队伍

出版工作是一项创造性的活动，编辑作为创造活动的主体，是出版人才队伍建设的主要方面。当前山西省出版人才队伍建设，从整体上看还存在一些问题。一是人才知识结构和年龄结构还不尽合理，多数出版单位的编辑知识更新缓慢，具有开拓性思维的策划编辑较少。二是人才培养工作扎实性不够，多数出版社没有定期的人才培养计划和长效保障机制，资金投入不够，培训工作针对性、专业性不强，致使形成人才进步与事业发展需要相对滞后、与产业发展水平不相适应的局面。三是除个别出版社外，多数单位缺乏必要的学习研究风气，编辑只埋头于技术性编辑活动。

对此，要从以下几方面入手，从根本上扭转人才建设在全国相对滞后的局面，从整体上推进人力资源素质的转变，努力形成结构合理的出版人才队伍。

（1）用好现有人才，稳住关键人才。要对现有的人才资源进行一次摸底，要择优支持那些在各个专业领域发挥主力军作用的业务骨干。要从努力营造鼓励人才干事业、支持人才干成事业、帮助人才干好事业的企业环境出发，稳定和凝聚人心；要从改革体制机制特别是改革用人和分配制度入手，激发现有人才队伍的激情和活力，从根本上提升企业凝聚力，切实保护现有人才的利益和热情，杜绝人才外流现象的发生。

（2）培养急需人才，支持顶尖人才。要站在出版发展的战略高度，制定符合山西出版实际的高层次创新型人才培养规划，要重点培养两支

队伍：一是对出版改革具有良好的适应性、具有战略眼光和超前思维的高层次创新人才；二是专业领域的高技能人才和适应性人才。要加大专项资金支持力度，大力培养和造就一批编辑、策划、营销、科研、技术领军人物。根据"确定方向、自由选题、稳定支持、立足创新"的原则，探索新的经营和分配方式，大力加强对具有示范带动作用的编辑、策划、项目经理的支持，力争打造出一批在国内具有一定影响力的技术顶尖人才、旗舰型编辑、名项目经理及科研学术带头人。

（3）着力打造一批结构合理、效率优良的项目团队。出版产业化的发展，对出版工作创新活动提出越来越高的要求。过去那种单凭个人依靠某一学科的专业知识和某一方面特长独立完成的出版创新活动，已经不适应出版业的发展速度和要求。当前，借助多方面专家、多学科知识集体攻关创新的项目在出版界已呈现日趋旺盛的势头。为此，山西出版界要探索将项目管理的理念和机制引入编辑部管理工作中，一本书、一套书、一系列书，都在选题策划论证时作为一个项目立项，遴选合适的编辑担任项目负责人或项目主管，充分授权。项目负责人在纵向上按专业分工细化管理，从高端的学术权威到最终端的读者需求全程掌控，横向上掌握每个层面的读者需求，纵横交会点构成项目主管的制高点，并以其为核心建立一支高效务实的团队，由相应的责任编辑、加工编辑、责任设计、封面设计、销售主管等人参与，将营销理念和机制贯穿全程全员，进行项目运作，实现机制的创新。每个编辑都可能成为一个项目负责人，也可能成为另一个项目的参与者，他们既要有组织、管理能力，也要有协调、配合、参与的能力；既要学会领导，也要学会被领导。如此构成一个相互促进、相互支持、团结共赢的集体，形成一个覆盖全局的网络体系，为各种人才施展才干提供更多的机会和更大的舞台。

2. 加大引进人才、引进智力工作的力度

人才队伍建设是一项系统工程，需要我们站在战略的高度，制定适合山西出版实际的人才培养规划。要本着自主培养开发和引进人才并重的原则，努力造就一支门类齐全、梯次合理、素质优良、新老衔接、充分满足山西出版业发展需要的强大人才队伍。

（1）切实提高引进人才的质量。目前山西出版从业人员近万人，人力资源从数量上看是太多了，但从质量上讲，可真正发挥作用的人才远远不够。在人才引进上，应该把眼光放得长远一些，广开人才渠道。一方面要本着严把进人关、放宽聘用权的原则，允许出版单位根据实际需要，重点引进研究生和优秀本科生，同时提高发行、印业、纸张、物资公司的用人门槛。在人才使用上，可以采取先聘后进的原则，以提高人才引进的质量和使用率。另一方面要在引智工作上做一些大胆的尝试，在强化、优化吸引国内、国际人才的优势条件的同时，鼓励有条件的企业积极引进国内外高层次人才的智力，有效利用外来智力资源为山西出版业服务。

（2）大力加强对人才的培养。人才是事业发展的基石，只有造就了人才的高峰，才能企及出版的高峰。就山西出版界而言，在人才培养问题上，一定要打破论资排辈和编制界限，培养一批 30～40 岁的社长助理、总经理助理，努力形成年龄和知识结构合理的人才梯队。要从各自的实际出发，努力造就一批事业型、专家型、市场型业务编辑，一批熟练掌握网络多媒体技术的科技型人才，一批擅长市场营销、企业管理、成本控制的经营骨干，使山西出版业的人才配置更加合理，人才储备更加充沛，为实现山西省出版业稳定、协调、可持续发展提供必要保障，创造有利条件。

一个出版企业的领导，一定要站在出版事业发展的高度，加强对人才的培养，增强驾驭全局、引领事业发展的能力。在培养与引进人才的问题上首先要做到不断提高自身修养。领导个人素养的提升，贵在养好"六气"：一是正气，正气是品格，是浩然正气；二是大气，大气是胸怀，是磅礴大气；三是锐气，锐气是意志，是昂扬锐气；四是静气，静气是心态，是虚心静气；五是文气，文气是涵养，是儒雅文气；六是和气，和气是精神，是怡然和气。"六气"备，则班子和，事业兴；"六气"备,就既能出书,又能出人。

(六)努力推进经营管理的科学化转变

出版产业与经济领域的任何产业一样,其发展有赖于科学的企业经营和管理。"经营"与"管理"作为企业生存与发展的重要手段,是经济学意义上完全不同的两个概念。但是,经营与管理作为促进企业发展的重要手段,却是并行不悖的两个概念。从出版产业的实践看,经营是龙头,是管理的基础。所谓经营管理方式的科学化,就是指出版企业在运营过程中能真正达到经营与管理并举,呈现出"经营—管理—经营—管理"交替前进的科学发展局面,真正做到经营中有管理,以管理促经营。

推进经营管理方式的科学化转变,山西出版业必须坚持以研究的理念抓管理、以创新的理念抓管理、以科学的理念抓管理、以务实的态度抓管理的原则,提高管理的层次和水平。

一是创建以绩效考核为核心的管理体系。实现经营管理工作的科学化转变,应首先立足于经营型管理的思路,建立起一套以绩效考核为核心的管理体系,通过市场份额、利润总额、竞争力指数、市场化程度、成本控制、动态管理、产品质量等指标,对企业的经营行为进行监测、评估,强化经营的动态管理,探索由单纯的结果管理向结果、过程并重的管理方式转变,凸显管理过程中的经营理念,促使各单位提高管理水平,健全激励和约束机制,实现社会效益和经济效益的共同增长,从而有效提高企业的经营管理水平。

二是构建以扁平化为特征的管理结构。出版集团成立后,管理工作的重心和范围有了新的变化,如果仍然沿用层级式管理,就可能因反应迟钝而贻误商机。当前市场形势瞬息万变,要求出版快速应对,也要求进行管理方式变革,形成有利于养成雷厉风行的工作作风的新型管理结构,扁平化管理顺应出版市场的需求,减少了管理的层级,避免了管理过程信息时间的损耗，从而为及时跟进出版市场创造有利条件。

山西出版业的现实状况要求经营管理的总体目标是建设节约型、效益型、和谐型企业。建设节约型企业要本着开源与节流并举的原则。一方面要加强制度约束，另一方面要强化财务预算管理，重视资金的流向、回笼，产品的投入和产出，真正将有限的资源投入到能产生效益的项目上，投入到能不断实现利润回报的产品建设上。当然，构建节约型企业，并不是要束手束脚，裹足不前，而是在又好又快发展的前提下，行举手之势，做节约之事。兴企与兴家一样，需要大家树立正确的节约意识，形成良好的节约习惯，居安思危，以主人翁精神为企业的可持续发展尽力。

山西出版人士应当充分认识到，结构调整、资源整合、人才优化和企业改革的成果，都要通过管理来实现，有关改革的各项制度和经营思路，都要通过管理来落实。因此，一定要努力增强管理意识，改进管理模式，创新管理思路，提高管理水平，真正做到向管理要效益，以管理出效益；要大力提倡管理就是服务、服务就是管理的理念，做到在管理中服务，在服务中管理；要大力加强企业文化建设，构建起以创新、聚合、研究、诚信为特征的优秀的企业文化，创造出能够促进山西出版业可持续发展的良好的生态环境。

三、落实"六个转变"，必须正确处理两个关系

（一）必须正确处理改革、发展、稳定的关系

在落实"六个转变"，推进山西出版业集团化建设和产业化发展的战略过程中，必须牢牢把握以改革促进发展、以发展维护稳定、以稳定保障改革和发展的总体思路，正确处理改革、发展、稳定的关系。

1. 以改革促发展

山西出版业经过 30 年的改革，已经有了进一步发展的良好基础，目前正处于一个推动出版业发展壮大的有利时机。但同时必须清醒地看到，山西出版业长期积累下来的深层次矛盾和问题也日益凸显，在推进跨越式发展中处理好各种利益关系的难度进一步加大，在前进道路上还面临不少困难和问题，深化改革的任务还很艰巨。因此，只有将改革与发展内在地统一于山西出版业产业化建设的实践当中，才能实现加快发展的目的。对此，任何对于改革不科学的想法、不正确的认识，任何知难而退的行为、急躁盲动的做法都是有害的，只有下决心认真解决长期积累的矛盾和问题，突破发展的瓶颈制约和体制障碍，才能形成富有生机和活力的体制环境，促进山西出版业走上健康科学的发展轨道。

2. 以发展维护稳定

一项事业也好，一个企业也罢，发展好了，则事业兴、企业兴。对于完成集团组建工作时间不长的山西出版业而言，要在日趋激烈的竞争中立于不败之地，除了将发展作为第一要务，别无捷径可走。因为，只有加快发展，才能更好地调节各方面的利益关系，解决好各种矛盾；只有加快发展，才能迅速增强市场竞争力和抵御各种风险的能力；也只有加快发展，才能巩固和维护稳定。

3. 以稳定保障改革和发展

保持稳定，是顺利实现事业发展目标的前提，也是各项改革得以有效实施的基本条件。应该清醒地看到，改革和发展必须有一个良好的企业环境。如果企业内部不能保持一个长期相对稳定的局面，丧失起码的秩序和规则，就必然会使整个经营管理陷入混乱，改革和发展也就无从谈起。近年来，随着以市场为取向的改革的不断深入，出版业发生了重大变化，出版企业经济发展不均衡的态势日益明显，利益分配和职工收入的差异等越来越成为影响企业稳定的因素，而企业一旦失去了稳定，就意味着改革和发展进程的中断和已有成果的丧失。因此，只有不断加强和改进管理手段，切实做好改革的宣传动员工作，使改革发展成为企业和职工的自觉行动，努力保持企业的稳定和谐，才能顺利完成改革任务，实现发展目标。

（二）必须正确处理速度、质量、效益的关系

坚持又好又快发展，是科学发展观的本质要求。快是对发展速度的要求，好是对发展质量的要求，又好又快是既追求质量，又追求速度，且更加重视和强调发展的质量和效益，也就是说，要在好中求快。落实"六个转变"，必须牢牢把握又好又快这一科学发展的本质，正确处理好速度、质量、效益的关系。

1. 坚持速度服从于质量

坚持又好又快发展是新形势新阶段山西出版业发展的现实要求。发展是一项系统工程，对于出版而言，需要一系列的经济、社会、文化条件，这些条件相互联系、相互作用又相互制约，不可能长期单兵突进。改革开放以来，山西出版经济持续快速增长，发展基本上一直处于快车道。但是，粗放的经营方式、有限的资源、不合理的结构以及偏低的人口素质等对山西出版经济增长的制约越来越严重。可以说，如果发展质量不变好，环境将无法继续支撑较快的速度。因此，坚持好字当前，保持又好又快发展，是抓住重要战略机遇期，落实科学发展观，调动各方面积极性，发挥生产要素潜力，实现山西出版实力整体跃升的必由之路。

在落实"六个转变"的过程中，一定要把改革和发展的质量摆在更加突出的位置。山西作为经济发展相对落后的内陆省份，出版发展求好、求快的任务十分艰巨，国内外出版业的发展现状和市场竞争的日益加剧，要求山西出版业必须保持较快的发展速度，否则难以实现全面振兴；同时，更要坚持好中求快，保持稳定的效益增长质量，努力实现速度、质量、效益的协调统一。

2. 坚持以质量促效益

一个国家发展的标志是其整体综合实力的显著增强，因而，企业和

事业的发展指标就绝不能仅仅局限在效益的范围内。效益增长与企业发展既有区别又有联系。效益增长多数情况下是一个数量的概念，主要表现为企业利润的增加；而发展则既是一个数量的概念，又是一个多维度的质量概念，它不仅包括效益的增长，而且包括产品结构的改善、企业形象的提升、生产效率的提高以及体制机制的科学与完善等。出版业的发展，效益增长固然是必要条件，但不是充分条件。发展首先表现为效益增长，并以效益增长为前提，但效益增长并不能等同于整体发展。因为，如果在效益增长的同时，企业环境没有改善，技术水平没有提高，产业结构与产品结构也没有改进，就是所谓的有增长而无发展的状况，也就是说，发展没有体现出质量。而发展没有质量，就不是全面、协调、可持续的发展。因此，在提出和落实"六个转变"的进程中，必须牢固树立科学发展观，立足发展质量，制订发展规划，真正做到从质量上把发展纳入全面、协调、可持续的健康轨道。

创新出版产业发展途径
实现山西出版科学发展

山西出版的集团化、产业化建设起步较晚，山西又处经济欠发达地区，如何实现又好又快发展，是山西出版业首先需要认真对待并着力解决的根本问题。党的十七大的召开，为山西出版业的发展理清了思路，指明了方向。从山西出版的现实情况出发，山西出版业的发展必须深入贯彻党的十七大精神，走出一条具有山西特色的出版产业的科学发展之路。

一、山西出版产业科学发展的重要战略意义

（一）山西出版产业具有广阔的发展前景

党的十六大以来的五年间，是山西经济社会发展最好最快的五年，更是山西城乡居民消费水平不断提升、生活质量显著改善的五年。主要表现为：一是城乡居民收入快速增长。2006 年山西城镇居民年人均可支配收入达到 10027.70 元，比 2002 年的 6234.40 元增长了 61.0％，年均递增 12.6％。在城镇居民各项收入中，经营净收入增长最快。2006年人均经营净收入为 377.03 元，比 2002 年的 241.66 元增长了 56％。财产性收入高速增长。2006 年人均财产性收入为 159.43 元，比 2002 年

的 90.50 元增长了 77％。工资性收入及转移性收入增长幅度较大。2006 年城镇居民人均工薪收入达 7877.3 元，比 2002 的 4704.69 元增长了 68％。二是城乡居民消费水平进一步提高。2006 年相对于收入的快速增长，城镇居民消费支出平稳，全年人均消费性支出为 7170.94 元，比 2002 年增加 2459.94 元，增长了 53％。2006 年，农村住户人均生活消费支出为 2253.25 元，比 2002 年增加了 898.61 元，增长了 67％。三是城乡居民发展性和享受性消费比重不断提高。除居住消费持续增长外，城镇居民人均教育、文化、娱乐服务支出为 1007.93 元，比 2002 年的 781.82 元增长了 28.9％。总体上看，山西现阶段的农业正处于传统农业向现代农业转变的过渡阶段，城市正处于传统工业社会向现代市场文明转型的快速发展阶段。

山西经济社会的持续快速发展，为出版产业的发展提供了难得的发展机遇。从省内文化市场看，随着国民经济发展水平、人民群众收入水平的显著提高以及全省经济结构战略性调整的进一步推进，文化消费需求将进一步增长，出版产业的发展空间将日益广阔。据有关专家预测，未来五年山西省文化产业的市场规模将显著扩大，构筑出版大产业链的时代即将来临。

（二）山西出版在"文化强省"战略中占有重要地位

山西省第九次党代会提出走出"四条路子"、实现"三个跨越"的战略规划，其中的跨越之一，就是实现从自然人文资源大省向经济文化强省的跨越。作为文化强省战略的重要组成部分，省委、省政府将文化产业作为一项具有潜力的新兴产业予以重点扶持。毋庸置疑，文化强省战略是基于山西文化资源的丰厚底蕴和鲜明特色提出来的。山西历史发端于史前文明的旧石器时代，历经数千年演变而不绝，中国五千年文明史给山西留下足以和煤炭资源相媲美的文化资源。据统计，截至目前，在山西发现的旧石器时代的古人类遗址就达 255 处，占全国同类遗址总数的一半以上。山西全省有不可移动文物 35000 处，现存古建筑 18118 处，各级各类文物保护单位 6784 个，其中世界文化遗产两处，国家级重点文物保护单位 271 个，居全国第一。除了古代建筑、彩塑、壁画、石窟艺术等不可移动的物质遗产外，山西还有同样厚重的非物质文化遗产。左权开花调、河曲民歌、五台山佛乐等 32 个项目进入首批国家级非物质文化遗产保护名录。正是这些丰富厚重的文化家底，使得山西有了"华夏文明的主题公园""中国历史变革的思想库"和"古代东方艺术博物馆"的美称，成为山西发展文化产业雄厚的资源基础。但应该看到，山西的文化优势并没有在国内充分显现出来，山西是文化大省，但目前还不是文化强省。而山西文化强省战略的主要内容，也不仅仅是立足于现有丰富资源，做大做强文化产业，实现文化经济的复苏，从另一个层面讲，使山西的地方文化得以不断传承和发扬光大也是其中应有之义。为此，山西出版肩负着深刻的历史和现实重任，在实施文化强省的战略过程中占有十分重要的地位。

二、山西出版产业发展面临的现实状况

（一）困难与问题

1. 观念落后，开放不足

山西出版经过十几年的市场运作，思想观念虽然得到了一定的转变，但计划经济的色彩依然浓厚，与出版科学发展的要求还有很大距离，产业化观念、国际化观念、现代化观念尚待培养，发展意识、改革意识、时代意识和忧患意识还没有普遍确立，对新思想、新局势反应迟钝，开拓创新能力明显不足。观念转变的滞后与行动的迟缓，使山西出版多随国家政策的制定和政治经济形势的变化而确定相应的短期目标，缺乏长期的经济发展战略和远景经营规划。

2. 体制机制僵化

山西出版受传统体制的影响较重，目前行业领域内的许多方面依然停留在传统体制的模式上，仍然习惯于用计划经济的手段管出版、办出版。一些掌握大量国有出版资源的单位，其出版实践从根本上讲还游离于市场经济体制之外，缺乏活力与竞争力，在多种所有制共同发展的情况下，个别出版单位被边缘化，有的甚至难以为继。

3. 产业结构不合理

与各地方出版的产业组织形式类似，山西出版也呈现出小而全、经营分散的局面，企业规模不大，产业集中度低，市场机制对出版资源的配置性作用没有得到有效充分的发挥，造成了不少资源的闲置和浪费。另一方面，产业对于教材、教辅等具有垄断性质的出版产品的依赖日趋加重，市场图书在整个出版利润中的比重增长缓慢，出版企业市场开拓能力相对滞后。

4. 人才资源匮乏

目前，山西出版经营管理人才的短缺与出版产业蓬勃发展之间的巨大矛盾日益凸显。据统计，2006 年全省在职出版从业人员为 80200 人，其中具有研究生及其以上学历的不到 40 人，占总人数的比例不足0.4％，远远不能满足山西出版产业做大做强的需要。出版发展的核心是人才问题，人才一直是制约山西出版产业发展的瓶颈。

5. 资本积累不足

由于发展缓慢等历史因素，山西出版的资本积累明显薄弱，在中部六省中是最弱的。山西出版集团成立时手里没有一分钱，再加上教材降价和招标，利润下滑，出版业实现突破式发展可谓举步维艰。

（二）必须着重处理和解决好的重要关系

1. 加快发展与缺乏资金、技术、人才的矛盾

山西作为出版资源相对贫乏、经济发展相对落后的省份，出版业的

整体实力相对于全国平均水平明显偏弱，因而，加快发展就显得更为紧迫而必要。对于山西出版来讲，能不能加快发展，不仅关系到事业的兴衰，也关系到企业的存亡，只有加快发展，迅速增强实力，提高竞争力，才能在无比激烈的市场竞争局势中处于主动地位，立于不败之地。但是，由于体制的原因，山西出版在发展历史上没有对资金、设备、技术和人才进行积极的整合，没有从根本上对有限的出版资源进行有效开发和合理利用，虽然经过一年多的集团化运作，基本形成了集约化经营的格局，但资金、技术、人才作为发展的重要资源，山西出版目前仍处于严重短缺的状态，由于资金的原因，引进技术和人才面临较大困难，而技术和人才的不足又直接影响到产业的做大做强和资本的快速积累。资金技术和人才匮乏问题严重制约着山西出版业的发展速度与发展质量，这一矛盾，是山西出版首先面临和亟待解决的根本问题。

2. 发展起步晚与发展起点要求高的矛盾

从 2002 年我国加入 WTO，出版业开始酝酿组建出版集团并相继在全国推行改革试点至今，中国出版的集团化建设已有五六年的历史。五六年中起步较早的出版集团抢抓机遇，趁势发展，凭借地域及经济优势迅速积聚实力，远远走在了各地方出版集团的前列。目前，国内出版优质资源已明显呈现出向经济文化特别是出版业发达地区倾斜的态势。山西出版业集团化起步晚、基础差，整体水平不高，与我国实现出版事业大繁荣、产业大发展的发展目标和出版业自身迅速完成体制和技术转型，应对数字出版的挑战等现实需求，还有显在的差距。

3. 深化改革与维护稳定的矛盾

山西出版业的发展必须立足于改革，改革必须彻底深入。但同时应清醒地看到，山西出版长期积累下来的深层次矛盾也日益凸显，企业经济发展不均衡，利益分配和职工收入差异明显等问题已成为影响企业稳定的主要因素，在推进改革过程中处理好各种利益关系的难度进一步加大。在改革的问题上，既不能放慢速度，也不能急躁盲动，必须积极进行，稳妥推进。

三、山西出版产业科学发展的六条途径

（一）理论研究促发展

1. 理论建设、理论创新对出版产业发展的重要意义

理论是时代的先导，每个时代总会面临着不同于其他时代的问题，回答和解决这些新的问题，就必然会产生不同于其他时代的新的实践和新的理论。时代推动着实践，实践又呼唤着理论，理论又引导着实践不断向前推进。这就是时代、理论和实践的辩证关系。对于理论创新的重要性，我们的认识必须上升到这样一个高度，那就是理论素养是民族素养的核心。一个民族要登上时代的高峰，一项事业要走在时代的前列，承担起自己的责任，就一刻也不能没有理论的思维。成功的企业不能没有战略，成功的企业家离不开哲学思考。"企"字是由"人"上"止"下组成，人的思想、人的行为停止了，企业的发展也就停滞了。因此，人的境界有多高，企业的境界就有多高，人的素质决定着企业发展的高度。战略是企业的灵魂，思想是企业家的灵魂。在这个机遇、风险和挑战并存的新的历史时期，我们应该比以往任何时候都更加重视出版理论的建设和创新，更加重视出版队伍理论素养的培育和提升。

2. 用中国特色社会主义理论体系统领出版的各项工作

胡锦涛同志在全国宣传思想工作会议上有四句话、十六字的精辟概括："高举旗帜，围绕大局，服务人民，改革创新。"向全国宣传思想文化战线的工作者提出了做好工作的总要求。高举旗帜，就是要把深入学习贯彻党的十七大精神作为首要政治任务，高举中国特色社会主义伟大旗帜，坚持以邓小平理论和"三个代表"重要思想为指导，深入贯彻落实科学发展观，把坚持马克思主义基本原理同推进马克思主义中国化结合起来，用党的理论创新成果武装头脑、指导实践、推动工作，巩固马克思主义在意识形态领域的指导地位。围绕大局，就是要认真贯彻中央

的决策部署，坚持正确导向，把社会效益放在首位，大力倡导一切有利于国家富强、民族振兴、人民幸福、社会和谐的思想和精神，着力推动科学发展、促进社会和谐，为改革开放和社会主义现代化建设提供有力的思想保证，营造良好的舆论氛围。服务人民，就是要坚持以人为本，贴近实际、贴近生活、贴近群众，充分发挥人民的主体作用，把人民是否满意作为根本标准，尊重差异，包容多样，努力满足人民多层次、多方面、多样化的精神文化需要，让人民共享文化发展成果，促进人的全面发展。改革创新，就是要用时代要求审视宣传思想工作，积极创新内容形式、方法手段、体制机制，增强吸引力和感染力，努力做到体现时代性、把握规律性、富于创造性。

这十六字的总要求，是党中央对新形势下宣传思想文化工作的战略性思考，体现了党的主张和人民要求的统一，体现了把握内在规律与反映时代特征的统一，体现了理论指导性和现实针对性的统一，是当前和今后一个时期新闻出版工作必须遵循的基本方针。山西出版要发展，必须把理论学习和研究工作摆在十分重要的位置，要通过政治理论学习和研究，切实增强领导班子和领导干部的政治意识、大局意识、责任意识和阵地意识，提高贯彻落实科学发展观的能力、科学判断形势的能力、驾驭全局的能力、处理复杂矛盾和问题的能力、推进改革和发展的能力、领导和管理企业的能力，使自己成为立场坚定的政治家、业务精湛的出版家和某一学术领域的专家。

3. 努力建设学习型、研究型、创新型的出版集团

知识经济时代，现代企业被定义为"三位一体"的组织，即企业一是产品的生产者，二是科研主体，三是学习型组织。现代企业已不仅仅是过去单纯的生产型的组织，而且更是研究型的组织、学习型的组织。当前，学习型组织的思想观念是现代社会最进步的思想观念，学习型组织的理论是当今最前沿的理论，学习型组织的实践是最具开创性的实践。对于企业来讲，学习型、研究型企业的创建将不仅有利于企业的技术进步、产品的更新换代、人力资源素质的整体提升，而且对企业核心

竞争力和长远发展的持续性和有效性将产生直接影响。

研究离不开学习，创新离不开研究，出版业的发展更不能没有创新，为此，必须大力倡导和培育在学习中研究、在研究中创新、在创新中出版的风气。著名的搜索网站 Google 最初只有三个员工，是在一间租赁来的简陋的仓库里起步的，而现在的业务却占到全球市场的 50%以上，它的成长是一个传奇。这样一个异军突起的技术型企业，其成功的秘诀就在于创新，是创新成就了 Google。创新作为一种能力，在市场经济社会已越来越显示出其无可替代的重要作用。现代企业正在经历着严酷的被追随、被模仿的时期，在这个同质化的时代，业界领头羊先进的技术和运营模式往往不再是秘密，这些都很容易被后起的企业学习和模仿，成为竞争和赢利的工具。当今出版界，浮躁之风滋长，模仿跟风普遍，这是值得我们警惕的，出版业如果不主动创新，进而丧失创新的能力，终究难逃被淘汰的厄运。山西出版业的发展，必须首先夯实发展基础，必须建立在理性发展的前提之下，这样才能有效规避各类风险，少走或不走弯路。

创建学习型、研究型、创新型的出版集团，绝不是相对于学习型社会的一个简单的提法上的变化，而是山西出版面临转型时期的一个重大战略性问题。其一，标志着我们由过去主要重视资源、设备、资本等生产要素，转变为同时注重人才资源和知识、科技、信息等经济要素。山西出版要发展，必须首先在人才资源开发建设方面赢得主动权，学习型、研究型、创新型出版集团的构建，才能源源不断地培养人才，从而为发展提供持续动力。其二，是提高出版企业综合竞争力的根本途径。虽然影响出版企业竞争力的因素很多，如企业规模优势、基础设施、经济实力、产业结构等，但作为内容产业，其知识竞争力是企业综合实力的核心所在。创建学习型、研究型、创新型集团，就是要在知识竞争力方面尽快提高层次和水平。其三，是把握正确导向、完善发展战略的关键环节。只有抓住学习、研究这个关键，出版业弘扬文化才能落实在"先进"二字上。对于山西出版业的发展，过去曾提出不少战略目标和口号，而"学习型、研究型、创新型集团"的概念更广阔，包含的范畴更大，针对性更强，涉及山西出版集团化建设的方方面面。

（二）深化改革促发展

1. 深化体制改革的步伐

（1）构建母子公司结构体系。通过推进转企改制工作，根据集团化建设方向和产业发展需要，山西出版集团应在保证党对出版工作领导的前提下，探索建立符合现代企业制度要求和出版单位特点的产权关系、治理结构、组织形态和内部管理体制，即建立集团公司和成员单位之间母子公司体制。集团公司和成员单位分级行使权力，分担责任义务，科学有序运营。集团公司作为山西省人民政府授权的国有资产投资经营管理机构，定位为集团的战略中心、管理中心和资产经营中心，享有资产受益、资产处置、重大决策和选择经营管理者的权力，承担国有资产安全和保值增值的责任。各成员单位作为集团二次授权的经营管理组织，定位为产品生产经营中心、研发中心和利润中心，具有法人资格，享有产品生产经营的自主权。

（2）优化资本结构，探索股份制改造，实行投资主体多元化。一方面，要加快推进新华发行集团有限公司在市、县新华书店的改制工作。另一方面，要积极探索新华书店物流、印业和物资供应环节的股权多元化的改制工作，积极引入战略合作者，开展资本运营，尝试收购、兼并、出让等盘活资本的方式，大力探索以控股参股方式介入新企业、新项目运作。

2. 建立面向市场的运行机制

与体制改革相配套，山西出版产业应同时着力探索以人为本、面向市场、优质高效、充满活力的新型运行机制，进一步增强发展的活力。

（1）创新用人制度，建立起一个人员能进能出、职务能上能下、待遇能升能降，优秀人才能脱颖而出，充满生机与活力的用人机制。

针对人员能进不能出的状况，改革人事制度。要逐步建立起用工制度科学化、用工机制市场化、用工形式多样化、用工管理规范化的劳动用工体系。促使单位人事管理由身份管理向岗位管理转变，由单纯行政管理向法制管理转变，由行政依附关系向平等人事主体转变，由国家用人向单位用人转变。要尽快建立和完善集团人力资源配置调控和管理机制，对未来用人总量与结构进行科学的需求分析，做好相应的生产人员准备和必要的人才储备工作，切实解决人力资源"又多又少"的矛盾。

针对干部能上不能下的现象，改革干部制度。要进一步规范公开选拔、竞争上岗程序，形成用制度选人的公开、平等、竞争、择优的良好环境。要建立岗位目标考核和素质能力考核相结合的干部考核评价体系，有效防止评价失真、用人失误的问题。同时要研究制定干部选拔任用追究责任制度。要建立领导干部任期制、辞职制以及调整不称职干部等制度，完善干部"下"的配套措施，切实解决干部退出难的问题。

针对员工水平和收入脱节的问题，改革职称制度，要全面推行评聘分开的管理办法，所有在职人员的职称，只作为岗位竞聘的一个基本条件，职称不再与个人待遇、薪酬直接挂钩，所有员工一律按岗位和绩效取酬。

（2）创新分配制度，建立起精神鼓励与物质奖励相结合的留住人才、发掘人才潜力的激励约束机制。要全面执行企业薪酬制度，同时建立起科学的薪酬分配原则和评价体系，把职工的工作态度、技术能力、劳动数量、劳动质量进行量化，把职工的收入与职工本人的"德、技、量、绩"紧密融合在一起，增加岗位工资特别是绩效工资在人员工资总额中的比重，消除同一岗位上平均主义较为严重的分配倾向，真正实现职工付出与回报的有效统一。

（3）创新运行机制，推行出版项目团队的公司化运作方式。所谓项目团队，就是团队项目化，以出版项目为纽带，根据完成项目所需要的人才组建而成的实施项目的组织，团队负责人通过双向选择、竞聘上岗来选择。项目公司化，即项目团队纳入出版社财务管理体系，实行独立核算的二级财务运作方式。投资多元化，允许项目策划人以一定的资金参与项目投资，实现投资人与出版社项目共管、风险共担、利润共享。工资企业化，推行以绩效考核为核心的企业薪酬分配方式。人才市场化，广开团队用人渠道，不拘一格选拔人才，打破身份界限，实现同工同酬。

（三）结构调整促发展

我国出版行业已步入微利时代的前期，从中呈现出的市场特征是：企业在没有明显的核心技术和优势的市场状态下进行低层次的价格竞争。而价格战的根源往往是企业之间相互比拼企业的竞争战略、营销技术和成本控制能力以及售后服务等经营环节。造成企业微利的重要因素之一是产品缺乏创新。这就要求企业必须大力发展高价值、高效益、高利润的产品，也只有创造充实的利润，才能让企业有足够的资本不断地壮大与持续发展，也只有高价值、高效益、高利润的产品才能迅速建立起强大的产品优势与品牌效应。随着我国加入 WTO 后政策的不断放宽，出版企业间的竞争越发白热化，不少企业在资本运营中改名换姓，行业、市场结构的变化以及政策的调整，不断引发较大范围的洗牌现象，兼并、收购、破产等资本运营成为企业生存和发展过程中不可或缺的战略措施，而这一切都是市场经济规律作用的结果。在这样一个大的背景下，产品结构调整将不仅成为增加企业竞争力的有效手段，也是山西出版当前及今后一段时期改革和发展的重要任务。

1. 大力进行产品结构的调整

（1）坚持专业化、特色化品牌建设方向。有竞争力的企业未必有品牌，但是有品牌的企业一定有竞争力。大家都知道，中国、印度、斯里兰卡是世界三大产茶国，然而这三国都不是采茶业、制茶产业的最大受益国，而英国一根茶叶都不生产，却成了茶叶制造产业的最大受益国，一个重要的原因在于，它拥有一个世界级的品牌——立顿，这个品牌使茶源不断地聚集在它的门下，这就是品牌的魅力。因而，产品结构调整，品牌创建是根本的方向。

在品牌战略实施过程中，要有长远观念，少搞短期行为，保证品牌形成的内在动力，从单一走向整体，从分散走向规模；要从战略高度经营品牌，切忌不切实际地盲目发展或有条件发展而坐失良机。各出版社要坚持出版的专业化分工，找准自己的特色定位，要从实际拥有和可能拥有的资源、条件出发，坚持抓重点、抓特色，坚持有所为有所不为的原则，发挥自身的优势，合理制定各自经过努力可以实现的规划目标，加大专业出版物、特色出版物所占的比重，使其成为出版社的主流产品、发展之源、立社之本。

（2）倾力打造教材、教辅新品牌。调整结构，不是要把教材、教辅调下去，而是要倾力打造教材、教辅新品牌。品牌创建，不仅仅局限于大众出版与专业出版，教育图书也有品牌。对此，山西出版必须有一个清醒的认识。一方面，整个出版行业对教材、教辅利润的倚重现象在短期内不可能彻底改变；另一方面，教材、教辅市场依然具有巨大的市场潜力，要集中优势力量，通过打造教材、教辅强势品牌，抢占更大的市场份额，不仅要在山西立足，而且还要打进临近省，打到全国去，提高"两教"产品的效益和知名度。在教材、教辅品牌创建上，出版的各个环节都要积极运转起来，树立起服务全局的意识。出版环节要加大研发力度，发行部门要拓宽营销渠道，印刷供应要保证速度质量，要倾全系统之力彻底改变山西"两教"图书良莠不齐、品牌较少的现状。

（3）持续进行内容创新。出版内容创新应重点把握三个方面：一是追踪新的学科、新的观点和新的成果。二是对既有的话题、经典的思想进行再研究、再演绎、再创作，在此基础上滋生出新的内容来。三是进行表达方式的创新，运用先进技术，提升出版物的创意水平，增强出版物产品的内容感染力和表现力。内容创新的主体是编辑，因而，我们要更加注重编辑工作的创新，不遗余力地提升编辑人员的选题策划能力和创新工作能力。编辑工作是"点金术"，正如一位资深出版人所说："好的编辑可以把浅的变深，零散的变系统，单本的变全集，陈旧的发出光芒，不宜读的变得宜读，无趣的变得有趣，化腐朽为神奇。"为此，要从改变编辑知识结构入手，培养创新型编辑人才，要确保自己拥有一支知识结构和年龄结构合理的专业编辑队伍，从而增强自主创新的实力，增加自主知识产权的数量。

2. 不断进行产业结构的调整

（1）促进产业链和价值链的延伸。当前，向全介质的大传媒集团发展，成为众多出版集团的发展目标，且这种发展态势日趋明显，从凤凰出版传媒集团、长江出版传媒集团有限公司、北方联合出版传媒集团（原辽宁出版传媒股份有限公司）等纷纷以"出版传媒集团"公司作为企业名称这一现象即可看出端倪。目前，有关研究结果显示，出版传媒集团可以延伸的十大领域包括网络、影视、动漫、物流、印刷、体育、娱乐、会展、教育、信息咨询。山西出版应在坚持专业分工，做强主业，把概念和品牌等无形资产做大的基础上，一方面进行多媒体的互动开发，走图书、报刊的数字化产品开发之路；另一方面围绕品牌建设，寻求影视、动漫等相关产业衍生产品的开发和业务合作，尽可能地延伸产业链和产品价值链。

（2）打造新的业务形态和业务结构。要努力赶上数字化浪潮的步伐，广泛应用信息技术，改造出版业务流程和业务结构。要积极推进数字化网络编辑业务平台和出版平台的建设，使出版各业务环节的时间和空间环境实现革命性的进步；要运用现代网络传输和通信技术，实现图书配送的网络化和智能化，建立现代图书物流体系；要依托互联网，不断提升信息化管理水平，实现企业由相对封闭走向开放、信息处理由事后走向实时、管理方式由传统走向现代的转变。

（四）管理创新促发展

出版企业在经历了计划经济时期的生产管理及计划经济与市场经济

相结合时期的混合管理之后，从 20 世纪 90 年代末进入了全面市场经济的新管理时代。新管理时代的出版企业管理，以建立现代企业制度、提高企业文化价值为显著特征，以实现系统化、科学化管理为基本方向，以建立企业竞争优势、提高企业竞争力，从而形成企业持久发展的"内功"为核心目的，体现的是面向市场、面向世界的全新管理理念。与管理方式的演变相辅相成，20 世纪，出版经济是以制度经济学为主要特征的时代，出版经济的发展是以完善的制度作为基本保障的。进入 21世纪，出版业所处的内外环境发生了前所未有的巨大变化，随着出版企业市场化运作程度的日益深化，资源和制度将不再是出版经济发展的主要动因。按照经济发展的理论，出版经济的发展势必从立足外在的资源与制度向主要依赖组织的创新转变，而这种管理方式的转变恰恰是与新管理时代对出版企业管理理念的创新要求相一致的。因此，从出版企业经营管理的变化规律出发，从山西出版业所面临的国内外形势和发展趋势出发，从其发展现状和亟待寻求发展突破的愿望出发，无论是从理论层面还是从现实层面，山西出版业亟须探索一条既与出版体制改革相适应又符合当前实际和长远发展要求的运行机制，从而有效地解决发展瓶颈，实现出版可持续发展。

目前，在企业管理运行中存在着两种方式。一是强调以人为本的管理思想。人在企业发展中起着其他因素无可替代的决定性作用，从一定意义上讲，人员素质决定了企业的竞争力。以人为本作为一种现代企业管理运作方式，其主要特征是具体问题具体分析，凡事讲求灵活机动。它倾向于按照东方国家人性化、感悟式、经验式的管理方式来运营企业，企业的管理能力不是较多地固化于企业，而是主要存在于企业家及其领导下的各个行为个体中，强调发挥员工在企业管理中的作用。二是注重法治在企业管理中的作用，即完全按照西方企业规范化、科学化、程式化的管理方式来运行企业，凡事讲求程度、制度、流程。在这种运行方式中，能力不是固化于个人，而是固化于企业，固化于企业标准化的制度和流程体系之中。

出版是一项富有创造性的事业，人的创造力是事业进步和产业发展的核心力量，奉行以人为本的企业管理思想，是与出版本身的职业特征相贴近的。然而，出版同时具有鲜明的意识形态特征，具有自身的生产原则，讲求职业的行为规范，强调法治在管理中的作用，也是与其职业特性相吻合的。因此，出版企业要想成功，就应探索如何科学地将上述两种方式有机结合的问题，开创出属于出版企业自己的运行管理方式，即高度制度化、流程化与创造性、激励性相结合的企业管理运行方式。具体而言，就是要既在战略层面上保持高度灵活性，又在运营层面上建立制度化的流程体系，实现制度和权变、人治和法治在不同时空下的有机统一，实现人与企业共同发展、共同进步的终极目的。

针对山西出版业目前存在的问题，应重点建立三大管理体系，提高管理质量和效率。

1. 完善财务核算管理体系

要加快建立覆盖全省的财务网络和财务平台，实现财务核算管理体系的科学化、制度化。要在预算、成本控制、资金运营、单品种核算、制度的建立、监督监管的条例，做好参谋、助手和服务等方面，建立一系列科学的财务管理制度。要学习先进省份出版集团的好的经验，进一步盘活闲置资金，畅通资金流，降低资金运作成本，提高资金运作效益，迈开资本运作步伐。要加强财务数据的统计、汇总和分析，为经营决策提供信息支持。要提高财会人员专业素质，严格财务纪律，建立健全各项财务管理制度、内部控制制度和内部审计制度。

2. 健全绩效考核评价体系

本着有利于重塑市场主体、增强市场竞争力和提高效益的原则，激励先进、鞭策后进和与实际效益挂钩的原则，健全绩效考核奖惩方案。与过去相比，加大自主产品的考核力度，实施"一把手"及班子成员职责直接相关的责任追究制度。同时建立和完善与企业工资制度相对接的绩效考核制度，彻底打破职工身份界限，改变过去按职务、职称、学历、资历取酬的不合理现象，更加注重职工的实际工作能力。

3. 建立人力资源管理体系

人力资源管理是人事管理的继承与发展，具有与人事管理大体相似的职能，但由于指导思想的转变，两者在内容和效果上有着本质的区别。从管理概念上讲，与人事管理将人力作为一种成本不同，人力资源管理将人视为可开发并能带来收益的资源进行开发和控制，把成就人、发展人、尊重人、用好人作为企业发展中追求的目标，对于以培训为主要开发手段所发生的成本，不以节约为目的，而是作为实现目标必需的付出，提高到事关个人与组织共同发展的战略高度加以重视。从部门管理上讲，人事管理仅仅是众多组织部门之一，其功能也仅仅是整个组织内人员管理的一部分，管理对象主要限于管理层，绩效评价目的仅在于发现员工绩效的现状，并以此作为报酬、奖惩、提升的依据。人力资源管理则作为一种思想贯穿于企业的各个层面，在组织内部建立整合式的功能。在视员工为资源的人力资源管理中，管理对象拓展到劳资关系的各个方面。人力资源管理中的绩效评价目的在于获得员工绩效现状的信息，找到员工与目前及未来要求的差距，绩效优秀的员工将得到物质奖励、提升等鼓励，而绩效较差的员工得到培训机会，为未来的职业生涯发展打下基础。所有员工将从中受益，绩效考评成为员工与企业之间主动交流的有力手段。总之，从人事管理到人力资源管理是一次思想上的创新，它为人才的成长、人才的脱颖而出提供了一个坚实的平台，体现了现代企业在人才的使用上机会均等的原则。由于人力资源管理的前瞻性、先进性、合理性和适应性，目前已为越来越多的企业管理者高度重视并加以接受。

事业的发展离不开人力和智力的支撑。在人才建设和管理上，山西出版应引进先进的人力资源管理理念，努力构建科学完善的人力资源管理体系，着力打造以个人和企业共同发展为目标的人力资源管理平台，健全人力资源管理机制。要以支持出版经营所需的机构和人力资源为需求、发掘并培养优秀的后备人才为目的，尽快建立人力资源信息库，及时发布、交流信息，实现人力资源的信息共享。要根据山西出版实际，参考社会有关情况，探索建立自己的人力资源评价体系及分级体系。

目前，出版行业最重要、最急需的人才包括以下四个方面：一是有创新能力、策划能力的编辑。应该说，编辑对市场上的产品最具有判断力，编辑的创新能够带动产品的创新，能够带动出版社形成自己的出版理念、出版风格和出版气质，从而促进整个出版社的发展。二是优秀的营销发行人才。现在是好酒也怕巷子深的时代，市场上的产品多如牛毛，我们下了大力气编辑、出版的优秀图书，一定要尽最大的努力送到读者手中去。优秀的营销人员不仅能够卖出好书，而且能够想办法把库存的图书卖出去，把那些长期积压的产品变成我们急需的资金。三是复合型的管理人才。目前的图书市场竞争激烈，现代企业的发展思路之一，就是向管理要效益。四是优秀团队的领导人。优秀的领军人物是我们事业成败的关键。加强人力资源体系的建设，就是要让人才形成梯队，让他们在自己的岗位上最大限度地发挥作用。在人才的培养和使用上，我们不能瞻前顾后、斤斤计较，人才培养成本的投入在许多时候是必要的。

（五）信息化建设促发展

数字出版或数字化出版，是指在出版的整个过程中，从编辑、制作到发行，所有信息都以二进制代码的数字化形式存储于光、磁等介质中，信息的处理与传递必须借助计算机或类似设备来进行的一种出版形式。数字化出版的出版模式主要分为五种：一是传统出版业的数字化，即以传统纸介质出版物为主体，通过配套的光盘或网站为纸介质出版物提供内容丰富、图文声像并茂、交互性强的增值产品或服务，形成以图书为主、光盘和相关网站为辅的立体化出版资源；二是互联网出版（也叫"在线出版"），即通过互联网，出版和销售数字出版物；三是内容资源库，即传统出版社将其拥有的丰富的内容资源加以系统化和集成化，以实现更方便的管理和对内容资源进行二次营销而建立内容数据库；四是按需出版，即根据客户要求，按照不同地点、时间、数量、内容的需求来制作个性化出版物；五是移动终端出版，通常也称之为"手机出版"，它基于通信技术平台，利用手机或类似的终端产品，实现对数字内容的创作、编辑、发布等。这五种出版模式包括了目前数字出版的主要方面。"推动产业结构调整和升级，加快从主要依赖传统纸质出版物向多种介质形态出版物共存的现代出版行业转变"，"积极发展以数字化生产、网络化传播为主要特征的数字内容产业"，是我国"十一五"时期文化产业发展的一项重要内容。近年来，我国数字出版产业发展迅猛，产业链体系日趋完善，据最新出版的《2005—2006 中国数字出版产业年度报告》显示，截至 2006 年年底，我国数字出版产业整体收入逼近 200 亿元。数字出版代表着一种方向、一种趋势、一种潮流，也是一种别无选择的未来。

1. 加快信息化建设，打造数字化出版平台

（1）建立现代出版平台。各个出版社每个编辑的审稿、加工、签字等工作都要在网上批复传递。三审三校后的图书清样经责编、社长签字后可直接发到印业公司去，整个流程都是用电脑来操作。各出版社之间都可以相互联网，作者资源、选题资源甚至各社之间的制度都可在网上共享，用现代技术整合我们的出版资源。

（2）建立现代发行平台。要以山西新华书店集团为中心，加快网络书店和网络营销建设，努力形成信息化、数字化物流和发行平台，扩大社店信息如各社的书库、品牌书和新华书店的发行网络相对接的覆盖面，运用互联网，以电子数据信息方式完成图书发行的交易，提高发行管理的信息化水平，减少盲目造货和发货，有效管理外库和客户资金占用，初步形成电子商务模式，使我们出版的优秀图书通过互联网走向全国，走向世界。

（3）建立现代财务金融平台。现在先进省份的出版集团如四川出版集团、（安徽）时代出版集团、上海世纪出版集团等，都在数字财务管理方面做了有益的探索，我们可以借鉴成功的经验，着手建立我们自己

的财务金融平台。

2. 积极开发数字产品，促进产业链的升级

现在是出版转型时期，即出版形成新的生命周期的时期，同时也是关乎各出版企业生死存亡的时期。所谓出版转型，就是由传统出版向现代出版转型，由纸质出版向数字出版转型。在数字化出版上，与数字出版的技术提供商相比，内容提供商是适合出版集团的，也是出版集团必须承担的角色，这是山西出版的优势所在。我们要把原有的纸质内容数字化，必须从以下两方面着手：一是积极争取作品的数字化出版。从市场的选题策划开始，就要重视作品的数字化版权，考虑它的成本、效益和衍生作品；不仅要考虑纸质出版市场，还要考虑数字化出版市场，取得作者对作品的纸质化版权和数字化版权。二是适合"走出去"的出版项目，一定要取得版贸的数字化版权。要把数字化和"走出去"一起纳入我们的版权范围，这样我们就能够从容开展后续的"走出去"工作。

目前适合我们的数字化出版包括四个方面：第一是工具书的数字化出版。由于工具书容量大、册数多、查找费时，所以若把它进行数字化出版，就可以大大提高读者的查阅效率。限于目前开发工具书的力度，我们不需要独立搞"工具书在线"，但可以把工具书、教材、教辅、具有地方特色的文化资源和古籍书的数字化出版整合起来，进行数字化出版。第二是教材、教辅的数字化出版。现在市场竞争非常激烈，从事教材、教辅数字化出版的单位和个人很多，说明数字化建设和服务将是教材、教辅竞争的重要砝码。我们要把自己的优质资源整合到网上，让老师、学生可以通过网络有偿下载学习，一方面使我们的纸质出版扩大了影响，另一方面实现了师生互动，我们的图书能够按照读者的意见及时修订。第三是适合地方文化的数字化出版。山西出版集团现今承担编辑出版的《三晋文库》，就很有历史价值和研究价值，如果这项大的文化工程数字化了，就会大大方便国外、国内的学者们的工作，他们在网上下载阅读，我们提供有偿服务，何乐而不为？第四是古籍的数字化出版。越是有价值的东西，越是学术的东西，越适合先做数字化出版。

（六）重点工程促发展

出版业发展的战略目标，是使出版企业发展成为具有世界竞争力的大型企业集团体系，形成一批具有自主知识产权、主业突出、核心竞争力强的大公司和企业集团，提高产业集中度和产品开发能力。由于体制的原因，山西出版长期以来处于分散经营格局、产业集中度较低、现代出版产业基础工程薄弱一直是山西出版产业化建设的短板。所以，山西出版产业的发展最后要落实到工程项目上，进行产业化布局，实现项目化运作。目前，应集中抓好三大工程建设。

一是发展现代出版物流，构建高效产业供应链，以相对低廉的物流成本获得尽可能大的市场空间，并形成适应未来市场需要的以下游需求为导向的产、供、销系统。物流是"第三利润源泉"，在市场竞争硝烟弥漫的新时期，谁掌握了现代物流、拥有了物流配送，谁就赢取了市场。近两年，出版行业逐步认识到物流管理在企业成本控制中的作用，全国各省市的出版集团、新华书店都在积极地筹划、投资、建设物流中心项目，希望在提高服务水平的同时降低物流成本。从山西出版业目前的实际情况出发，出版业的发展应集中力量将物流配送中心列入山西出版建设与发展总体规划，并作为构建编印发一条龙、产供销一体化的大型出版集团的重要组成部分，全面加快新华书店的连锁经营步伐，提高印刷企业的生产能力和技术水平，力争用最短的时间组建贯通全省、面向全国，集代理、采购、仓储、配送、结算等功能于一体的现代化出版物批发交易中心和物流配送中心，为全省新华书店建立连锁配送体系奠定基础，真正实现物流、商流、信息流、资金流"四流"畅通，同时带动整个产业体系的升级。

二是"三晋文库"建设工程。山西具有独特而丰厚的文化底蕴，以发掘文化精华、彰显文化优势、抢救文化遗产为出发点，我们将集中力量编纂出版当代山西的"四库全书"——"三晋文库"，文库拟出版6编21辑，约600册，将对研究山西的科研成果进行梳理，进一步廓清山西历史文化在中华民族文化和文明发展进程中的作用、影响和地位；将对山西古代、近代乃至现代的重要典籍、著述、史料进行整理和抢救，使之更便于完整保存，也更便于查阅和使用；将对山西物质文化遗产和非物质文化遗产的图文资料进行汇存，使之成为进一步积累、宣传、弘扬和研究山西历史文化的重要信息基础。编纂"三晋文库"，打造山西大型文化品牌，也将有力地推动山西从文化资源大省向文化资源强省转变，塑造山西文化新形象，增强山西文化软实力，促进全省经济建设和文化建设协调发展。对山西出版而言，负责这样的大型工程不仅是光荣的使命，通过这样的工作，也有利于从多方面提升自身的出版实力。

三是"走出去"、"走下去"工程。"走出去"就是要做好图书的版权输出工作，将我们出版的优秀图书输出到国外。围绕"走出去"工程，山西出版集团成立了"走出去战略领导组"，设立了"走出去工程项目组"，并斥资 300 万元作为工程启动资金。目前，我们的"走出去"工作已见到一定成效，至 2007 年年底，山西出版集团旗下的一些版权贸易图书已成为业内知名的图书品牌，版权输出地包括英国、韩国、越南、泰国、马来西亚等国家和中国香港、台湾地区。对于山西出版而言，当前首要的目标是，在中国作为主宾国的 2009 年法兰克福国际图书博览会上，成功推出第一批输出产品，并争取打入国际主流市场。"走下去"，就是做好图书的普及工作，使图书更加贴近读者，面向基层，面向农村。我们一方面要加大农村图书选题的开发力度，以让农民"一看就懂，一学就会，一用就灵"为特色，陆续推出适合农民阅读的图书；另一方面，要努力加强农村图书销售网点建设，以此带动农村文化普及率和发行业服务能力的提升，并积极配合文化管理部门做好政府采购图书的出版工作，协同新闻出版管理部门，做好"农家书屋"的出版发行工作。总之，通过"走出去"、"走下去"，我们可以学习先进经验，培养优秀人才，利用多种资源，开拓多方市场，从而不断增强山西出版发展的后劲，为弘扬中华文化、推进社会主义文化大发展大繁荣作出更大的贡献。

以正确理念引领山西文化产业发展

山西有两座"金矿",一是煤炭,二是文化。长期以来,以煤炭资源为核心的煤电化工作为我省支柱产业,为我省经济的发展发挥了巨大作用。2009 年以来,在"三个发展"的战略指导下,省委、省政府遵循科学发展规律,对煤炭资源进行了大力整合,形成了对煤炭资源规模化、集约化的经营态势,煤炭资源的效益进一步凸显,在我省经济发展中占据着越来越举足轻重的地位,可以说,煤炭是山西省一座名副其实的"金矿"。然而,相对而言,山西省的文化产业发展较为滞后,文化企业普遍存在着散、弱、小的特点,作为另一座"金矿",没有产生出像煤炭一样应有的效益。所以说,调结构是山西转型发展的"生死结"。然而,煤炭作为硬性资源,较之文化,其可再生性要薄弱得多,因此,把有限的煤炭资源作为永久性经济发展支柱,山西的可持续发展环境必将日趋脆弱。煤炭资源日趋严峻的形势和国际经济后危机时代的态势,迫使有关方面下决心进行产业结构调整,把文化产业作为山西省的新型支柱产业,下大力气培育,使文化这座"金矿"产生应有的价值,发挥应有的效用。

山西文化资源蕴藏丰厚,特色鲜明,有数以百计的历史名人、数以千计的民俗文化、数以万计的文物古迹,这些源远流长、底蕴厚重的三晋文化,形成了华夏文明独特的文化现象,是一份无法累计、难以估量的资本。2003 年,山西省顺应发展形势,立足自身实际开始实施文化强省战略，着力推进文化产业建设并收到了一定成效。但是，尽管自 2004 年以来，山西省文化产业平均增长速度达 24.5%，2008 年占 GDP 的比重已上升到 2.9%，但整体而言，文化市场培育仍不充分，产业链仍不成熟，集约化、规模化程度较低的问题仍没有得到根本解决。有数据显示，2007 年，山西省文化产业增加值仅为广东的 1/12、上海的 1/4。从对经济增长 3.54% 的贡献度上讲，较之于煤化工产业，它仍微不足道。文化产业如何崛起，并为山西转型发展发挥实质性作用，恐怕还不仅仅是将文化市场化就可以解决的问题，更需要从文化的本质、文化市场的特性出发，去探究其发展的动因，找到推进其发展的力量。

一、文化产业发展需要政府的大力推动

文化本身蕴藏着两种力量：一为软实力，即强大的精神塑造力，包括民族凝聚力等情感力量；一为硬实力，即与产业融合后的聚变力量，包括所创造的经济效益等。将文化产业化，强调的是文化的硬实力，就是说文化产业要与其他产业一样，其产品效能、生产供给须通过文化市场来检验和调节，其发展成果主要通过两个效益来体现。由于文化产品供给的阶段性特征和产品市场成果的不确定性，文化生产活动常常呈现出支出增长过快、收入增长相对缓慢的态势，发展资金往往不能及时跟进。与此同时，文化产业的资产大多以知识产权及无形资产的方式呈现，难以通过资产评估确认其价值，特别是项目的资产价值和未来变化更难加以具象判断、推测，这些都无疑给文化产业融资带来障碍。因此，资金不足始终是制约文化产业发展的根本性问题。就山西省来讲，目前文化市场还处于培育期，文化单位经济基础普遍薄弱，尚未形成成熟的运营模式和持续赢利能力，借贷和吸纳社会资金的实力不足，完全依靠自身力量形成产业规模和实现跨越发展还不具备足够的条件。

文化产业的内容主体是文化，产业发展的同时推动文化发展，是文化产业的正途。换言之，文化产业发展的方向是繁荣文化第一，实现效益第二，也就是常讲的文化产业具有双重属性。就文化所发挥的效能看，也是软实力大于硬实力，因为文化的表现是一种精神的存在，是民族根基和社会财产，是一个民族和一个国家的身份载体，其发展的主要构成是对一个国家价值观的确认。因此，在文化产业的问题上，有一点必须要明确，发展文化是民族的大事、国家的大事。即使是产业化运作，有实现经济效益的诉求，也还有一个彰显文化软实力的责任问题。这个责任显然不能只囿于有限的几个文化单位，更不能以是否赢利作为发展文化的目标。发展文化产业，无论从市场特性还是发展方向出发，政府的强力引导和推动是必由之途。在国外，国家从政策、法规、资金方面支持文化产业发展的做法已是普遍现象。英国成立有文化创意领导小组，由首相担任组长，以此推动文化创意产业的发展。日本把文化立国作为国策，不遗余力，常抓不懈。韩国认为文化是 21 世纪最重要的产业，举全国之力重点突破。法国每年在文化方面的公共投入约折合 800 亿元人民币，占国家财政预算的 5%。

就山西省而言，目前正处于市场经济转型时期，文化产业作为新兴产业，市场经济体制还未从根本上确立，在这种情形下，尤其需要政府加大政策扶持力度，以切实有效的手段来引导和推动产业发展。这种政策支持不仅表现为引导文化产业有效整合文化资源，着力打破地区、部门、行业、所有制界限，同时避免盲目开发，竭泽而渔，促进形成良好的资源配置和竞争优势；表现为引导文化体制改革，创新文化单位机制，调整行业结构，加强人才培养，加速推动产业化进程；表现为引导社会资金以良好的态势进入文化产业领域，拓宽社会办文化的渠道，更重要的还表现为必要的制度建设和法律保障，诸如规范行业规则，进一步完善知识产权保护和贸易条例，健全文化投融资体制等，使支持文化产业发展成为一项国策，以法律的形式得以根本性确立。

二、以文化产业化促进产业文化化

20 世纪 80 年代，日本学者日下公人从经济学理论出发，对文化产业给出了这样的定义：文化产业的目的就是创造一种文化符号，然后销售这种文化和文化符号。这个定义，体现了文化与经济的紧密结合。进入 21 世纪，文化与经济、政治、社会的交融越来越成为国际性趋势。文化经济化、经济文化化日益加快文化、经济领域的转型步伐，进而实现经济、政治、社会、文化协调发展。文化产业体现在两个方面，一是文化产业化，二是产业文化化。所谓产业文化化，是指将产品的生产和销售赋予一定的文化成分，创造出世界公认的著名品牌，从而提高产品附加值，获得更大的效益。

作为文化产业的两个重要内容，一方面文化产业化拉动产业文化化，以文化的品牌影响力带动产品的市场效应，使企业获得更大的经济利益。20 世纪 70 年代末，甘肃歌舞团成功地将舞剧《丝路花雨》塑造成该省的文化品牌。之后，以 100 万元的价值入股五粮液集团。四川五粮液集团利用这个品牌名称，推出"五粮液·丝路花雨"系列酒，一面世即获得 2 亿元订单。与酒业结合，使《丝路花雨》这一文化产业品牌得到了延伸。这一事件，被许多经济分析人士援引为文化与经济互动的经典案例。另一方面，产业文化化也显著推动文化产业化发展。有一定基础、一定规模效益的企业与文化结合，必然将企业资金注入文化领域，这必将拓宽文化单位的融资渠道，为文化产业发展带来生机与活力。

文化产业化与产业文化化堪称文化产业发展的双翼。"文化与经济结合，促进了文化产业化；经济与文化结合，促进了产业文化化。文化与经济互动，实现了双赢。"山西省的文化资源类型相当丰富，许多资源在全国独树一帜，自成一格。发展文化产业，除加强文化产品自身的市场培育外，还应特别注意引导省内的企业，依托文化资源和文化产业品牌优势，挖掘能够与企业产品相结合的文化内涵，打造企业产品的文化品位，实现文化与经济的共赢。

三、树立正确的文化产业发展观念

与其他产业一样，市场是文化产业的土壤，没有市场，文化产业就无法生存。当前，为文化产品找市场是文化企业的头等大事，而找不到市场又成为企业共同面对的难题。从经济学家的预测数据看，文化市场的潜在消费能力在逐年提高，但为什么这块不断增大的蛋糕却吃不到我们嘴里？究其原因，一个重要的方面是，我们对文化产品的生产和销售存在着认识上的偏差。

当前，有三种基本的观念存在于文化活动中，即为人生而文化、为文化而文化及为金钱而文化。这些观念均带有将文化产品的两个属性人为割裂的倾向。发展文化产业，不是将文化专门化，也不是将文化金钱化，而是将文化纳入正确的市场轨道，增添使之加快繁荣的活力和动力，在实现文化自身发展的同时实现效益增长。因此，在这个问题上，要警惕两种做法，一是在所谓文化纯粹观念指导下，将文化束之高阁，关进象牙塔的行为；一是在利益观念驱动下，将文化庸俗化，刻意迎合炒作的行为。现阶段文化产业的发展需着力在三个方面加快步伐。

一是推动文化体制改革向纵深发展，进一步加快国有经营性文化单位转企改制的步伐，着力培育合格的文化市场主体，培育骨干文化企业和文化领域的战略投资者，构建有利于科技与文化产业相结合的体制机制。在省委、省政府的推动下，2006 年成立了山西出版集团。成立时，山西出版集团销售收入、总资产仅 22 亿元，到 2009 年，已增长为 36 亿元，这是文化体制改革带来的成果。二是不断满足人民群众对文化产品的新要求、新期待。对此，我十分赞赏陈凯歌先生在刚刚结束的中国电影华表奖颁奖典礼上所作的感言。陈先生将电影比作一棵大树，他说，如果优秀的电影作品是树上的果实，那么给大树以生命养分、使之枝繁叶茂的树根，就是人民群众。文化产品的市场在人民，文化产品的创作源于人民，文化产品的生产为人民服务。脱离了人民，脱离了大众生活，将文化产品变为个别人的精神把玩，变为少数人的低级消费，文化必将失去生命活力而走向穷途末路，产业发展和事业繁荣也就无从谈起。三是树立正确的国际市场观念。现在提及文化产业的市场培育，很多人便首先简单地与国际市场联系起来，似乎我们的文化产品大多是做给外国人看的，制作和生产主要是为了远销海外。其实，任何产业的扩张，均需坚实的基础和雄厚的实力，文化产业也是如此。占领市场，首先要从占领脚下的市场开始。走向世界，表达的是一种应有的积极主动的心态，但如果没有占领国内市场的实力，是很难真正走向世界的。在美国百老汇叫得响的剧目，基本上是先从百老汇外演起，经过一个个市场检验与培育，才一步步进入百老汇的。文化产品的品牌，也必须首先从脚下的市场开始培育。如果一个文化产品在本土都没有市场，很难想象它会打动外国人并在国外获得收益。

当前波及全球的经济危机，使世界经济增长滞缓，但同时须清醒地认识到，每次经济危机都会激发科技的新突破、资源的新整合、结构的新调整。在全球经济加速转型的关键时期，需要以更加长远的战略眼光，从危机中抢占先机，以正确的理念引领文化产业的改革发展，使文化成为山西省经济增长的新亮点，从而加快推动山西省"三个发展"战略的实现。

建设创新型出版集团

过去的数年里，山西图书出版业积极应对复杂多变的经济形势，坚持深化改革，化压力为动力，变挑战为机遇，实现了体制和产业的全面转型，开辟了行业发展的崭新局面。在令人欣喜的成绩面前，必须清醒地意识到，出版业发展的前景固然乐观，但前进的路途依然曲折严峻。山西图书出版业应以建设创新型出版集团为目标，深入贯彻落实科学发展观，深化出版体制机制改革，走出一条具有自身特色的科学发展之路。

一、为什么提出建设创新型出版集团

（一）建设创新型出版集团，是贯彻落实科学发展观的根本要求

科学发展观充分体现了继承与创新的统一、理论与实践的统一、当前与长远的统一，是必须长期坚持和深入贯彻的重大战略思想。科学发展观是实践的行动指南，与出版发展的实践紧密相连。落实科学发展观，必须从根本上纠正非科学的发展观念和发展方式，而这些均需要通过创新的思维和创新的手段得以实现。

创新的实质与科学发展观是一脉相承的。创新是从思想到行动、从构想到现实的知行统一的发展过程。出版创新有三个基本特点：首先，创新要从认识开始。认识是创新的基础和起点，没有对客观事物准确的认识和把握，创新无疑就成了"无源之水，无本之木"。其次，创新应在借鉴中实施。借鉴是连接理性认识和实践的桥梁，是谋事、成事的必经之路，也是探索未知领域的有效方法。创新只有立足于借鉴的根基上，才能经济、高效地得以实施，离开了借鉴，盲目地、不切实际地搞创新，只会起到事倍功半的效果。再次，创新必须通过实践来完成。创新不是空洞的理念，不是搞形式主义，而是要真正通过实践解决问题。实践是创新过程中最重要的一环，离开了实践的检验和淬炼，创新就无法真正完成，创新的螺旋上升环就会断裂，再创新、再发展就无从谈起。

当前，随着建设创新型国家理念的提出，创新已不仅仅是科学的发现、技术的发明、科技知识在经济中的运用，而是上升到了"意识""精神""灵魂"的高度，成为一个民族、一个国家的根本所在。从某种意义而言，大到一个民族、一个国家，小到一个行业、一个企业，没有创新，就没有发展，就没有生命力。作为社会主义文化建设的重要力量，出版承担着振奋民族精神、实现民族文化振兴和中国文化崛起的重任。以务实的态度进行出版创新，不仅仅是社会主义出版规律的要求，更是坚持先进文化发展方向、深入落实科学发展观的根本要求。

（二）建设创新型出版集团，是应对当前国际国内发展形势的迫切需要

1. 改革攻坚的力度进一步加大

随着文化体制改革的日益深化，出版领域体制改革取得了突破性进展。截至 2008 年年底，全国先后组建了 23 个出版企业集团公司、180 多家图书出版单位，30 个省级新华书店系统完成了转企改制。全国性

民营连锁经营企业已达 8 家，民营发行网点达 10 万个，中外合资、合作或外商投资书报刊发行企业和印刷企业达 2500 多家，一大批民营网络出版发行企业快速成长。出版、发行、报业上市公司已达 11 家，净融资达 240 多亿元，造就了一批市场主体和战略投资者，解放了出版生产力。以公有制为主体、多种所有制经济共同发展的出版产业格局初步形成。按照中央对出版改革未来三年的部署，试点地区的出版单位在 2009 年内全部完成转企改制，其他地区的出版单位在 2010 年前基本完成，中央党政部门出版单位要从行政部门剥离出来，重新划归其他出版集团，高校出版单位的转企改制要在 2010 年完成。新闻出版体制改革已进入了一个向面上推开、向纵深发展的关键阶段。新闻出版总署将 2009 年确定为"新闻出版体制改革主题年"，中央部委在京出版单位的体制改革工作已经拉开序幕。站在更高的起点上，出版改革的难度将进一步加大，发展的任务将更为艰巨。

2. 兼并重组势头进一步加剧

在出版发行体制改革不断深化的大格局下，集团上市、跨地区兼并重组热潮成为现阶段出版业发展最为显著的特征。近年来，我国出版发行行业上市融资不断取得重大突破。在融资平台的支持下，一些强势公司开始利用资本市场的特点，通过不断地兼并收购，将弱势公司淘汰和削弱，进行跨行业、跨区域的强势整合，从而做大做强产业。2008 年 12 月 28 日，贵州新华文轩发行有限责任公司正式成立，标志着贵州、四川两省国有图书发行业紧密型跨省战略合作取得实质性成果。2008 年 12 月 21 日，国内首家整体上市的辽宁出版集团在上市一周年之际，更名为北方联合出版传媒集团。此举旨在联合公司所属子公司，特别是周边地区如内蒙古、河北、山西等省具有优质出版发行资源的企业，打造区域性大型出版传媒企业。这项工作已得到中宣部、新闻出版总署及辽宁省委、省政府的大力支持。在这样的背景下，中国出版业的非均衡发展态势愈加明显，实力型企业其背景、资源、人才、市场的优势异常明显，而且这种趋势在政策和竞争的推动下会不断加速，任何一个发展较慢的出版企业都将面临被边缘化的风险。

3. 民营企业参与竞争的趋势进一步显现

民营发行企业经过 20 多年的发展，已成为出版发行行业的重要组成部分。目前，全国共有民营或民营控股的出版物发行网点近 11 万个，占出版物发行网点总数的 78Z 以上。全国 57 家总发行单位中，民营或民营控股的单位有 12 家，约占 21%。经新闻出版总署批准设立的 25 家全国连锁经营单位中，民营或民营控股单位有 8 家，占 32%。2003 年以来新闻出版总署新批准设立的总发行和全国连锁经营单位中，绝大部分都是民营或民营控股的企业。近年来，随着民营企业的快速发展，政府对其的扶持力度也逐步加大，继 2003 年民营出版工作室被授予总发行权资格后，从 2009 年开始，民营出版工作室将纳入出版行业体制内进行规划和管理。国家将在确保导向正确和国有资产主导地位的前提下，鼓励国有出版企业与民营出版发行企业进行资本合作、项目合作、环节合作，同时鼓励国有出版企业和民营出版企业进行重组、联合、兼并等，用多种手段打通民营企业的生产通道。1 月 12 日，长江出版集团与湖北海豚卡通有限公司合资成立湖北海豚传媒有限责任公司，长江出版集团与湖北美术出版社、湖北少儿出版社共持有 51% 的股份，原湖北海豚卡通有限公司的四名股东持有其余 49% 的股份。由民营书业带动的出版界新一轮的重组已经拉开帷幕，出版市场的竞争将更加激烈。

4. 金融危机带来的影响还将持续

从国际上看，金融危机正在从局部发展到全球，从发达经济体传导到新兴经济体，从虚拟经济扩散到实体经济，全球性经济衰退的风险越来越大，世界经济需经历一个较长的低迷和调整时期。2009 年以来，金融危机下的英美书业格局与未来国际出版趋势显露端倪：出版业正在酝酿着新一轮的兼并重组，数字出版继续深化；发行业明显偏向网络渠道，传统渠道受到挤压；产业链也面临着新的调整，部分独立书店及连锁店关门，退货率过高，让上游出版商不得不向下游发起征讨，开始调整计划。从国内看，目前经济下行趋势由下游行业向上游行业、由沿海向内地、由中小企业向大企业传导扩散，市场环境趋紧，亏损企业和亏损行业增加较多，经济下滑已成为当前全国经济运行中的主要矛盾。出版业由于主导产品带有较为明显的计划特征，整体受金融危机的影响似乎不大，但对零售市场的波及已经显现，出版业的销售市场同样面临着巨大的压力。

（三）建设创新型出版集团，是山西图书出版业发展到新阶段的必然结果

经过数年的实质性运作，山西省图书出版产业体系基本形成，结构趋于完整，产业规模进一步扩大，经济实力不断增强。目前，已拥有一批龙头企业，在一些领域具备初步竞争实力，新的经济增长点开始显现。从总体上讲，山西图书出版已走过了求生存的初级阶段，站在了做强做大的新的历史起点上。

立足新的起点，既面临着新的形势、新的任务、新的机遇，又面临着新的课题、新的挑战、新的考验。与此同时，还须以清醒的认识，解决目前依然存在的问题，如资源整合刚刚迈出第一步，科学管理也仅仅是处于由粗放向科学的转型过程中，人才培养与引进也刚刚起步，当前仍然存在着产业发展不平衡，集约化水平不高，抵御风险的能力较弱；产业总体实力不强，质量效益在全国排名位次较低；产业结构单一，对教材教辅依存度依然较高；新的经济增长点比较弱小；品牌规模化程度不高，产品原创能力不足，一些单位经济增长乏力等问题。这些问题的存在与思想观念滞后，市场主体意识、自我改革求新图强意识不强有关；与改革进程相对滞后，体制机制上的障碍没有消除，发展的动力不足有关；与从业人员创新能力欠缺、创新成果匮乏、创新人才不足，不能适应形势发展的需要有关。站在新的历史高度，围绕山西图书出版业又好又快的发展构想，要以开阔的视野、世纪的胸怀，实现新的跨越，只有以科学发展观为指导，遵循出版发展规律，进行全方位的出版

创新。

二、如何建设创新型出版集团

世界各国出版业发展的经验表明，在开放的国际市场条件下，一个企业如果原始创新能力不足，就难以积极主动地进行自身结构的战略性调整，就难以优化经济增长方式，就必然会在强势企业主导的出版产业分工中陷入被动，使自己在出版市场上的发展空间越来越小，与强势企业的差距进一步拉大，从而市场地位日益受到威胁直至丧失。为避免这种现象的发生，加强出版企业的创新能力建设是唯一的出路。

出版创新是个复杂的系统工程，既涉及宏观的体制创新等问题，又涉及微观的内容创新等问题。如果不能找到一条有效的创新路径，就很容易陷入创新无门或为创新而创新的误区。本文将以"五大创新"概括建设创新型出版集团的途径和抓手：一是发展理念创新，二是体制机制创新，三是产品产业创新，四是经营管理创新，五是人才队伍创新。这"五大创新"既是图书出版业在新阶段实现新发展的需要，也是对山西出版业大力推进"六个转变"战略思路的深化和提高。

（一）以发展理念创新激发山西图书出版业科学发展的动力

思路决定出路，境界决定高度，研究决定创新。观念创新是出版创新的思想基础。面对出版业迅猛发展的新形势和贯彻落实科学发展观的新要求，有必要更多地强调敢于创新的精神。从某种意义上说，敢不敢创新是战略问题，善不善于创新则是战术问题。出版业属于创意产业，创新是出版业发展的本质要求。回顾新中国的出版发展历程，就是一个思想不断解放、观念不断更新、认识不断飞跃的历程。改革开放 30 年出版业取得了令人瞩目的成就的事实证明，没有思想观念的大解放、大创新，就没有出版的大发展、大进步，就没有出版业影响力和竞争力的大提升。

解放思想的能量是无穷的，威力是巨大的。然而，实践没有止境，认识就没有止境，解放思想也就没有止境。思想观念的创新从来就不是一劳永逸的，而是永恒的主题。在每一个新的发展时期，都面临着解放思想的新任务，需以创新观念打开发展的新通道，开创发展的新局面。如果停步不前，认识落后于形势的变化，原来观念创新的成果就可能变成新一轮发展的思想障碍。

进行发展理念的创新，当前须着力转变四种观念：第一，教材教辅不是不倒的靠山；第二，出版单位不是不沉的航船；第三，本省市场不是外部攻不进来的铜墙铁壁；第四，纸介出版物不是永远不可取代的产业主体。同时，应以科学发展观为指导，立足于自身发展实际和发展要求，进一步创新发展思路：一是实施非平衡发展战略，支持一部分成员单位率先发展，支持一些优秀单位进入全国先进出版的行列，以此带动出版业整体发展，走出一条中部地区出版产业的特色发展道路；二是以市场规律和经济手段作为内部调控的主要杠杆和基本手段，在政策、项目、资金方面，按照效益优先原则予以倾斜，将内部非平衡发展战略落在实处；三是在经营管理方面大胆学习、借鉴国外及民营文化企业的做法，力争做到"他山之石可以攻玉"；四是在保证导向正确和内容健康的前提下，以市场份额和经营利润最大化作为经营管理的核心目标，真正体现文化企业的价值和特点；五是切实推进跨媒体、跨行业、跨地区、跨所有制发展，在一主多元基础上开创百花齐放、百舸争流的产业发展新局面。

出版创新需要胆大而心细。瞻前顾后，患得患失，不敢决断，或对别人的创新冷嘲热讽，这些都不利于山西图书出版的创新发展。实践证明，哪里有思想解放，哪里就发展得快，思想解放的程度，决定着改革的力度、发展的进度。思想创新是加快发展的源头活水，建设创新型出版集团，观念更新是根本所在。在新的阶段实现新的发展，须以更高的层次、更高的境界、更高的要求重新审视自己的思想观念、精神状态、工作水平，以开放的思维、创新的理念，不断探索集团跨越发展的新思路、新措施、新动力。

（二）以体制机制创新增强山西图书出版科学发展的活力

落实科学发展观，建设创新型国家，首先要创新体制机制。只有确立了一个现代的、合理的、以市场为导向的良好体制机制，企业的发展才能长久，才能调动员工的积极性。山西图书出版业急需建立起符合现代企业制度要求和出版单位特点的产权关系、治理结构、组织形态和内部管理体制，并以此在全国范围内的出版市场竞争中占领先机。

1. 建立母子公司管理体制

统与分一直是体制机制改革的重点和难点，如何处理好统分关系，实现"统出合力，分出活力"，应充分理解现代企业制度中集团公司的精髓。一方面，母公司作为集团的战略中心、管理中心和资产经营中心，享有资产受益、资产处置、重大决策和选择经营管理者的权力，承担国有资产安全和保值增值的责任。另一方面，各成员单位作为母公司二次授权的经营管理组织，应定位为产品生产经营中心、研发中心和利润中心，具有法人资格，享有产品生产经营的自主权。明确了母子公司的权责范围。

2. 实现职工身份转换

体制改革主要体现两个置换，一个是"产权"，一个是"身份"，这两个转换实际上是解除两个"无限责任"。一个是解除"国家对企业的无限责任"，就是企业改制；一个是解除"企业对职工的无限责任"，就是进行职工身份转换。只有解决了这两个问题，企业才能进入市场，职工也才能进入市场。所谓"职工身份转换"，是指彻底改变传统体制遗留下来的事业单位职工身份，使之真正成为劳动力市场上的平等竞争主体。

长期以来，人浮于事的状况在山西图书出版企业内部长期存在，建设创新性出版集团，必须拔除这一障碍，实现人力资源的有机循环。企业内部需推行内退分流制度，减轻企业负担；现有在职职工全部实行全员聘用制度，通过竞争上岗，实现优胜劣汰，建立起重实干、重创新、重贡献的选人用人机制。

3. 深化企业分配制度改革

出版业转企目标实现后，应加快建立与现代企业制度相适应的工资收入分配制度，建立工资分配的激励和约束机制，职工工资按照企业标准发放。工资中绩效工资的比重应进一步增加，以实现薪酬的激励效果。此外，出版企业还要充分发挥劳动力市场价格的调节作用，合理确定职工工资水平，拉开各类人员工资收入分配差距。

构建有利于科学发展的体制机制，是学习实践科学发展观的重要内容。创新体制机制，逐步建立一套充满活力、富有效率、更加开放、更加公平、更有利于科学发展的完善的体制机制，不仅是落实科学发展观的根本要求，而且对推进集团化建设不断取得新的成就具有重大而深远的意义。

（三）以产业创新提升山西图书出版科学发展的实力

1. 产品创新

出版繁荣，在一定程度上说就是个性化的表现；市场竞争，在一定程度上说就是品牌化的较量。只有靠个性吸引读者，以品牌赢得市场，才能促进出版业的更大繁荣。在教材利润空间越来越小的严峻形势下，一般图书如不能迅速扩大市场占有率，图书出版业的生存和发展将会遇到严峻的考验和挑战。因此须继续坚定不移地走专业化、特色化、品牌化经营之路。各出版社要坚持立足于自身专业优势，进一步加强市场产品的策划与开发，进行品牌的创建和培育，用几年或更长一点的时间打造出一批具有全国影响力的晋版图书品牌，打造出一批个性鲜明的晋版畅销书、长销书，实现品牌的规模效益，逐步使一般图书成为山西图书出版的主要利润来源。

在产品创新上要把握三个重点：一是重视内容创新，二是推进渠道创新，三是实施技术创新。内容创新是产品创新的灵魂，出版所有环节的创新，都以内容创新为出发点，又以内容创新为最后归宿。因此，高度重视、大力推进内容创新，既是山西图书出版业做强的必由之路，也是提高核心竞争力的必然要求。进行内容创新，一是通过对新学科、新观点和新成果的追踪与把握，通过对既有话题、经典思想的再研究、再深化，实现出版选题的创新；二是通过对不同题材作者的精心选择，实现表达方式的创新；三是产品跟进创新，即通过利用某类图书畅销的市场机会，适时推出同类创新品种，把读者在阅读中激发出来的需求引向新的阅读空间，进行图书市场的有效扩容。总之，要通过内容的持续创新，凸显产品的特色，延伸产品的价值，进而不断拓展新市场，开拓新领域，赢得新读者。

关于渠道创新，曾有人根据"长尾理论"讲过这样的话：只要渠道畅通，在个性化、差异化需求愈加流行的今天，没有真正滞销的产品。开创产品市场化的新局面，需要努力推进渠道创新。

在品牌建设上要把握三个重点：一是科学认识自身的优势和现状，理性研究选题出版定位；二是高度重视已有出版资源的积累，充分挖掘拓展其潜力；三是紧密联系图书市场需求，积极寻找市场发展空间。同时要采取三个策略：一是确定品牌策略，即总结过去找亮点，拓展亮点树个性，发展个性塑品牌，经营品牌促繁荣；二是忠诚品牌策略，即以个性化为灵魂，以质量、价格为支撑，以信息、数据处理为手段；三是壮大品牌策略，即挖掘市场空隙，积极渗透，小步推进，积小胜为大胜。

2. 产业创新

山西图书出版业要走专业化与多元化并举的发展道路，形成主业突出、辅业强劲，以主带辅、以辅促主的新型产业发展格局。多元化战略又称"多角化战略"，是指企业同时经营两种以上基本经济用途相同的产品或服务的一种发展战略。多元化战略是相对企业专业化经营而言的，其内容包括产品的多元化、市场的多元化、投资区域的多元化和资本的多元化。从企业所实行的各种多元化经营战略来看，它们主要是为了解决两个方面的问题：一是企业为分散风险，往往以本行业为中心，用副业的形式向其他领域扩展；二是企业为有效地利用经营资源，在技术、市场上，向有关联或完全没有关联的领域发展。当前突破边界，因地制宜，加强优势，立体经营，多元发展，增强实力，已成行业发展态势，众多出版企业把多元经营作为做大做强产业的一条重要而现实的途径。

走多元化发展道路，不仅要正确选择出版企业多元化经营的方向路径，更为重要的是，应首先立足于资金、技术、人才的现实状况，积极创造实现多元化经营目标的条件，在此基础上进行多元经营业务的拓展。

（四）以经营管理创新提高集团科学发展的竞争力

出版产业与经济领域的任何产业一样，其发展有赖于经营管理的科学创新。建立现代企业制度，构建符合社会主义市场经济要求的管理体制和运行机制，经营管理创新势在必行。

1. 创新经营管理理念

经营与管理作为企业生存与发展并行不悖的重要手段，是经济学意义上完全不同的两个概念。经营着眼于企业的外部，重在解决市场定位、发展方向、发展途径及发展方略等企业战略性问题，由于效益是衡量企业经营力的首要指标，经营行为往往随市场的变化而呈现出不断变化的特征。管理产生于企业的内部，重在处理生产秩序、运行机制、工作积极性等组织协调性问题，由于效率、质量是衡量企业管理力的重要内容，要求企业管理行为在一定时期保持相对稳定。经营和管理的内容侧重点不同，因而在行为过程中表现出不同的特征：经营无固定模式可循，严格意义上是一门艺术；管理则有章法可依，本质上讲是一门科学。就出版业而言，经营从对象上包括三个基本内容，即图书产品经营、出版资源经营和资本经营。图书产品经营是指图书市场调研、选题策划、编辑复制、市场营销、网点建设及售后服务等与出版主业密切相关的生产、发行诸环节的系列活动；出版资源经营是对有形和无形的生产要素、直接的和相关的出版资源进行有效配置和优化组合，使之产生最大效益；资本经营是通过产权的合理流动及优化整合，使产品经营和资产经营达到持续良好的发展状态。管理的基本对象是人及与人力因素相关的诸要素，着重于质量、价值观念、人文环境等与企业软实力紧密相关的内容，重点在于制度建设、组织建设、运行机制及企业文化等层面，以调动人的积极性、发挥人的能动性、激发人的创造性为根本目标指向。

2. 强化财务管理

出版企业应加强财务分析管理、预算管理和财务监控管理，进一步加大资金流出流入、财务资产运作的监控和协调力度。加强项目上马、成本支出、资金回笼、存货周转、债务负担、资金流动等方面的风险预测和预警，健全财务管理制度。企业经营管理就是既要合理组织生产力，同时又要不断调整生产关系。经营管理是企业永恒的主题，企业要实现可持续发展，经营管理创新永远是无尽的动力。集团核心竞争力的提高有待于经营管理的创新，只有通过经营管理创新，形成新的动力源，才能激发全员的积极性和创造性，才能有力地推动山西图书出版业的持续、健康、快速发展。

（五）以人才创新提高集团科学发展的潜力

出版行业是最具创新性的行业，构建创新型出版集团，人才队伍是主力军，无论创新活动的实施、创造性意识的产生乃至创新环境的营造，都不能离开人才主体而独立进行。从出版业改革发展局势来看，推动改革发展需要思想解放、有创新意识、懂经营会管理的领军人才和创新型人才；从传统出版业向现代出版业转型来看，需要高度关注和适应新的出版业态，大力培养新技术人才；从当前复杂的国际形势来看，要推动中华文化"走出去"，提升我国文化在国际上的地位和竞争能力，需要更多具有国际视野、开拓眼光、现代出版理念和深厚文化素养的复合型、外向型人才。出版创新活动需要雄厚的人才基础和坚实的智力支持，培养大批具有创新精神的优秀人才，造就有利于人才辈出的良好环境，充分发挥人才的积极性、主动性、创造性，是构建创新型出版集团的基本性战略保障。

1. 明确创新型人才的概念特征

什么样的人才可以称之为创新型人才？或者换句话说，创新型人才应具有怎样的基本特征？"创新型人才是适应新时期科学技术、经济社会发展的客观要求，具有强烈的创新意识、创新精神，开阔的创造性思维模式和思想观念，灵活的创新方法、较强的创新能力、完美的创新情感和创新人格的人才。""创新型人才是分级分类的，但之所以成为创新型人才，是指这类人才适应时代潮流的要求，掌握时代所要求的德性、智能，能够创造性地运用所学知识、所训练的技能，从事创造性的工作，推动本单位、本行业以至于整个社会、整个国家、整个人类的事业走向新高度。"

2. 着力培育"四种人才"

山西图书出版业所急需的"四种人才"包括创新型的编辑出版人才、突出的营销发行人才、复合型的管理人才和优秀的团队领导人才、创新型的编辑出版人才是指对出版前沿动态有敏锐的观察力和科学思维能力、有创新精神和较强的图书编辑策划能力的人才；突出的营销发行人才是指具备一定的营销理论知识和丰富的实践经验，有独特灵活的营销技巧、强烈的市场意识和市场开拓能力的人才；复合型的管理人才是指具有较高的综合素质和较强的组织管理能力，懂业务，会经营，有解决复杂难题的办法和能力，有较强的执行力，能够较快地适应工作环境并创造性地开展工作的人才；优秀的团队领导人才是指思维敏捷、视野开阔、勇于改革创新，有大局意识、团队意识，能够团结带动一班人共同进步，具有较强的组织领导才能的经营管理人才。要树立人才资源是第一资源的观念，在工作中注意发现、挖掘、引进、培养和使用"四种人才"，建立完善吸引、培养、使用人才的工作机制，积极有效地发挥"四种人才"在改革创新中的骨干主导作用、重大决策中的参谋咨询作用、人才培养中的示范带动作用，形成激励和支持各类人才干事业、干成事业、干好事业的环境和氛围。

3. 创新人才培养手段

目前山西图书出版人才缺乏主要表现在：经济基础薄弱，对人才吸引力不足，人才发展环境不够宽松；引才载体、聚才平台缺乏，人才引进集聚功能不够强；人才培养、交流与合作机制不健全；人才结构分布不够合理，特别是高层次、创新型、复合型的领军人才和学术、技术带头人等严重匮乏。对此应重点在以下几方面做出努力。

一是在实践创新中培养人才。要不断出台有利于吸引、成就优秀人才的激励和奖励机制，通过先进的理念吸引人才，通过广阔的平台留住人才，通过和谐的企业文化感化人才，通过先进的机制激励人才，最大限度地发挥人才的智慧，成就人才的价值；二是建立相对松散的研究机构，设立硕士点、博士点和博士后流动站，充分利用集团所拥有的科研资源，坚持研究型、人才型和创新型"产学研互动"发展道路，打造以科学研究为中心的出版传媒学术研究基地、人才培养基地和创意研发基地。三是建立人才档案库和社会人才档案库，对企业经营管理人才、专业技术人才、高科技技术人才和营销策划人才以及外部作者、创意人员、发行人员等各类紧缺人才进行深入调查，造册登记，分类统计，分析汇总，建立相应的电子信息档案，为山西出版业内外人才资源的吸纳、选拔、评估工作奠定基础。四是有计划、有步骤地招收一批硕士、博士研究生，充实到编辑出版岗位，在国内乃至国外有目标地开展引智工作，从而缓解业务岗位人才紧张的局面。

加快推进山西出版业发展方式的转变

中国出版业在应对国际金融危机严重冲击中取得了重大胜利，出版经济总体向好。但事实说明，国际金融危机对经济的冲击，表面上是对经济增长速度的冲击，实质上是对经济发展方式的冲击。与整个国民经济发展的要求相比，出版业有其自身发展的特殊性，更有发展方式转变的紧迫性。原因在于，除新技术带给出版业的挑战外，在发展方式上还存在比较突出的问题：一是粗放式经营问题，低水平重复出版，资源浪费，效率较低；二是出版资源配置没有优化的问题，生产经营单位弱小分散的状况没有得到根本改变，不利于产业升级；三是产业结构不合理问题，内容产业、战略新兴产业比重还很低。2010 年年初，柳斌杰署长在新闻出版总署党组中心组理论学习会上指出：加快新闻出版业发展方式转变，是当前落实中央部署、推动新闻出版业科学发展的需要，是提升新闻出版业传播能力、增强新闻出版业国际竞争力的需要，是调整新闻出版业总体发展格局的需要，是实现新闻出版产业升级换代的需要，是满足广大人民群众精神文化需求的需要。新闻出版系统须进一步提高对加快新闻出版业发展方式转变紧迫性、重要性的认识。

近年来，山西出版业在发展中谋改革，在改革中促发展，在切实推动出版业发展方式转变等方面取得了一些初步成绩，出现了一些积极变化。重版图书的品种量不断提高，利润率的增长大于产值率的增长，面向市场的图书品种量超过教辅教材，版权输出不断扩大，图书质量不断提高，品牌图书不断涌现。这说明，调整结构、转变发展方式初见成效。但同时也应看到，当前山西出版业发展仍面临和存在着一些突出的困难和问题：从集团化建设上看，由于出版体制改革推进时间短，一些改革措施还没有完全到位，现代企业制度还没有从根本上建立，集约化程度较低，风险意识和市场应变能力较差；从产业发展看，产业规模较小，赢利模式单一，出版原创不够，具有自主知识产权的优势品牌较少，整体实力较弱；从转型发展看，基础设施落后，应用新技术、开发新产品、开拓新领域的能力明显不足，业态创新滞后于科技进步与市场需求，产业链不完善，发展后劲不足；等等。

总之，山西出版业仍处于发展的初级阶段，在产业结构、供需结构、人才结构等方面还存在一些突出问题，推动出版业发展方式转变的任务依然很重。为此，须进一步深化体制机制改革，加快集团前瞻性的谋划和新型产品架构的塑造，加大用新技术改造和提升传统产业的力度，加大研发投入，加大自主创新，加快培育战略性新兴产业。面对在新的起跑线上的竞争，山西出版业须顺应形势，抓住机遇，谋划长远，赢得主动，获得突破，加快实现发展方式的转变，要以等不起的紧迫感、慢不得的危机感、坐不住的责任感，把加快推进发展方式的转变扎扎实实地落在实处。

一、加快发展方式转变，须准确判断
出版业面临的发展形势

（一）出版体制改革向纵深推进

在 2010 年 1 月 13 日召开的全国新闻出版工作会议上，新闻出版总署明确提出不断深化体制机制改革，确保改革取得决定性胜利的目标，同时提出创造从新闻出版大国向新闻出版强国迈进的制度条件的战略要求。中央的体制改革工作也将在四个方面实现重点突破：一是全面完成经营性出版单位转制；二是积极推进报刊出版单位分类改革，建立完善报刊评估退出机制；三是大力实施"三个一批"，打造中国新闻出版业的"航空母舰"；四是充分发挥非公有资本促进新闻出版产业繁荣发展的重要作用。中央在已有政策的基础上，还将陆续制定出台系列政策措施，以推进民营资本、社会资本进入出版业，加速做大做强出版产业。站在更高的起点上，出版改革的重点、任务和方向进一步明确，改革的力度进一步加大，产业发展的任务将更为艰巨。

（二）资本运营及企业上市成为主题

在出版发行体制改革不断深化的大格局下，在国家文化产业推进政策的强力支持下，上市、跨地区兼并重组掀起新一轮热潮。几个出版发行企业将完成上市工作，一些强势公司开始利用资本市场的特点，通过不断兼并收购，将弱势公司淘汰和削弱，进行跨行业、跨区域的强势整合，加速做大做强产业的步伐。与此同时，已实现上市的出版企业，不仅在运营模式和发展思路上完成了转型，迅速实现了从经营出版的传统思维向经营资本的现代运营理念的转变，还将实现从传统出版商向现代资本运营商的跨越。目前，江苏凤凰集团已定位为"全国文化产业领域的重要战略投资者"，安徽时代出版集团的资本运作侧重于出版贸易，上海新华传媒股份有限公司主营业务投资转向平面媒体广告，等等。资本的大规模进入，必然会不断强化出版业的市场选择，无论是资金流向还是资源整合，均将出现各种生产要素向优势品牌、强势企业集中的趋势。这固然对改变新闻出版业同质化、低水平重复的结构性格局产生积极的推动作用，有利于推动出版企业加快传统产业改造升级、产业结构优化升级和企业间战略重组，但对于弱势企业和发展较慢的出版企业而言，将面临随时被边缘化的风险。

（三）数字出版成为行业发展趋势

从当前出版业的发展阶段来看，我国正处于传统出版与数字化出版相互结合、相互交叉和相互促进的转型期。在以图书、报纸、期刊出版等为代表的传统产业保持一定速度的增长之外，以网络游戏、数字出版、手机出版等为代表的新兴产业正在以惊人的速度发展，其发展势头已超过传统产业。以数字出版为例，新闻出版总署统计的数据显示，2006 年数字出版产业总产值为 200 亿元人民币，2007 年为 360 亿元，2008 年为 530 亿元，2009 年为 750 亿元，年平均增长速度达到 56.2％。中国社会科学院发布的《2008 年文化蓝皮书》指出：未来五年，将有超过 30％的手机用户通过手机阅读电子书和数字报，由图书馆等机构用户采购的电子书、数字报的规模将达到 10 亿元人民币，由网民和手机用户带动的电子书、数字报内容销售及广告收入将达到 50 亿元人民币。2010 年由数字化浪潮带来的产业融合将日益加剧，出版、传媒、网络、电子、电信等行业的界限将被打破，内容行业逐渐被纳入更为宏观的服务业范畴，并不断产生更加创新的商业模式。数字出版以强大的力量消解着传统媒体包括电视、广播、报纸、通信之间的边界，消解着国家之间、社群之间、产业之间的边界，同时也消解着信息发送者和接收者的边界。伴随着产业融合的加深，将出现"复合出版"的局面，即同一内容可以通过报纸、书籍、网络等多种载体发布，最大限度地延长出版物的产品线，实现内容资源的充分利用，减少重复投入，降低出版成本。对于传统出版业而言，这既是发展的良好机遇，也是对技术的严峻挑战，任何一个不能顺应时代潮流的企业，无疑将走向被淘汰的末路。

（四）人才战略成为发展的重中之重

在新形势下、新需求中，传统出版面临着前所未有的考验，无论是改制、上市还是应对数字出版的冲击，无论是阅读方式与需求的变化还是新型商业模式对传统营销的冲击，能够做到积极应对的关键，是靠人才的强大支撑。为此，出版单位定会不约而同地将人才战略放在新的一年最为重要的战略位置，大胆引进、大规模的全员培训将成为各出版企业苦练内功、提升竞争力的首要课题。改企后的出版企业管理、新型出版模式及新媒体传播环境下的出版编辑与营销、网络销售及新阅读环境下书店员工的服务技能等将成为培训的主要内容。与此同时，人才的竞争也是出版业的常规主题，懂管理、懂技术、有实战能力和创新能力的人才将成为众多出版企业的争抢对象。

二、加快发展方式转变，须加速推进 新体制下管理理念的转变

首先须解决在全新体制下企业管理者的观念以及与之相配套的企业管理知识、市场运营能力的更新问题。与此同时，出版企业还会遇到转企后新旧体制的融合与改造问题，员工状况与管理体制是否配套的问题，员工的理念和认识以及对新体制、新制度的认同等问题。这些问题不解决，转企改制就达不到预期的效果。因此，转企后的出版集团要真正实现企业化管理与运营任重而道远，而其中思想观念的转变是解决上述问题的基本核心条件。

（一）充分认识转企改制后企业的管理特征

1. 转企改制后的企业特征

转企改制既是法律、产权和政策问题，也是理念、战略、经营和管理问题。转企改制，改体制不是全部，而仅仅是企业发展的前提。改体制并不能保证企业生存，更不能确保其发展，经营机制和管理制度的变革和执行才是转企改制成功及目标实现的关键所在。因此，从根本上

讲，转企改制的核心是经济机制的转变和企业制度的创新，实质是建立现代企业制度，最大限度地发展和解放生产力，在企业内形成有效率、有活力、有竞争力的微观运行机制。

从现代企业制度的意义上讲，转企改制后企业的基本特征主要包括以下三个方面：一是产权明晰、权责明确的企业法人制度。出资者所有权与法人财产权分离，企业拥有全部法人财产权，并以此享有民事权利，承担民事责任，依法自主经营、自负盈亏，对出资者承担资产（资本）保值增值的责任。二是政企分开的国有资产监管和营运体制。政府的社会经济管理职能与国有资产所有者职能分离，企业与政府机构不再存在行政隶属关系，分离企业办社会的职能，企业中的国有资产归国家统一所有，由政府代表国家授权经营。三是科学的企业管理制度。管理制度的创建以提高企业效益为主旨，主要包括内部组织领导体制、用工和分配制度、财务会计制度、民主管理体制和发挥党组织的政治核心作用。概括而言，就是市场决定企业生存，市场这只"看不见的手"决定着企业的优胜劣汰，企业完全自主经营，以考核为主要管理方式，以赢利为第一目的，是否为企业创造了效益是经营者称职与否的主要标志。

2. 转企改制后管理理念的转变

作为转企改制后企业的管理者，应彻底改变过去政府办企业的传统思维方式和管理观念，尽快以主人翁的姿态确立新型的企业管理理念，这就要求企业经营管理者必须充分了解转企改制后企业的变革机遇与变革方式，了解企业的发展环境与发展条件，了解企业发展的关键成功因素，同时要特别明确企业与企业人的关系，树立新型的劳动观念。

围绕确立新型劳动观念这一本质性内容，管理理念的转变主要包括以下四个方面：一是责权利有效结合的对称性管理理念。无论个人还是组织，其权力是建立在其所担负的责任的基础上的，只有权利而没有责任，管理就会失控；仅有责任而没有权利，管理就没有活力。二是企业与员工利益共享和风险共担理念。员工既是企业发展的推动者，也是发展成果的享受者，企业拥有内在活力的前提是建立与员工利益共享、风险共担的运行机制。三是管理者与被管理者能力互动性理念。在管理过程中，既强调提高管理者素质，又要求增强被管理者能力。企业管理目标实现的根本保证，是管理者与被管理者素质相匹配。四是自我约束与制度约束相结合的自我管理理念。企业管理，既注重制度的外在约束力，又注重员工的内在约束力，是一种制度管理向契约规则、文化管理转变的管理方式。

（二）充分认识当代出版企业的发展趋势特征

1. 当代出版企业的发展趋势特征

完成转企改制后的出版企业，除具有一般企业的特征外，还有其自身的特质和发展规律，因此，仅仅按照一般企业的特征来组织和管理出版企业，则会有失全面性和科学性，须同时对出版企业的特质及其发展趋势有一个正确的认识，才能切实增强管理的效益和水平。

从发展趋势上看，当代出版企业呈现出以下显著特征：一是知识集成型企业。当代出版企业是一个大量专业技术人员的集合体，拥有大量掌握专业知识和技能的人才，尽管与一般企业类似，其发展也有赖于资本和一般劳动，但知识却是构成当代出版企业的主导要素。然而，出版企业并不仅仅是一个拥有专业人员的研究机构，而是一个需要将知识和技能转化为产品、形成市场的企业，因此，出版企业的发展，不仅需要源源不断的知识和技能支撑，同时更需要能将之产品化、市场化的企业家及一大批拥有专业知识的财务、营销、流程管理和人力资源管理的管理人才。从这个角度出发，当代出版企业是一个各种专业知识的集成系统，只有将各种知识加以有效整合，使之形成一个结构合理的知识体系，才能实现知识的增值。二是学习创新型组织。出版作为创意行业，创新是出版的生命，也是出版进行文化和知识传承的题中之义。出版的竞争从根本上说是内容的竞争，且是创新内容的竞争。出版往往是多种文化创意的起点，能否为读者提供具有创新意义的内容，决定着出版企业的存亡兴败。出版业自身的特性，要求出版企业必须是一个学习型、创新型的内在组织，需要每一个员工都秉承终生学习的职业习惯，以满足越来越多样化、个性化的市场产品需求。未来的出版企业应当是这样一个团队组织：成员关心的不是权力的大小，而是知识的多少；迷恋的不是地位的高低，而是创造力的强弱。当一个出版企业将员工个体的知识含量转化为组织的知识含量时，企业的凝聚力和向心力就会产生，企业的抗风险能力就会随之增强。三是新兴技术、多元文化融合型企业。随着科技的进步和我国社会经济的快速发展，文化软实力被提高到新的战略高度，出版"走出去"的意义也日益突出并被反复强调。文化的国际化要求，使出版业必然发展成为一个多元化文化在这里交汇渗透的行业；科技的创新进步，使出版业必然与各种媒介进行有效融合，发展成为全媒体运行的新型产业。因此，作为出版企业的经营管理者，不仅需要积极面对、把握科技发展潮流，而且须顺应跨地区、跨国界、跨行业的产业趋势，学习并积累多元文化的经营管理经验。

2. 当代出版企业管理方式的转变

企业生命力的长短，在很大程度上取决于企业面对变化、挑战和机遇是否能保持高度的敏锐性。观察家认为，那些拥有百年历史的优秀企业得以持续发展的关键，是其发展战略的制定始终能够做到趋利避害，顺势而动，因地制宜。当前出版企业未来发展的趋势特征已经显现，这必将带来其管理理念及管理方式的根本性转变。对此，出版业须有一个清醒的认识。

一是由常规管理向战略管理转变。面对迅速变化的行业发展环境，作为企业个体，因循常规的管理经验定会使企业丧失生命力，只有在变化中不断地调整自我，保持健康的发展活力，并将这种活力转化为一种惯性，渗透于有效的战略当中，才能获得并持续强化竞争优势，并最终取得成功。这种战略管理的重点在于确定企业的发展优势，立足于优势，组织协调产品生产；在于采取主动的态度预测未来；在于壮大战略联盟，共同应对强力对手。二是由制度管理向人本管理转变。出版企业越来越成为知识高层次和密集型企业，在客观上要求将企业管理的重点放在开发人的潜力上，为员工个体发展与完善、达到自我管理创造条件。这种人本管理的关键内容是弹性的规章制度和强劲的文化意识，管理者相应地成为推动个人和组织目标实现的资源协调者，将员工的个体潜能的发挥有效地整合到企业目标中去。三是由金字塔形组织向扁平化组织转变。出版业知识和人才高度密集化的发展趋势使组织结构扁平化成为必然，而信息技术在管理中的运用又为这种管理方式提供了技术支撑。这种扁平化的组织结构是基于出版企业自身特性的战略选择，旨在克服沟通困难、效率低下带来的损害，通过增大管理幅度，减少层次，提高信息收集、传递和决策的效率，提高企业绩效，完成战略目标。

三、加快发展方式转变，须进一步深化体制机制改革，完善现代企业架构，实现观念、体制、机制的全面转变

（一）打破以往管理方式，取消行政级别管理，去事业化，建立成员单位分类管理制度

转企后，集团重拳出击"去事业化"，加速形成符合现代企业制度的内部运行机制。彻底取消所属各单位的行政级别，以投入—产出分析为基本方法，通过建立综合评价指标体系，对照相应行业评价标准，对所属单位特定经营时间段的赢利能力、资产质量、债务风险、经营增长以及管理状况等进行综合评判，依序分作A、B、C、D四个等级，集团按照适用不同管理类别的成员单位，制定相应的差别管理措施，其中A类成员单位适用相应的便利措施，B类成员单位适用常规管理措施，C类和D类成员单位适用严密监管措施。试行分级管理，加大了市场在资

源分配中的比重和地位，推进优秀企业在短期内快速做强。

（二）构建统分结合的母子公司管理模式

完成转企改制后的出版集团应真正建立母子公司资产纽带：集团公司作为母公司，定位为决策中心、投融资中心、创意策划中心和管理协调中心，对各子公司行使出资人权利，依法考核子公司负责人的经营业绩；各成员单位作为子公司，定位为经营中心、利润中心和成本中心，对母公司投入的国有资本承担保值增值的责任。这种统分结合的管理模式旨在有效促使集团成员单位迅速实现"化学反应"，形成集团整体合力。

（三）深化"三项制度"改革，建立与新体制相适应的激励机制

以分配制度改革为关键环节，进一步推进"三项制度"改革，逐步完善和建立现代企业制度。一是由原来的"资历用人"全面转向"制度选人"和"竞争上岗"，进一步完善选拔任用制度，优化干部队伍结构，力求新一届的干部队伍在年龄梯次、知识结构、管理能力等方面有进一步改善，解决实际问题的主动性和责任心明显增强。二是进一步健全完善劳动合同管理制度，实现人事管理由身份管理向岗位管理的转变。开展岗位分析，实行全员竞争上岗，力求形成能进能出、能上能下、优胜劣汰的用人机制。三是进一步完善企业分配制度，推动建立"市场机制调节，企业自主分配，平等协商确定，政府监控指导"的企业工资分配体制，建立健全企业职工工资合理增长机制和工资支付保障机制，切实提高劳动报酬在初次分配中的比重，努力促进工资与企业效益协调增长。

（四）加大股份制改造力度

积极探索股份制经营模式，紧紧抓住我国出版业资本市场迅速发展的有利契机，拓展融资规模和渠道，谋求新的发展。首先是股份制改

造，由有限责任公司变为股份有限公司，为上市做好准备。其次是计划在发行物流、供应、印刷领域引进战略合作伙伴，尝试投资主体多元化，解决发展中的资金问题，使公司的经营机制和管理机制随之发生变化。特别是印刷企业，要有选择地吸纳社会资本进入，与国有经济成分有效嫁接，优化企业存量资产组合配置，彻底改变老企业的产权结构、经营管理模式，调整产品结构，提高市场竞争力。

（五）推进"产学研"一体化的发展体系建设

以出版传媒科学研究、高端人才培养和产业创新研发为主要任务，充分利用现有科研资源，坚持走研究型、人才型、创新型的"产学研互动"发展道路，打造以科学研究为中心的出版传媒学术研究基地、人才培养基地和产业创新研发基地，通过策划、规划和组织出版传媒重大学术研究课题、主要文化交流活动和重点创新发展项目，促进出版业学习型、研究型、人才型、产业型一体化发展。同时，要加紧与高等院校的协作与合作，充分发掘利用出版集团及有关高校的资源潜力优势，搭建合作平台，形成互补优势，借助他山之石推动科学研究能力、人才培养能力、创意研发能力的快速提高。

四、加快发展方式转变，须加快数字出版进程，推动产业结构优化升级，努力形成新的商业赢利模式

（一）加速推进数字化发行系统建设，加快实现全省新华书店连锁经营和网络销售的进程

整合山西出版业所有市场板块，拓展、集聚社会市场资源，打造

专业市场连锁平台的新模式，实施跨区域、跨行业的从省内到国内的专业市场连锁发展战略。要充分利用市场管理手段，以创新力、持续力、执行力和控制力等四个"抓手"，制订切实可行的实施方案，理顺与各专业市场的关系，科学、合理地利用政府、集团和社会资源，争取优惠政策，创造良好的经营环境，坚实地跨越发展。加强标准管理体系建设，建立高效、畅通、有力的经营管理机制，吸纳优秀的管理人才，培养一支素质高、作风硬、技术精、思路新的专业化经营管理团队。

（二）实施推进数字出版"五大工程"，加快以新技术提升传统出版产业的步伐

出版数字化的本质不是数字技术的引入，而是数字内容的整合，基础是流程数字化，核心是内容数字化，关键是商业传播方式数字化。努力推进"五大工程"：一是出版流程再造工程，从选题申报、审批实施到编辑加工、稿件发排直至纸质产品、光介质产品、网络产品等业务环节全部实现数字化；二是出版资源数据库建设工程；三是出版物物流平台建设工程，以物流中心建设项目为依托，实现从传统的仓库批发向电子商务大型样本库的经营模式的转变，实现一般图书、教材教辅、音像制品、电子出版物、文化用品、第三方物流等不同类型产品在系统中的整合；四是报刊网络平台建设和数字出版工程，加紧报刊开发和建设报刊网络平台，全面实现报刊的网络出版，同时开发教辅、报刊各学科的电子网络增值产品、衍生产品，形成纸质、音像、电子、网络相互配合、相互促进的创新协同模式和多点聚利的新的商业模式；五是数字化印刷推进工程，鼓励和支持印刷企业大力推广计算机直接制版技术、无水印刷技术、数字印刷技术、环保型油墨、废纸循环利用等新技术和新手段，促进传统印刷产业的转型升级。

五、加快发展方式转变，须全力推进管理方式的创新，打造基于增强活力和效率的新型管理平台

（一）建立公开透明的信息发布制度

推行政务财务信息公开，确立公开透明的"阳光管理"理念。要坚持"实际、实用、实效"的原则，通过网络技术支撑，搭建信息平台，提升传输效率，实现重大决策听政、重要事项公示、重点工程通报、重要信息查询，形成重大决策让职工参与、重要事项让职工知道、重点工作让职工了解、重要信息让职工查阅的民主决策体系和群众监督体系。这是推行"阳光政务"，向科学化、民主化管理推进的基础。

（二）进一步推进财务资产和绩效考核管理制度

物质与精神激励相结合，文化与制度建设相统一，是一个企业保持活力、竞争力和创造力的根本保证。要本着"坚持定量与定性相结合，绩效考核与问责到人相一致，分级考核与年度奖惩相统一"的原则，进一步完善科学的工作绩效评价和管理考评办法，以达到"指标设置科学化、考核方法民主化、考核手段经常化"的要求。要全面推进子（分）公司工资总额管理和员工绩效薪酬制度改革，控制人工成本低于产业和利润增长，使绩效考核工作系统化、规范化、有序化。

（三）进一步加强财务监控，构建覆盖面较广的财务管理体系

加快财务网络（NC）体系建设，在全集团推进 ERP 管理系统。进一步加大资金流出流入、财务资产运作的监控和协调力度。加强项目上马、成本支出、资金回笼、存货周转、债务负担、资金流动等方面的风

险预测和预警。

（四）完善财务预算和风险控制制度，加大对重点部门、重点环节、重点岗位的风险监控

要客观分析国内外市场形势和政策走向，继续坚持稳健的财务策略，紧紧围绕"保增长、抓质量、控风险"的要求，加强对各类业务发展状况、有效资源及影响因素的调查、分析和预测，科学确定年度各项预算目标，合理配置经济资源，妥善处理好积极与稳健的关系，兼顾规模、效益、质量与风险平衡，努力提高预算目标的准确性。各出版企业要将成本费用预算控制作为重中之重，要继续实行从紧政策，认真分析本企业成本费用开支结构，合理确定成本费用压缩的项目、目标和措施。一是要认真贯彻"过紧日子"的要求，业务流程上追求精细化管理，继续压缩可控费用预算；二是突出精细化管理的要求，积极开展与同行业先进水平对标工作，明确重点业务和关键环节的成本费用控制目标；三是强化成本费用预算执行的刚性约束，严控预算外支出。

总之，在财务管理上，要逐步构建起以全面预算系统、绩效考核系统、成本管理系统、会计核算系统、财务控制系统、资金管理系统六大系统为核心的集团化财务管理机制。

六、加快发展方式转变，须围绕产品线和品牌建设要求，进一步整合出版资源，构建具有浓厚内容资源和强大创新能力的生产组织形式

（一）调整产品结构，大力推进品牌战略

目前出版行业的发展对教材教辅、"农家书屋"及垄断优势的依赖

依然没有根本改变，迫切需要在产品自主创新、产业模式创新和品牌运作上做深做实。如果说计划经济是行政权力在划分市场，那么市场经济就是以品牌来划分市场。品牌象征着一个企业乃至一个国家的综合实力。一个没有优秀人物的民族往往是落后的民族，同样，一个没有优秀品牌的经济必然是落后被动的经济。品牌是企业的长线产品，在市场经济环境下，谁掌握了品牌，谁就掌握了市场；谁掌握了市场，谁就占据了主动。出版产业的发展不能只看规模和速度，更要看品牌和质量。然而品牌的打造和保有品牌非一日之功，因而，要站在事关企业做强、做大、做优的战略层面，高度重视品牌建设，品牌应作为出版企业常抓不懈的关键性发展策略。

要立足于传统优势、品牌优势、资源潜力、出版能力，同时也切中产品结构有待进一步优化，各出版企业相互之间存在重叠、协作开发不够、优势资源没有产生合力等问题，以建设产品线为"纲"，减少选题开发的盲目性，巩固各企业的传统优势和品牌，填补原有的出版空白，形成新的有竞争力的图书集群，努力构建以教育出版为基础，少儿、社科、人文、科技、古籍、旅游出版为特色和亮点的新型图书生产格局。

坚持重点打造教材教辅出版核心品牌，继续加强力量巩固英语、学习考试类图书品牌的市场效益，拓展作文、竞赛类品种的市场规模及院校教材的研发力度；坚持以知识类为基础、引进为侧翼、输出为目标的少儿图书出版和以社会热点为核心、社科文史为支撑的综合类图书出版方向；坚持以科技、经济类图书为重点的"农家书屋"建设，强化针对性产品的出版种类。

总之，品牌建设的总体思路是在以往有挖掘、有基础的前提下，实现有跟进、有提高的阶段目标。选题策划的具体方向可概括为"七个围绕"：围绕党和国家的中心工作，围绕国家重点出版资助基金项目，围绕馆配、"农家书屋"建设，围绕"走出去"，围绕市场热点，围绕各自已有优势，围绕地方特色文化资源，使品牌建设呈现出既加大内容原始创新，又增进图书编校质量；既夯实既有产品阵容和实力，又紧密跟踪市场热销元素，开发市场空白；既实施优势延伸，实现品牌拓展，又催生新的品牌产品集群，实现品牌创新的新局面。

教育部已决定成立国家基础教育课程教材工作领导小组，研究确定基础教育课程教材重大事项，审核基础教育课程方案。这一举措，传递着教材改革的信息，也传递着教育出版产品新的市场信息。对此，须给予密切关注。应将新教材及其延伸产品的出版作为年度工作的重中之重，主动出击，密切配合，努力抢占市场先机。各出版单位应多研究政策、多思考问题，在国家科教兴国、素质教育、学习型社会、继续教育等大背景下研究、策划、组织新的产品项目。

（二）整合发行资源，推广晋版优秀图书，实现从营销战略到战略营销的转变

各出版单位要把增强发行力量放在关乎企业生死存亡的高度来看待，将发行纳入经营战略中，把发行人才的培养纳入人才建设战略中。按照规模经营、降低成本、细化市场、扩大销售的原则，整合关联资源，组建发行联盟，建设专业化、精细化专门渠道，实现发行资源由松散型向紧密型转变，进一步扩大市场份额，在发行领域进行"统出合力，分出活力"的新探索。

（三）规划打造报刊品牌

整合报刊资源，进行内容差异化经营，形成人力资源、渠道资源、广告资源共享的产品生产格局，特别是在用新技术提升传统产业方面，实现信息传播渠道共建、人力资源统一调配、物资资源统一调拨、广告资源统一开发的局面，有效降低生产成本，提升抗风险能力，为报刊的网络化、数字化积累经验。

要努力探索报纸、期刊品牌建设的管理体制和激励机制，扩大品牌

效应和品牌报刊的示范先导作用，积极支持现有品牌进一步提升品牌影响力和市场号召力，对于品牌报刊拓展新市场、进军新领域，必要时采取一些特殊的扶持政策，如提供贴息贷款、有选择的优惠待遇等。继续保持在国内同类报刊中的品牌地位，引领出版学术研究潮流，同时为项目研发和员工培训提供平台支持，并积极争取政府关于文化品牌建设资金的扶持。

（四）实施优秀出版物资助计划，加大国家出版资金资助项目的比例

鼓励和加大优秀晋版图书的开发力度，实施品牌出版物资助工程，倾集团力量，全力打造出版精品，做强出版主业。应设立专项基金，用于资助各出版单位优秀出版物的出版，专项基金主要资助具有良好社会效益和经济效益的精品出版物和畅销图书，如获得中宣部精神文明建设"五个一工程"奖、中国出版政府奖、中华优秀出版物奖的出版物，入选新闻出版总署"三个一百"原创出版工程的出版物，列入国家重点图书出版规划的出版物，获得"国家出版基金""经典中国国际出版工程"等资助的出版物，实现版权输出的出版物，发行量达到2万册以上、取得良好经济效益、具有较强市场竞争力的畅销出版物、经教育部审定通过的义务教育课程标准实验教材，经省级教育行政部门审定进入学生用书目录的地方教材及由集团策划组织的重点图书的开发与出版。

应高度重视和密切关注国家出版资金的项目方向，进一步加强国家出版资金资助项目的策划与申请，力争每个出版社都有项目进入国家出版项目资助计划。

七、加快发展方式转变，须增强可持续发展后劲，加强干部队伍和人才队伍建设

（一）加强对"四种人才"的选拔和管理工作

要坚持以培养复合型、创新型、专业型优秀人才为目标，构筑高素质的专业技术骨干梯队，继续重点培养四支队伍：一是创新型的编辑出版人才，二是突出的营销发行人才，三是复合型的管理人才，四是优秀的项目团队领军人才。可以通过推荐、考察等方式完成对"四种人才"的选拔工作，并制定相关的人才管理措施，建成出版人才资源库，纳入中长期人才培养规划。各级领导干部要树立人才资源是第一资源的观念，在工作中注意发现、挖掘、培养和举荐"四种人才"，不求所有，但求所用，建立相应的人才使用工作机制，积极有效地发挥"四种人才"在改革创新中的骨干主导作用、重大决策中的参谋咨询作用、人才培养中的示范带动作用，形成激励和支持各类人才干事业、干成事业、干好事业的环境和氛围。

（二）推进人才招聘和引进工作，同时开展形式多样、针对性强的人才培训工作

制定出具有较强操作性和针对性的人才引进方案，组建人才引进工作机构，责任到人，有计划、有步骤、有组织地开展工作。各出版单位也要将人才引进计划纳入本单位的长期工作计划，明确需要，明确目标，主动出击，密切配合，建立起人才建设战略。同时要以行业需求为导向，以企业用人标准为主要依据，构建人才培养计划，加强教育培训力度，突出培训的针对性，提高培训的实效性。要把实地调查研究贯穿于培训工作始终，同时努力做到培训工作不失时代性和创新性，找准培训的切入点，坚持培训内容符合国家产业政策要求，实

现培训工作贴近出版产业发展趋势，把培训与挖掘、培育和发挥优势紧密结合起来，使培训真正成为造就企业管理者、培育编辑骨干的有效途径。

后　记

从 1982 年到语文报社工作算起，我步入出版行业已近 30 年了。这 30 年，虽然仅仅是历史长河中的短暂一瞬，却也是一个人如夏花般绽放光彩的生命绚烂时期；这 30 年，我以旺盛的激情，参与、见证了中国出版改革发展的历史过程，有幸与出版界同行们一道，品味、收获了我国出版业转型的艰难与成功的喜悦；这 30 年，我躬身经历和深切感受了《语文报》令人瞩目的变化，和报社同人一起把她打造成"中华语文第一报"，亲历组建了山西出版集团，并有幸成为第一任领导。出版职业的崇高，使我作为一个出版人感到由衷的自豪，一刻也不曾动摇过为之奋斗不息的理想与信念；几十年从业的经历，又让我倍感肩头责任的分量，不敢有丝毫的懈怠与马虎。

我始终认为，一个缺乏忧患意识、不善于总结成败得失的企业，是很难拥有光明的前景的，而一个对事业丧失了热情，不善于探究、不长于思考的人，一定也做不好企业的领导者。正是这份沉甸甸的责任，鞭策我在近 30 年的出版实践历程中，始终坚持着对行业知识的学习和研究。这部书稿是我近几年对中国出版改革发展及相关问题的部分思考，把它们整理出版，既是对自己学习研究工作的一个阶段性总结，也希望在这个伟大的时代为做大做强中国出版及其走向世界作出自己的一份贡献。当然，本书中的多数想法仅仅是"一家之言"，对于自己的一些理论和观点，我既期望得到业界的共鸣，更衷心地渴望听到方家的批评指教。

　　本书分为四编：科学出版论、出版产业论、出版创新论、地方出版论。从学术思路上讲，书中既有对中国出版发展轨迹的纵向梳理，也有对出版中现存问题的深度解剖，当然也有对出版实践经验的系统总结，特别是基于此，对一些关键性问题提出了必要的解决路径。因为上述思考都可以纳入"科学发展"这一大的目标主题框架之内，故本书最终名以"纵论出版产业的科学发展"。需要说明的是，书中一些观点，绝大多数曾在报刊公开发表，在业界内外产生了较大反响。尽管如此，由于认识的局限，书中不足之处在所难免，可商榷之处也显而易见。好在本书的出版并不表示自己对出版理论探索的终结，我将以之为一个新的起点，以对事业的拳拳之心，为我国出版业的繁荣发展尽心尽力、尽职尽责。

　　在本书付梓之际，我要衷心感谢新闻出版总署署长柳斌杰同志拨冗为本书作序，他对本书给予的高度评价，是对我莫大的鼓励与鞭策，将成为我今后持续探索、研究的永恒动力；我要感谢人民出版社社长黄书元同志，感谢他对本书出版给予的大力支持；我还要感谢李广洁、张金柱、刘立平、姚军、李雪枫、李晋林、王春声、李飞、康宏、孟绍勇诸位同志，他们或对书稿提出了宝贵意见，或为本书的出版付出了辛勤的劳动。最后要特别说明的是，在本书的写作过程中，参考了一些作者的相关文献，限于篇幅不再一一列出，在此一并表示感谢！

本书编写组

2008 年 3 月于太原

再版后记

本书自 2008 年出版以来，多有积极反响，众多评论先后见诸《人民日报》、《光明日报》、《新华文摘》等国内重要报刊，并被评为山西省哲学社会科学优秀成果一等奖，书中的诸多观点在业内引起共鸣，获得认可，而同时出现的一些商榷谈论，使我对一些问题再度陷入思考。

此次再版，大构保持，略有增减。增加章目者九，皆为我在出版实践中的最新研究，其分别是《时代呼唤"大出版观"》、《倡导绿色出版加快推进出版业发展方式的转变》、《出版集团多元化经营问题与战略》、《出版品牌的战略营销》、《资源整合推动出版产业迈向新高度》、《分类管理：出版集团机制改革的新探索》、《以正确理念引领山西文化产业发展》、《建设创新型出版集团》、《加快推进山西出版业发展方式的转变》。

作为国家文化战略的一部分，出版有着举足轻重的作用。改革开放30 年间，我国实现了由出版小国向出版大国的转变，完成了规模数量的积累，出版生产力水平和产业发展规模均达到了这一阶段的高峰，那么改革开放 30 年后，出版业如何发展，如何完成由数量规模向质量效益的转变，是每一个有责任心的出版工作者认真面对和深入思考的课题。实现出版转型发展，诸多积极因素的推动固然必不可少，但出版业自身的努力还是关键，这不仅需要出版业努力符合时代的节拍，符合行业的自身发展规律，更需要在出版体制、出版内容、出版业态、出版手段、出版形式等方面加快转型和创新的步伐。此次增补的文字均为在出版转型的时代背景下、在改革创新的火热实践中的理论探索，鉴于从业日长、经验日多，较之前论，自觉视点更高、主旨更精、思考更深、忧虑更纷。

因以增补为主，而非修订，此版仍以原有的四大编论为结构。又鉴于《山西平水刻书业与中国古代出版》、《元代的信息传播与山西地区的出版活动》二文与本书主题较远，此次未予收录。

本书再版，新闻出版总署柳斌杰署长拨冗为序言作了修订，人民出版社社长黄书元同志给予出版大力支持，姚军、康宏、介子平、高雷等同志付出了认真细致的编辑劳动，更有本书初版以来，众多出版同仁的鼓励与支持，不倦劳神，不吝赐教，提出了诸多宝贵意见，在此，一并予以诚挚谢意。

是为记。

本书编写组
2011 年 1 月

图书在版编目（CIP）数据

纵论出版产业的科学发展/本书编写组编. —北京：人民出版社，2011
（人民·联盟文库）
ISBN 978-7-01-010053-1

Ⅰ. ①纵… Ⅱ. ①本… Ⅲ. ①出版业-研究-中国

Ⅳ. ①G239.2

中国版本图书馆 CIP 数据核字（2011）第 136804 号

纵论出版产业的科学发展
ZONGLUN CHUBAN CHANYE DE KEXUE FAZHAN
本书编写组编

责任编辑：姚　军　张　旭　徐浩诚
封扉设计：曹　春
出版发行：人民出版社
　　　　　北京朝阳门内大街 166 号　邮编：100706
网　　址：http://www.peoplepress.net
邮购电话：(010) 65250042/65289539
经　　销：新华书店
印　　刷：三河市金泰源印装厂
版　　次：2011 年 7 月第 1 版　　2011 年 7 月北京第 1 次印刷
开　　本：710 毫米×1000 毫米　1/16
印　　张：24.5
字　　数：327 千字
书　　号：ISBN 978-7-01-010053-1
定　　价：48.00 元

《人民·联盟文库》第一辑书目

分　类	书　名	作　者
政治类	中共重大历史事件亲历记(2卷)	李海文主编
	中国工农红军长征亲历记	李海文主编
哲学类	中国哲学史(1—4)	任继愈主编
	哲学通论(上下卷)	孙正聿著
	中国经学史	吴雁南、秦学顷、李禹阶主编
	季羡林谈义理	季羡林著，梁志刚选编
历史类	中亚通史(3卷)	王治来、丁笃本著
	吐蕃史稿	才让著
	中国古代北方民族通论	林幹著
	匈奴史	林幹著
	毛泽东评说中国历史	赵以武主编
文化类	中国文化史(4卷)	张维青、高毅清著
	中国古代文学通论(7卷)	傅璇琮、蒋寅主编
	中国地名学源流	华林甫著
	中国古代巫术	胡新生著
	徽商研究	张海鹏、王廷元主编
	诗词曲格律纲要	涂宗涛著
译著类	中国密码	〔德〕弗郎克·泽林著，强朝晖译
	领袖们	〔美〕理查德·尼克松著，施燕华等译
	伟人与大国	〔德〕赫尔穆特·施密特著，梅兆荣等译
	大外交	〔美〕亨利·基辛格著，顾淑馨、林添贵译
	欧洲史	〔法〕德尼兹·加亚尔等著，蔡鸿滨等译
	亚洲史	〔美〕罗兹·墨菲著，黄磷译
	西方政治思想史	〔美〕约翰·麦克里兰著，彭维栋译
	西方艺术史	〔法〕德比奇等著，徐庆平译
	纳粹德国的兴亡	〔德〕托尔斯腾·克尔讷著，李工真译
	资本主义文化矛盾	〔美〕丹尼尔·贝尔著，严蓓雯译
	中国社会史	〔法〕谢和耐著，黄建华、黄迅余译
	儒家传统与文明对话	〔美〕杜维明著，彭国翔译
	中国人的精神	辜鸿铭著，黄兴涛、宋小庆译
	毛泽东传	〔美〕罗斯·特里尔著，刘路新等译
人物传记类	蒋介石全传	张宪文、方庆秋主编
	百年宋美龄	杨树标、杨菁著
	世纪情怀——张学良全传(上下)	王海晨、胡玉海著

《人民·联盟文库》第二辑书目

分　类	书　名	作　者
政治类	民族问题概论(第三版)	吴仕民主编、王平副主编
	宗教问题概论(第三版)	龚学增主编
	中国宪法史	张晋藩著
历史类	乾嘉学派研究	陈祖武、朱彤窗著
	宋学的发展和演变	漆侠著
	台湾通史	连横著
	卫拉特蒙古史纲	马大正、成崇德主编
	文明论——人类文明的形成发展与前景	孙进己、干志耿著
哲学类	西方哲学史(8卷)	叶秀山、王树人总主编
	康德《纯粹理性批判》句读	邓晓芒著
	比较伦理学	黄建中著
	中国美学史话	李翔德、郑钦镛著
	中华人文精神	张岂之著
	人文精神论	许苏民著
	论死生	吴兴勇著
	幸福与优雅	江畅、周鸿雁著
文化类	唐诗学史稿	陈伯海主编
	中国古代神秘文化	李冬生著
	中国家训史	徐少锦、陈延斌
	中国设计艺术史论	李立新著
	西藏风土志	赤烈曲扎著
	藏传佛教密宗与曼荼罗艺术	昂巴著
	民谣里的中国	田涛著
	黄土地的变迁——以西北边陲种田乡为例	张峻、刘晓乾著
	中外文化交流史	王介南著
	纵论出版产业的科学发展	本书编写组编
译著类	赫鲁晓夫下台内幕	[俄]谢·赫鲁晓夫著,述弢译
	治国策	[波斯]尼扎姆·莫尔克著,[英]胡伯特·达克(由波斯文转译成英文),蓝琪、许序雅译、蓝琪校
	西域的历史与文明	[法]鲁保罗著,耿昇译
	16～18世纪中亚历史地理文献	[乌]Б.А.艾哈迈多夫著,陈远光译
	亲历晚清四十五年——李提摩太在华回忆录	[英]李提摩太著,李宪堂、侯林莉译
	伯希和西域探险记	[法]伯希和等著,耿昇译
	观念的冒险	[美]A.N.怀特海著,周邦宪译
人物传记类	溥仪的后半生	王庆祥著
	胡乔木——中共中央一支笔	叶永烈著
	林彪的这一生	少华、游胡著
	左宗棠在甘肃	马啸著